Ser feliz

ROBERT HOLDEN, Ph.D.

Ser feliz
Liberte o poder da felicidade em você

TRADUÇÃO
Júlio de Andrade Filho

Título original: *Be happy*
Copyright © 2009 by Robert Holden

Todos os direitos reservados. Nenhuma parte desta obra pode ser reproduzida ou transmitida por qualquer forma ou meio eletrônico ou mecânico, inclusive fotocópia, gravação ou sistema de armazenagem e recuperação de informação, sem a permissão escrita do editor.

Direção editorial
Soraia Luana Reis

Editora
Luciana Paixão

Editora assistente
Deborah Quintal

Consultoria Técnica
Clene Salles

Assistência editorial
Elisa Martins

Preparação de texto
Tereza Gouveia

Revisão
Sandra Garcia Cortés
Denise Katchuian Dognini

Capa, criação e produção gráfica
Thiago Sousa

Assistentes de criação
Marcos Gubiotti
Juliana Ida

Imagem de capa: Mike Timo\Getty Images
Índice: Richard Comfort

CIP-Brasil. Catalogação-na-fonte
Sindicato Nacional dos Editores de Livros, RJ

H624s   Holden, Robert
      Ser feliz / Robert Holden; tradução Júlio de Andrade Filho. - São Paulo : Prumo, 2009.

      Tradução de: Be happy
      Apêndice
      Inclui bibliografia
      ISBN 978-85-7927-026-0

      1. Felicidade. I. Andrade, Julio. II. Título.

09-3488
CDD: 158
CDU: 159.942

Direitos de edição para o Brasil: Editora Prumo Ltda.
Rua Júlio Diniz, 56 – 5º andar – São Paulo/SP – CEP: 04547-090
Tel: (11) 3729-0244 – Fax: (11) 3045-4100
E-mail: contato@editoraprumo.com.br
Site: www.editoraprumo.com.br

Para Bo
Com Amor
Holden

Sumário

Prefácio 9
Prólogo 11

PARTE I - Olá, Felicidade
Capítulo 1 - O gênio da felicidade 23
Capítulo 2 - Falando sobre felicidade 35
Capítulo 3 - Definindo a verdadeira felicidade 47
Capítulo 4 - Uma nova curva de aprendizagem 61

PARTE II - Seu DNA espiritual
Capítulo 5 - Um caminho espiritual 77
Capítulo 6 - Uma história de dois eus 89
Capítulo 7 - Medo da infelicidade 101
Capítulo 8 - Siga sua alegria 117

PARTE III - A trindade profana
Capítulo 9 - Escolhendo a felicidade 133
Capítulo 10 - O contrato da felicidade 145
Capítulo 11 - Medo da felicidade 159
Capítulo 12 - 100 formas de gratidão 171

PARTE IV - A abundância diária
Capítulo 13 - O inconsciente diário 187
Capítulo 14 - Preparar, apontar, já! 199
Capítulo 15 - O verdadeiro *plus* 211
Capítulo 16 - A meditação do receber 225

PARTE V - Amor e felicidade
Capítulo 17 - A história da família 241
Capítulo 18 - O questionário dos relacionamentos 253
Capítulo 19 - Fazendo a conexão 265
Capítulo 20 - A alegria do perdão 277

PARTE VI - Descobrindo o presente
Capítulo 21 - A estrada aberta 291
Capítulo 22 - A maravilha comum 305
Capítulo 23 - A última resistência 321
Capítulo 24 - A dádiva da felicidade 335

Índice 355
Agradecimentos 367
Notas 369
Apêndice A 387
Apêndice B 388
Apêndice C 390

Prefácio

Dizem que o professor aparece quando o aluno está pronto. Somos todos alunos, e a vida sempre tem algo a ensinar. Quando Robert Holden pediu-me que escrevesse um prefácio para este livro, eu disse: "Claro!". Esperava fazer uma leitura rápida do livro e logo escrever alguma coisa. Jamais pensei que ficaria tão imersa no conteúdo e que levaria vários dias para ler o livro e fazer os exercícios.

Foi uma experiência tão reveladora que me senti encorajada a mergulhar profundamente em mim mesma, para descobrir e começar a liberar os bolsões de resistência despercebidos que eu tinha e me impediam de ser feliz (realmente feliz).

Nossa! Que livro poderoso! Você tem um grande acontecimento à sua espera e a compensação será em alegria. Alegria e felicidade para cada leitor. Faça um favor a si mesmo e certifique-se de realizar todos os exercícios, pois acabará descobrindo coisas sobre si mesmo que não conhecia. Boas coisas, coisas libertadoras. E no final, gostará de si mesmo muito mais, irá até mesmo se amar e adorar. E isso traz felicidade a todo mundo.

Eu pensava ser uma pessoa feliz, e era mesmo. Agora, depois de finalizar a leitura, sou ainda mais feliz, em um nível mais profundo e silencioso. Também percebi que sou mais feliz quando estou sendo grata. Obrigada, Robert. Esta aluna estava definitivamente pronta para você, meu mais recente professor. Adoro aprender. Sei que na semana em que partir

9

deste planeta, estarei matriculada em um novo curso, para aprender algo de novo.

Caro leitor, continue a ler. Uma experiência incrível está bem à sua frente. Pense apenas como seria maravilhoso se todos que habitam o planeta pudessem viver a própria felicidade. Não haveria mais guerras nem ganância. Não haveria devedores. A vida seria repleta de gargalhadas, bondade e amor.

Estou muito orgulhosa de dar boas-vindas a Robert Holden a nossa família da Hay House.

Estou pronta para desfrutar hoje minha vida em plenitude.

Louise L. Hay
Fundadora da Hay House

Prólogo

Escrevi este livro para que você tivesse uma experiência semelhante ao meu curso de oito semanas sobre felicidade, marca de meu trabalho no The Happiness Project. Meu mais profundo desejo é que este livro o ajude em sua busca da felicidade e lhe traga um sentimento maior de amor e alegria em todas as áreas de sua vida. Convido você, portanto, não apenas a ler o livro, mas a *fazer o curso*.

Meu primeiro curso de oito semanas sobre a felicidade se realizou no verão de 1992, três anos antes de eu ter fundado o The Happiness Project. Afixei uma dezena de panfletos nos quadros de aviso dos centros de saúde e hospitais locais, anunciando um curso sobre felicidade, que descrevi como "um grupo de apoio para pessoas que querem ser felizes". O convite falava sobre uma reunião de três horas semanais, durante oito semanas, para discutir a psicologia da felicidade. Juntos, criaríamos um espaço para examinar a definição de felicidade, seu propósito, o que a bloqueia e como podemos ser mais felizes.

Na primeira semana, tivemos um grupo de vinte pessoas composto por três médicos, quatro psicólogos, cinco enfermeiras, seis jornalistas e apenas dois membros leigos. Minha ideia certamente gerou algum interesse. E, em algumas semanas, tínhamos uma lista de espera de mais de 500 pessoas. A reação da administradora-chefe do serviço de saúde a essa popularidade era encerrar o curso: "Isso ficou grande demais", foi o que ela disse. Felizmente, sua chefe, a diretora de Saúde Pública, deu bastante apoio. Ela estava convencida do poder positivo da felicidade e muito ansiosa para ver se as pessoas poderiam realmente aprender a ser felizes.

Nem todo mundo gostou da ideia do curso de felicidade. E alguns médicos e psicólogos foram bastante francos em sua oposição. No início, dois artigos condenatórios foram publicados na imprensa local. Um deles foi escrito por um psicólogo que argumentou enfaticamente que a felicidade não poderia ser ensinada. Seu argumento principal foi que não existem evidências que possam ser encontradas para provar que a felicidade pode ser ensinada. Em minha resposta, pedi-lhe alguma evidência do contrário — qualquer referência a cursos que tivessem tentado ensinar a felicidade e que tivessem falhado. Ele não encontrou nenhuma. Nenhum de nós tinha ouvido falar de alguém que tivesse tentado promover um curso de felicidade antes.

O outro artigo citava um médico cristão que acusava a mim e ao serviço de saúde de praticar "medicina diabólica". Por quê? Porque no plano de ensino de nosso curso havia exercícios de meditação. A chamada do artigo era "Culto satânico no serviço nacional de saúde". Foi quando passei a temer que minha experiência de ensinar a felicidade fosse interrompida. Felizmente, a diretora do serviço de saúde apoiou-me de novo. E curiosamente o número de pessoas que compareceu ao curso dobrou na sessão seguinte: "Você está aqui para aprender a ser feliz ou está procurando alguns novos feitiços?", eu perguntava.

O curso de felicidade representou uma mudança significativa de direção tanto para meu trabalho quanto para mim. Durante os três anos anteriores, fui diretor de uma clínica de estresse do serviço de saúde, chamada Stress Busters. Naquela época, trabalhava com pessoas que sofriam de doenças relacionadas ao estresse como ansiedade, depressão, fobias, hipertensão e câncer. Meu trabalho era voltado ao problema do paciente. A ênfase era diagnosticar problemas, remover obstáculos e curar o conflito. O Stress Busters gozava de excelente reputação em ajudar as pessoas a serem menos estressadas e mais felizes, mas não tenho certeza de ter realmente ajudado as pessoas a serem felizes. Na melhor das hipóteses, eu as ajudei a serem semifelizes. *Não sofrer não é o mesmo que ser feliz*. Ao longo do tempo, percebi que a maioria das chamadas doenças que eu estava tratando eram, na verdade, sintomas de alguma coisa diferente. Algo mais profundo. E minha hipótese era simples — *talvez o estresse e a depressão surjam porque esquecemos de como ser felizes*. Também, *talvez o remédio mais eficaz para qualquer doença seja, em última instância, relembrar o modo de ser felizes*. De mais a mais, eu estava convencido de que aprender a ser feliz pode ajudá-lo a curar sua vida e a vivê-la da sua melhor forma. Em outras palavras, a felicidade cura e ensina.

O documentário da BBC

Em outubro de 1995, Brian Edwards, diretor da True Vision, uma produtora de TV ganhadora de um prêmio Emmy, procurou-me com a ideia de realizar um teste científico para verificar se era possível ensinar as pessoas a serem felizes. A ideia de Edwards tinha sido aceita pela editora da área científica da BBC, Lorraine Heggessey, que havia concordado em fazer um documentário de 40 minutos. Brian queria que meu curso de oito semanas fosse o teste por ser a experiência mais conhecida sobre felicidade até então realizada. Esta era a sinopse do teste científico:

A ciência moderna tem oferecido à raça humana praticamente todos os equipamentos possíveis para desenvolvimento de recursos, mas tem avançado muito pouco em lançar luz sobre algo de primordial importância para todos nós — como ser feliz. Investem-se milhões e milhões de horas no tratamento da depressão e mesmo assim as pessoas têm recaídas e continuam a sofrer desse mal. Nós desejamos conduzir uma experiência que faça as pessoas felizes.[1]

A equipe de produção da True Vision selecionou três voluntários para que fizessem o curso de felicidade comigo. Dawn, mãe e trabalhadora na faixa dos 30 anos que tivera altos níveis de estresse e ansiedade; Caroline, na faixa dos 50 anos, que cuidara da mãe idosa em tempo integral e que vivera uma depressão crônica; e Keith, com 40 e poucos anos, que se descrevera como uma pessoa bem-sucedida insatisfeita. Não participei da seleção dos voluntários e só fui conhecê-los no primeiro dia do curso.

A produtora também havia montado um painel de psicólogos e cientistas independentes que fariam uma avaliação subjetiva e objetiva dos progressos de Dawn, Caroline e Keith durante o curso. Para a avaliação subjetiva, o professor Michael Argyle, da Universidade de Oxford, usou dois questionários de psicologia bem validados, Oxford Happiness Inventory (OHI) e o afetômetro da Universidade de Otago (desenvolvido em uma das mais importantes universidades na área de pesquisa da Nova Zelândia).[2] Os voluntários foram convidados a responder aos questionários duas semanas antes do início do curso e semanalmente durante o curso. Os resultados mostrariam como os voluntários se sentiam felizes e os dados gerariam um gráfico para medir o progresso real.

Para uma avaliação objetiva, o professor Richard Davidson, da Universidade de Wisconsin-Madison, monitorou o funcionamento das ondas cerebrais, ou "lateralidades", da voluntária Caroline durante todo o curso. O professor Davidson reuniu uma extensa base de dados de leituras de encefalografias de centenas de indivíduos, que revela uma grande diferença na lateralidade (a diferença na atividade entre as partes esquerda e direita do lobo frontal do cérebro em estado de repouso) entre pessoas que se diziam deprimidas e pessoas que se diziam felizes. A pontuação de Caroline seria comparada com esse banco de dados exclusivo e nos daria a prova científica se o curso de felicidade realmente funcionava ou não. Em nenhum momento fui autorizado a ver os resultados de nenhuma das avaliações, por isso fiquei ansioso para ver como nossos voluntários haviam se saído. Uma semana depois da conclusão do curso, finalmente recebi os resultados. A avaliação subjetiva, que usou os questionários OHI e o afetômetro, mostrou que cada voluntário tinha feito progressos positivos. Este é o resumo do relatório científico:

> Ao final do curso de oito semanas, os três voluntários estavam apresentando uma impressionante melhora de felicidade. Caroline especialmente quase ultrapassava a escala. O OHI mede a felicidade numa escala positiva de 0 a 90, e o afetômetro mede o efeito positivo ou negativo de − 80 a + 80. Duas semanas antes de o curso começar, a pontuação de Keith era de + 30, de Dawn, − 21 e Caroline, − 34. Ao final do curso, a pontuação de Keith subiu para + 76, de Dawn, para + 55 e de Caroline, para + 115. (Ver Gráfico A)[3]

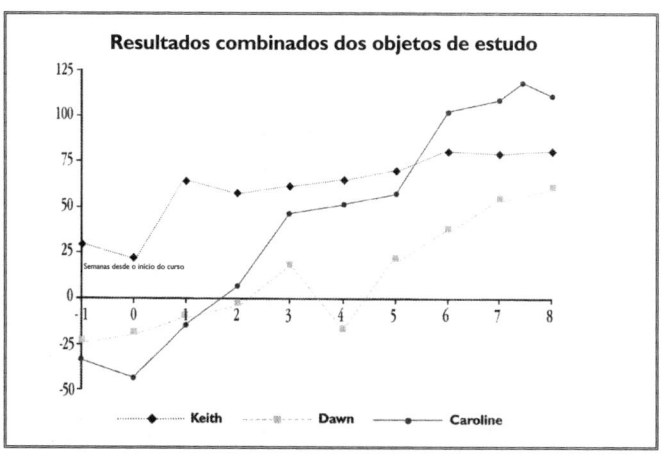

Gráfico A

Quanto à avaliação objetiva, o professor Davidson examinou novamente Caroline ao fim do curso. No primeiro exame, realizado duas semanas antes do início, a lateralidade de Caroline tinha uma pontuação de cerca de + 0,1 o que está bem abaixo da média e é coerente nas pessoas que têm um histórico de depressão. No segundo exame, Caroline tinha conseguido uma melhora maravilhosa, como se pode observar nos gráficos B e C. Nos gráficos, a curva cinza representa as diferenças na lateralidade de 175 pessoas escolhidas aleatoriamente. Este era o relatório científico:

> No segundo teste, a função cerebral de Caroline havia mudado de tal forma que ultrapassava as capacidades do computador da Universidade Madison em incluí-la no padrão gráfico. Na verdade, ela apresentava uma assimetria cerebral que registrava – 0,22 e o máximo que o gráfico tinha sido planejado a alcançar era – 0,2. Em outras palavras, houve uma mudança muito significativa no nível subjacente de felicidade de Caroline, ou, como o professor Davidson disse: "Esses resultados mostram que o curso de felicidade não muda apenas o modo como você se sente; ele modifica na verdade a maneira como o cérebro funciona".[4]

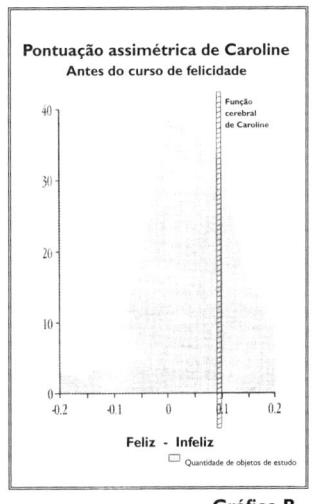

Gráfico B

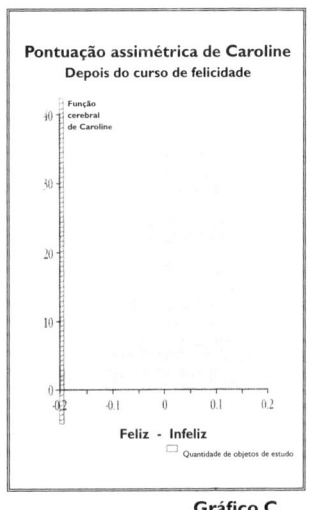

Gráfico C

Quando Lorraine Heggessey, da BBC, viu os resultados do curso de felicidade, decidiu adiar a transmissão do documentário por seis meses. A razão era que ela queria testar a duração dos resultados positivos. Assim, exatamente seis meses depois do primeiro dia do curso, os três voluntários refizeram os testes. Este foi relatório científico:

> No último mês de julho, Dawn, Keith e Caroline voltaram a Oxford para reencontrar a equipe de produção e Robert Holden. Os resultados foram impressionantes. Mostraram que todas as melhoras foram mantidas e até ampliadas. Os três voluntários mudaram radicalmente seus níveis de felicidade. (Ver Gráfico D)[5]

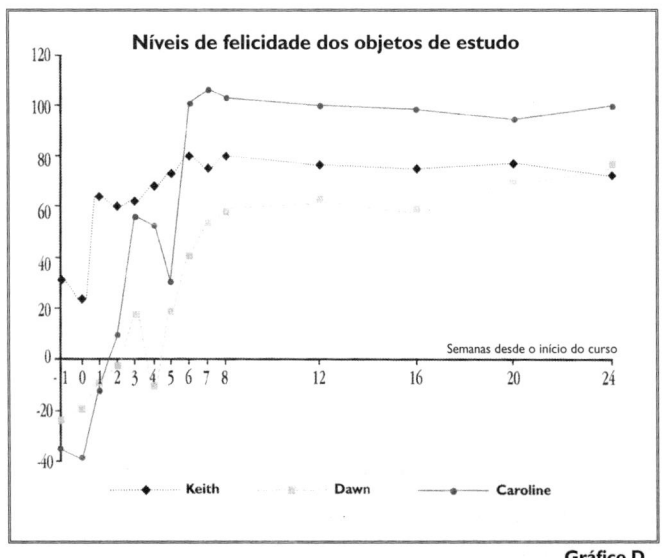

Gráfico D

O experimento mais conhecido já realizado provou de forma conclusiva que as pessoas podem realmente aprender a ser felizes. Esse marco das pesquisas inspirou uma nova geração de cientistas e psicólogos a conduzir novos estudos, que também concluíram ser possível aprender a ser feliz.[6]

O curso de felicidade

Em 28 de agosto de 1996, às 21h25min, 5 milhões de espectadores sintonizaram a BBC para assistir ao documentário *How to Be Happy*.[7] A resposta foi excepcional. Na primeira semana, o escritório do The Happiness Project recebeu cerca de 3 mil cartas e telefonemas. Nos meses seguintes, o documentário foi exibido ao redor do mundo para mais de 30 milhões de espectadores. Cada nova exibição trouxe um novo fluxo de interesse e de novas oportunidades para a equipe do The Happiness Project.

Desde 1996, uma equipe de apresentadores do The Happiness Project vem realizando centenas de palestras, seminários e outros eventos em todo o mundo. Temos trabalhado em estreita colaboração com médicos e psicólogos, filósofos e teólogos, bem como políticos e economistas. Também temos trabalhado em organizações como The Body Shop, Dove e Virgin — todas conhecidas pelo compromisso com a propagação da alegria por meio de seu sucesso. Ao longo dos anos, nosso foco principal tem sido sempre o curso de felicidade em oito semanas.

E o curso de felicidade continua a crescer e evoluir, porque nenhum curso é igual ao outro. Gostaria de pensar que o curso de hoje é ainda melhor do que aqueles realizados, pois certamente temos aprendido muito ao longo desses anos.

Ao escrever *Ser feliz*, tive a oportunidade de rever 16 anos de transcrições dos cursos, de notas, correspondências e pesquisas. Este livro está repleto de histórias de pessoas que assistiram ao curso. Muitas das citações que usei aqui são literais, palavra por palavra, em vista dos registros detalhados que mantemos. Os nomes das pessoas foram trocados sempre que solicitados, em consonância com o acordo de confidencialidade que fazemos no início de cada curso. Escrever este livro foi uma tarefa gigantesca, mas uma tarefa que, sem dúvida, me ajudou a aprofundar minha própria investigação sobre a felicidade. Por isso, já sou verdadeiramente grato.

Agora, é sua vez de ler o livro e fazer o curso. Para ajudá-lo recomendo que mantenha um "diário de felicidade" (veja na página 234) para que possa participar plenamente dos exercícios que esbocei. À medida que ler o livro, por favor, mantenha este pensamento em mente:

Sua felicidade e sua cura são o presente que você oferece ao mundo.

Robert Holden
Londres
Setembro de 2008

PARTE I
Olá, felicidade

Capítulo 1 - O gênio da felicidade

Capítulo 2 - Falando sobre felicidade

Capítulo 3 - Definindo a verdadeira felicidade

Capítulo 4 - Uma nova curva de aprendizagem

Capítulo 1

O gênio da felicidade

Uma semana antes de você começar meu curso de felicidade, você recebe pelo correio "A entrevista da felicidade" (Apêndice A, página 387). A ideia é que dedique uma hora para entrevistar a si mesmo sobre a felicidade. Você é o entrevistador, embora não exista nada que o impeça de fingir que Oprah Winfrey ou outro entrevistador famoso esteja fazendo as perguntas para você. É possível ainda fazer essa entrevista sozinho ou com um amigo, um parceiro, ou qualquer outra pessoa que seja próxima. Tudo que peço é que se dedique por 60 minutos ou mais a responder às perguntas com o máximo de honestidade.

"A entrevista da felicidade" é um manual de instruções de fácil entendimento que o ajuda a se preparar para a jornada rumo à felicidade, com duração de oito semanas. A entrevista foi concebida para ajudá-lo a começar a pensar de forma mais consciente e profunda sobre a verdadeira natureza da felicidade. A entrevista apresenta perguntas como "Qual é sua definição de felicidade?" e "Você está vivendo de acordo com ela?" ou "Quem é a pessoa mais feliz que conhece? E o que ela lhe ensinou sobre a verdadeira felicidade?". Acredito que poucas pessoas tenham dedicado uma hora da vida para refletir sobre esse assunto tão importante. E, no entanto, todos que fazem essa entrevista ganham valiosos conhecimentos e percepções. "A entrevista da felicidade" pergunta por que você deseja fazer o curso da felicidade (ou, na verdade, por que deseja ler este livro) e quais são suas principais motivações e intenções?. A clareza das intenções o ajuda, creio eu, a ser mais receptivo e a se empenhar mais. A entrevista também lhe pede para declarar medos ou esperanças que tenha acerca do curso. A razão principal de "A entrevista da felicidade" é que eu desejo que você reflita na posição que a felicidade ocupa em sua vida. "Qual a importância da felicidade para você?" e "Por quê?". Por exemplo, a felicidade é o objetivo principal de sua vida? Você sempre torna a felicidade uma intenção consciente no início do dia? Você considera a felicidade parte de seu propósito de vida? Exatamente agora, sua prioridade é ser feliz ou ganhar dinheiro? Você quer ser verdadeiramente feliz ou prefere a segurança? Quanto mais você reconhecer a importância da felicidade na vida, mais profundamente desejará mergulhar na investigação da felicidade.

Quanto mais profundamente você investigar a natureza da verdadeira felicidade, mais plenamente a verdadeira felicidade se revelará a você.

Ao me preparar para escrever este livro, reli centenas de "entrevistas da felicidade" preenchidas ao longo dos últimos 16 anos. Poderia formar este livro apenas com exemplos maravilhosos, mas, em vez disso, lhes ofereço apenas um — escrito por Jo, uma médica com cerca de 40 anos que frequentou o curso em 1998:

Não acho que alguma vez eu tenha me permitido admitir o quanto a felicidade é importante para mim. Sempre desejei ser feliz. Acredito que eu esperava que a felicidade viesse bater à minha porta um dia. Como um daqueles felizes acasos. Talvez eu tenha medo de me comprometer com a felicidade — e falhar. Imagine você fazer um curso de felicidade e não passar de ano... O que poderia ser pior? Ou talvez eu tenha ficado tão cética para meu próprio bem. Acho que parte de mim desistiu da felicidade. Hoje em dia, tento parecer bem.

Gostaria muito de me comprometer com a felicidade agora, não apenas por mim, mas por amor a meu marido e meus filhos. Eu sei que eu me tornaria uma esposa melhor e uma mãe melhor, e uma melhor amiga deles se eu fosse mais feliz. Não quero mais viver em segurança e passar pela vida "incólume". Eu quero chegar à verdade sobre o que é a vida e acredito que este curso da felicidade pode me ajudar. Não quero mais parecer que estou bem, quero ser mais real. E quero participar PLENAMENTE de minha vida a partir de hoje. Por isso eu me inscrevi. E é por isso que estou 100% comprometida. Então, Robert, vamos começar!

De fato! Seu curso de felicidade já começou. E a partir de agora, convido-o a se imaginar sentado na sala de aula comigo, enquanto continua a ler o livro.

Desejando a felicidade

Imagine que lhe foi concedido um desejo pessoal para toda a vida. O que você pediria? Lembre-se, este é um desejo pessoal do qual só existe um único destinatário. Então, é sua chance de lhe dar um presente. Uma boa resposta é: "Eu desejo muitos outros desejos". Mas vamos imaginar que seja um único desejo. O que você deseja mais para si mesmo? Pense bem. Agora, *nomeie* seu desejo. *Visualize* seu desejo. *Sinta* seu desejo. E deseje que seu desejo se torne realidade.

Na primeira manhã do curso, apresento os participantes a um exercício chamado "O gênio da felicidade" (Apêndice B, página 389). O objetivo do exercício é descobrir a importância ainda maior que a felicidade tem para você. Eu lhe apresento o cenário ao pedir que imagine que acabou de encontrar seu gênio pessoal. Sempre convido as pessoas a descrever como é o gênio e o que ele está vestindo. As respostas típicas incluem "Brad Pitt" e "Nada demais". Tento ajudar o grupo a se manter concentrado, mas algumas vezes é difícil. Com o tempo, depois de algumas fantasias mais explícitas, a realidade quebra as fantasias.

Em seguida, explico que seu gênio pessoal da felicidade vai lhe conceder um conjunto de dez desejos do tipo "ou um ou outro". Eu revelo os desejos um por um e reúno os votos à medida que prosseguimos. Joguei "O gênio da felicidade" com muitos grupos ao longo dos anos, e o resultado tem sido sempre muito similar e bastante revelador. Esses resultados nos ensinam muito sobre o quanto a felicidade é importante e revelam algo sobre *por que* a felicidade é tão importante.

Desejo nº 1: Riqueza ou Felicidade. Não é tão difícil, certo? Ao escolher "riqueza", você não terá mais preocupações com dinheiro. Nunca precisará cancelar mais um cartão de crédito. Não haverá nunca mais o aviso de "operação cancelada" no caixa automático. E, apenas para diversão, poderá ir ao banco, pedir o extrato e desfrutar daquele monte de dinheiro no saldo. O resto de sua vida será uma paradisíaca farra de compras e diversão que durará para sempre. *Pontuação: em média, 90% escolhe a felicidade.*

Desejo nº 2: Sucesso ou Felicidade. O gênio lhe oferece a chance de desfrutar sucesso garantido e ilimitado em qualquer campo de sua escolha. *Pontuação: em média, 92%*

escolhe a felicidade. David, um ex-executivo muito rico de uma empresa de tecnologia da informação, participou do curso em 2001. Como muitas outras pessoas, ele escolheu a felicidade: "Já vivi o sucesso sem a felicidade antes", ele disse, "e aprendi que a felicidade é o objetivo da vida que torna todas as outras metas significativas".

Desejo nº 3: Fama ou Felicidade. A sociedade moderna adora a "cultura das celebridades". E quem não quer ser famoso hoje em dia? Quando criança, tudo o que eu desejava era ser guitarrista numa banda de *rock* mundialmente famosa. Estava tão empenhado nessa meta que praticava meu autógrafo durante várias horas por dia. Até recebi uma suspensão por treinar meu autógrafo durante uma prova de matemática. Quem precisa da matemática quando será tão famoso? *Pontuação: em média, 94% escolhe a felicidade.*

Desejo nº 4: *Status* ou Felicidade. O *status*, o reconhecimento, o poder e a necessidade de estar acima da média são os principais condutores do ego. Nós nos comparamos incessantemente, seja para cima ou para baixo, com qualquer um que se aproxime de nós. *Pontuação: em média, 98% escolhe a felicidade.* Sally, ex-modelo, que trabalhou por mais de vinte anos no mundo competitivo da moda, também escolheu a felicidade: "Um dos belos efeitos da verdadeira felicidade é que parei de me comparar com os outros de modo tão trágico e neurótico".

Desejo nº 5: Atratividade ou Felicidade. Os seres humanos gostam da boa aparência e de se sentirem bem. Mas de qual gostamos mais? Em pesquisas, alguns homens e a maioria das mulheres dizem que gostariam de se sentir atraentes. *Pontuação: em média, 90% escolhe a felicidade.* "A felicidade é atraente", disse Debbie, estilista. "Muitas vezes eu me esqueço disso, mas realmente minha aparência melhora quando estou feliz. A felicidade tem um efeito melhor do que os cosméticos". As pesquisas confirmam que as pessoas com maior pontuação na felicidade são mais atraentes.[1]

Desejo nº 6: Sexo ou Felicidade. Este é um desejo que sempre chama a atenção. Claire, uma praticante de *shiatsu*, fez o curso em 2002. Ela era bastante franca em suas opiniões: "Na semana passada, fiz uma massagem em Russell Crowe na clínica. E eu vou lhe dizer, se meu gênio da felicidade me oferecesse a escolha entre sexo ou felicidade por toda a vida, teria dado adeus à felicidade". Deixando de lado esses lapsos momentâneos... *Pontuação: em média, 82% escolhe a felicidade.*

Desejo nº 7: Saúde ou Felicidade. Os grandes pensadores descreveram a felicidade como "a primeira de todas as liberdades", como "a verdadeira riqueza" e como "a maior bênção da vida".[2] E, pela primeira vez nas entrevistas, as pontuações são muito próximas. A saúde se mostra sem dúvida muito importante para todos. Assim, o pensamento geral é de que a felicidade gera, mantém e até mesmo recupera a saúde. A felicidade *é* saudável, e não há verdadeira saúde sem felicidade. *Pontuação: em média, 65% escolhe a felicidade.*

Desejo nº 8: Iluminação Espiritual ou Felicidade. Agora as apostas começam a se elevar. Você trocaria a iluminação espiritual pela felicidade? Será oferecido a você conhecer todos os segredos do universo. Você nunca mais precisará acessar o Google para saber de alguma coisa. De agora em diante, você pode se envolver com uma suave onda mística de verdade, beleza e harmonia, coberta com muita metafísica. Ou então escolher a felicidade. Os resultados são próximos. Em duas ocasiões, fui obrigado a fazer uma recontagem. *Pontuação: em média, 60% escolhe a felicidade.*

Vamos refletir um pouco. Nosso gênio pessoal da felicidade ainda tem mais dois desejos para você, que vou deixar de lado por enquanto, prometendo voltar a eles no final deste capítulo. O que vou lhe dizer agora é que, nesses dois desejos finais, a maioria das pessoas *não* escolheu a felicidade. Mas, então, o que pode ser mais importante do que a felicidade? Você consegue adivinhar? É tão óbvio assim?

Uma boa pergunta a ser feita neste ponto é: "Robert, qual a representatividade das pessoas que escolhem o caminho da felicidade?". Este é um modo educado de dizer: "Essas pessoas estão em seu perfeito juízo?". Nos últimos anos, uma nova leva de pesquisadores, psicólogos positivistas, empreenderam muitos estudos que investigavam a importância da felicidade na vida das pessoas. E os resultados foram muito semelhantes aos encontrados em "O gênio da felicidade". Em alguns casos, acho até que os resultados daqueles estudos foram ainda mais surpreendentes.

O professor Ed Diener, da Universidade de Illinois, é um dos mais proeminentes pesquisadores da felicidade. Em 2003, Ed e seu colega Shigehiro Oishi realizaram uma pesquisa que classificava a importância da felicidade em relação a outros valores como saúde, riqueza e atratividade. Foram entrevistadas 9 mil pessoas em 47 países, e a felicidade vinha sempre em primeiro lugar. Eles até pediram às pessoas para classificar a importância da felicidade em comparação a "ir para o céu". A pontuação se baseava numa escala de 1 (sem importância) até 9 (muito importante). A felicidade teve uma média de 8,0 e "ir para o céu" registrou uma média de 6,7.[3] A felicidade bateu o céu!

O poder da felicidade

A felicidade é obviamente muito importante para todas as pessoas. É um objetivo universal que temos em comum, independentemente de credo, nacionalidade, raça, sexo, idade ou classe social. Estamos todos unidos pelo desejo de felicidade. Então, a próxima grande pergunta deve ser: *por que a felicidade é tão importante*? O que existe na felicidade que nos faz desejar escolhê-la em vez da riqueza, do sucesso, da fama, da saúde e da iluminação espiritual e até mesmo de ir para o céu? Continue lendo. Estou prestes a lhe dar a resposta, e já no primeiro capítulo! Não é animador?

"O gênio da felicidade" é um jogo de fantasia que se baseia em se fazer uma escolha entre "e/ou". E nisso residem o drama e a tensão. Mas e se você não fosse obrigado a fazer uma escolha? Talvez as opções sejam uma falsa escolha. Em outras palavras, você não precisa decidir entre felicidade e riqueza, ou entre felicidade e sucesso, por exemplo. Ao contrário, *tudo o que você tem a fazer é escolher a felicidade*. Por quê? Porque, quando escolhe a felicidade, o resto passa a ser possível. De novo, em outras palavras:

A felicidade torna seus desejos realidade.

Seria esta a razão pela qual a felicidade é tão importante? Será que a felicidade é assim tão poderosa? Ou seria apenas um pensamento ilusório?

A coisa a ser feita agora, se seguíssemos o modelo clássico, seria o autor (isto é, eu) citar Pitágoras, Buda, Lao-Tse ou algum outro pensador, porque todos eles lhe diriam que a felicidade tem o poder de transformar a vida e ajudá-lo a admirar mais tudo o que você realmente deseja. Ainda mais convincentes, talvez, sejam as conclusões e os resultados encontrados pelas pesquisas daqueles cientistas mais rígidos em suas ideologias, que se importam exclusivamente com evidências concretas e resultados mensuráveis. Cada vez mais, os antigos filósofos e os modernos psicólogos consideram o assunto sob o mesmo prisma. A professora Sonja Lyubomirsky, da Universidade da Califórnia-Riverside, dedicou grande parte de suas pesquisas às causas e aos efeitos da felicidade humana. Assim como muitos de seus colegas, ela adota uma abordagem convenientemente cautelosa em seu trabalho. No entanto, as provas que ela apresenta (sobretudo nos estudos longitudinais) têm forte indicação de que a felicidade antecede resultados fantásticos em uma vida verdadeiramente próspera. Segundo Sonja:

> Uma recente revisão de toda a literatura disponível tem revelado que a felicidade apresenta de fato inúmeros subprodutos positivos (...) Os benefícios da felicidade incluem rendimentos mais elevados e resultados superiores no trabalho (por exemplo, maior produtividade e maior qualidade de trabalho), recompensas sociais maiores (por exemplo, casamentos mais satisfatórios, mais amigos, maior apoio social e interações sociais mais ricas), maior atividade, energia e saúde física (por exemplo, um reforço no sistema imunológico, baixos níveis de estresse e menos dor) e até mesmo uma vida mais longa.[4]

Em outras palavras, *a felicidade atrai mais sucesso para a vida, o trabalho e os relacionamentos*. A professora Barbara Fredrickson, da Universidade da Carolina do Norte, é uma pioneira do estudo dos efeitos benéficos das emoções positivas. Ela descreve a felicidade como um "ingrediente ativo" que o ajuda a ampliar a capacidade de envolvimento mais pleno e criativo com a vida criar e ampliar o potencial de maior sucesso em todos os níveis — físico, intelectual, social e espiritual.[5]

Mas espere, as coisas ficam ainda melhores! Essas cientistas concordam, assim como eu, que o poder da felicidade tem o potencial não apenas de transformar a vida do indivíduo como das organizações e comunidades. Elas se referem principalmente à "moral da felicidade", que inspira as pessoas que estão felizes a desejar servir e beneficiar outras pessoas. Ou seja, quando nos sentimos bem, nós fazemos o bem. Barbara Fredrickson conclui que a felicidade, e outras emoções positivas, podem ter o poder de "mudar a sua vida e a sua comunidade, mas também o mundo e, com o tempo, criar um paraíso na terra".[6]

Duas pistas divinas

As pessoas querem ser felizes. Nós consideramos a felicidade ainda mais importante que muitos objetivos de vida, como riqueza, saúde e sucesso. E um grande motivo de a felicidade ser tão importante é que ela nos ajuda realmente a atrair essas outras metas e a torná-las agradáveis e significativas. A próxima pergunta é: Quando estamos em busca de felicidade, o que desejamos de verdade? Você tem alguma ideia? O que é felicidade?

Agora, como prometi, voltarei a "O gênio da felicidade" e aos dois últimos desejos. Lembre-se, eu disse que a maioria das pessoas não escolheu a felicidade, e acho que isso pode revelar duas pistas divinas quanto à verdadeira natureza da felicidade. Vejamos:

Desejo nº 9: Autenticidade ou Felicidade. Os resultados são próximos, mas a autenticidade venceu. *Pontuação: em média, 60% escolhe autenticidade.* Quando eu pergunto a um grupo os motivos dessa escolha, as respostas são muitas vezes cobertas de indignação e incredulidade. Por exemplo: "Eu jamais me venderia pela felicidade", "Não me trairia pela felicidade" ou "Preferia morrer a não ser autêntico".

Pode-se notar que temos relutância em nos comprometer por causa da felicidade ou mesmo por qualquer outra coisa. A boa notícia é que você não precisa fazer isso. Na verdade, como desenvolverei mais adiante, ser autêntico é a chave da felicidade. Quanto mais for verdadeiro consigo mesmo, maiores serão as chances de ser feliz. "Aprendi que a felicidade aumenta quando me atrevo a ser mais verdadeira", comenta Sue, uma publicitária que frequentou o curso ano passado. Acrescento uma declaração simples ao que disse ela: *Você não pode ser feliz se não for verdadeiro.*

Desejo nº 10: Amor ou Felicidade. Eu não brinco com este jogo apenas com as pessoas que participam do curso, também costumo usá-lo em meu trabalho com escritórios de advocacia, grupos de mídia, multinacionais e organizações políticas. Todas as vezes, sem exceção, a maioria das pessoas escolhe o amor. Sim, até mesmo os advogados e os políticos, incluindo alguns psicólogos. *Pontuação: em média, 70% escolhe o amor.*

Bill, um poeta, fez o curso em 1997. Ele escreveu algo na "A entrevista da felicidade" que acho bastante apropriado para reproduzir aqui: "Se os cientistas pudessem dissecar uma bola de pura felicidade, certamente descobririam que em cada célula existe uma espiral dupla de alegria e de amor". A felicidade é amor, e o amor é felicidade. E qualquer pessoa que já tenha vivido um dos dois — mesmo que tenha sido por apenas um instante — sabe que isso é verdade.

Para encerrar este primeiro capítulo, deixo um pensamento para reflexão:

Quando você deseja a felicidade, deseja realmente ser a pessoa mais amorosa possível.

Capítulo 2

Falando sobre felicidade

Quando ministro o curso em Londres, normalmente pego um táxi da minha casa, passando pelo Hyde Park, até o local do curso, que fica perto de Notting Hill. Em certa ocasião, o motorista era Harold, um cinquentão grande e afável, do lado leste de Londres. Ambos comentávamos sobre a linda manhã, e Harold me perguntou o que eu ia fazer naquele dia:
— Vou dar um curso — respondi.
— De quê? — ele perguntou.
— Felicidade.
— Puxa, que diferente!
Harold refletiu por alguns instantes e continuou:
— E como você faz isso?
— Bem, normalmente começo falando sobre a felicidade.
— Só isso? — ele zombou.
— Bem, é uma forma de começar.
— E qual é exatamente o seu papel?
— Na maior parte do tempo fico ouvindo.
— Como eu, então — ele gracejou.

— Como assim?

— Ora, sou um ouvinte profissional — respondeu Harold.

Foi então que Harold me contou que escutava pessoas falando o dia todo, seis dias por semana, enquanto as transportava em seu táxi. Ele me disse que aprende muito com as pessoas tanto pelo *modo* que elas falam quanto sobre *o que* elas falam. Sua teoria é de que os estudantes de psicologia estariam muito mais qualificados se passassem uma parte do dia dirigindo um táxi.

— A maioria das pessoas quer falar — ele continuou.

— Mas falar sobre o quê?

— Bem, sobre tudo, menos felicidade — respondeu Harold.

— Bem, é isso que eu faço.

Continuamos a falar sobre a felicidade. E nossa conversa revelou que Harold era quase um filósofo, como aliás a maioria dos motoristas de táxi. "Temos tempo para pensar", ele me disse. Acabei perguntando a ele qual era sua definição de felicidade. Ele ficou um ou dois minutos pensando, então respondeu:

— Todo mundo quer ser feliz, mas quase ninguém é capaz de reconhecer a felicidade.

— Então, o que é felicidade? — perguntei.

Acredito que jamais esquecerei a resposta de Harold. Ainda mais agora, que a incluí neste livro. Harold começou sua resposta me fazendo uma pergunta estranha:

— O senhor me parece um cavalheiro. Estou certo, senhor?

— Sim, acredito que sim — respondi com cautela.

— Bem, então terá de desculpar minha linguagem quando eu lhe disser minha definição de felicidade.

— Você está desculpado — respondi prontamente.

— Pois bem — disse Harold —, respirar é a porra da felicidade.

Eu fundei o The Happiness Project em 1995.[1] Meu codiretor Ben Renshaw[2] e eu conversamos longamente sobre qual seria nossa missão. Uma sugestão foi: "The Happiness

Project existe para ajudar Robert Holden a *finalmente* descobrir a verdadeira felicidade". É justo! Afinal, estou convencido de que nós ensinamos aquilo que mais precisamos aprender. E, por fim, depois de muita discussão definimos nossa primeira declaração de missão. Algo breve, mas que iria direto ao ponto: *Falar de felicidade*.

Nosso objetivo era criar espaços para que as pessoas mergulhassem em profundas conversas que fossem importantes, como falar sobre felicidade, amor, espiritualidade e perdão. Os espaços poderiam ter qualquer formato, por exemplo, bate-papos, palestras, retiros, sessões individuais ou fóruns na internet. O importante era ter certeza de que as pessoas se sentissem seguras e respeitadas. Acreditamos que, se as pessoas forem incentivadas a *falar* sobre felicidade, isso as ajudará a pensar sobre felicidade. Assim, em última instância, os espaços as ajudariam *a ser* mais felizes.

Nossa abordagem de *falar sobre felicidade* contrastava diretamente com meus anos de estudo em psicologia e filosofia, durante os quais raras vezes se falava em felicidade e amor. O currículo era composto por várias palestras e simpósios fascinantes sobre temas centrais como neurose e psicose, mecanismos de defesa e sombra. Também investigávamos muitos distúrbios menos conhecidos, como *hiperfrasia* ("loquacidade exagerada e incessante sobre qualquer assunto"). Mesmo assim não havia tempo para discutirmos a felicidade.

Meu primeiro grande projeto depois da graduação foi criar a Stress Busters Clinic[3], financiada pelo governo. A clínica oferecia serviços gratuitos aos moradores locais, incluindo uma variedade de palestras sobre bem-estar e saúde mental. Mensalmente, eu organizava vários eventos populares como: inoculação do estresse, derrotando a tristeza, gerenciando a ansiedade e como enfrentar os medos. Finalmente, depois de dirigir a clínica por dois anos, tive uma revelação: organizar aulas sobre felicidade. Foi nesse momento que nasceu a ideia do The Happiness Project. Logo correu a informação de que o The Happiness Project estava aberto. Quase que no mesmo instante Ben Renshaw e eu fomos convidados a fazer palestras sobre a felicidade. E os convites chegavam de todos os lugares do mundo. Visitamos colégios, universidades, hospitais, prisões e clínicas de saúde. Apresentamos palestras em congressos de saúde mental. Organizamos oficinas dentro das principais empresas. E até me ofereceram um programa de rádio na BBC. E em todos os lugares em que chegávamos, nossos anfitriões nos diziam: "Esta é primeira vez que faremos uma palestra sobre felicidade".

O monólogo da felicidade

Costumo descrever o curso de felicidade como uma grande conversa que dura oito semanas. Na verdade, essa conversa sobre felicidade começa no momento em que você foi gerado e duvido que termine em algum momento. Mas estou certo, porém, de que a qualidade de sua conversa sobre felicidade tenha uma influência direta, tangível e irrefutável sobre sua qualidade de vida.

Nossa vida evolui por meio das conversas que estamos dispostos a ter uns com os outros. É por meio delas que você tem a oportunidade de explorar, articular, examinar e esclarecer seus pensamentos. Falar sobre a felicidade o ajuda a pensar sobre ela. E quanto mais clareza você tiver sobre o que é a verdadeira felicidade, mais feliz você será. Testei essa filosofia em meu curso de felicidade quando introduzi alguns "exercícios de fala", que sempre causaram um profundo efeito naqueles que o fizeram.

"O monólogo da felicidade" é um bom exemplo desse tipo de exercício. É muito simples e bastante poderoso. Primeiro, peço ao grupo que se divida em pares, sentando um de frente para o outro, com os joelhos quase se tocando, e que decidam quem será a pessoa A e a pessoa B. Depois de decidido, explico que a pessoa B começa primeiro. Isso porque acredito, secretamente, no fundo do meu ser, que a pessoa B de fato quer começar. Não tenho nenhuma prova científica disso, é apenas pura intuição. Talvez seja até uma travessura.

As instruções desse exercício são muito breves. Costumo dizer algo como: "Este exercício se chama 'O monólogo da felicidade'. A pessoa B falará por dez minutos. E a pessoa A ficará ouvindo. Seu tempo começa agora". As instruções são muito breves porque não quero que a pessoa B ensaie o monólogo e nem pense sobre isso; desejo que ela faça associações livres. De vez em quando, a única coisa que digo a mais é para encorajar o orador a não tentar impressionar o ouvinte. Isso não é um *show*. O objetivo não é impressionar ou parecer inteligente, é apenas falar honestamente.

Gostaria que você fizesse uma variação de "O monólogo da felicidade" antes de prosseguir com a leitura. Uma forma de fazer isso é gravar sua fala durante dez minutos. Ou, se preferir, pode simplesmente deixar o livro de lado agora e começar a falar. Mas devo adverti-lo, no entanto, que se você estiver no trem, ônibus ou metrô, corre o risco de ser diagnosticado por algum profissional de saúde mental que esteja sentado atrás de você. Claro, você pode dizer a ele que está conversando com seu amigo invisível. Talvez ele tenha um amigo invisível também. Mas aí as coisas ficarão mais complicadas.

Depois que a pessoa B tiver terminado o monólogo de dez minutos, chega a vez da pessoa A. E depois dela, vêm os comentários. Normalmente começo fazendo uma pergunta aberta do tipo: "Como se sentiram?". As respostas mais comuns são: "No começo, minha mente ficou vazia", "Parece que demorou uma hora" e "Me senti muito consciente". De fato, o objetivo do exercício é fazer que você se sinta consciente. Quero que você preste atenção à sua fala sobre a felicidade — aquilo que você está falando agora está determinando a qualidade de sua vida.

Ainda como parte do processo de reflexão, faço outras três perguntas mais diretas. A primeira: "Qual é a lição principal que aprendeu sobre si mesmo e sua relação com a felicidade ao realizar este monólogo?". Algumas pessoas descrevem como a mente delas está dispersa; outras relatam como o exercício as ajudou a cristalizar seus pensamentos. A segunda pergunta é: "Qual foi a coisa mais verdadeira que você disse?". Um dos objetivos desse exercício da fala e mesmo de todo o curso de felicidade é ajudar as pessoas a dizer sua verdade. A terceira pergunta é: "Existe mais alguma coisa que gostaria de ter dito?". Quando as pessoas começam a falar, descobrem de fato sua voz — e novas visões e revelações vêm à tona.

Durante as oito semanas seguintes do curso de felicidade, os participantes recebem exercícios de fala específicos sobre a felicidade, como conversar sobre ela com membros da família, por exemplo, pais, avós e irmãos (tratarei mais sobre isso no Capítulo 17); e, se for pertinente, conversar com a família que você está criando, por exemplo, cônjuge, companheiros, filhos, cunhados etc. O participante também é incentivado a conversar sobre felicidade com os melhores amigos, colegas de trabalho e qualquer pessoa que seja importante.

Acima de tudo, encorajo as pessoas a deixarem bem claro tudo o que estiverem falando consigo mesmas. Desejo que você obtenha a mais completa consciência sobre o quanto a felicidade, sobre a qual está falando, pode ser possível. Além disso, quero que fique bem consciente sobre o quanto você diz a si mesmo para ser mais feliz. *Tudo isso está na conversa*. Veja a seguir um trecho de um *e-mail* que Andy, um professor de teatro do ensino médio, enviou-me depois de fazer o curso no ano passado:

> O exercício "O monólogo da felicidade" foi muito difícil, mas estou feliz por tê-lo feito, porque estou colhendo os frutos agora. O que me abalou foi descobrir o quanto sou

desatento e inconsciente sobre o que penso em relação à felicidade. O pior é que percebi que não tenho nenhuma ideia sobre o que minha parceira pensa sobre a felicidade. E ainda mais, sobre o que as pessoas de minha família avaliam que é a felicidade. O mais engraçado é que digo a todo mundo que somos todos muito próximos. Mas que descuido!

Nesta semana na escola, passei uma tarefa a meus alunos. Queria que eles falassem sobre felicidade durante dez minutos. Parece familiar? Foi muito divertido. A classe inteira ficou muito energizada com isso. Pude ver a confiança dos alunos diante dos meus olhos. A diretora ouviu falar sobre isso e me pediu que repetisse a experiência na reunião seguinte dos professores. Ontem, liguei para meu pai e marquei com ele um jantar na próxima segunda-feira próxima. "Vamos conversar", eu disse. Depois conto como foi.

Os paradigmas da felicidade

Como o taxista Harold, eu me considero um ouvinte profissional. Tenho treinado, ao longo dos anos, para ouvir o que as pessoas dizem e como elas dizem. Samuel Johnson, um erudito do século XVIII, mais conhecido por ter escrito o *Dictionary of the English Language*, uma vez observou: "A linguagem é a roupa do pensamento". Eu concordo. A linguagem que você usa e as palavras que escolhe para se expressar revelam muito sobre aquilo que você pensa, como vê a si mesmo e qual é a realidade que você cria.

Quando ouço as pessoas falarem de felicidade, estou ouvindo aquilo que elas de fato pensam sobre felicidade, e acima de tudo sobre o que realmente pensam sobre si mesmas. Mas especificamente, estou ouvindo ideias, conceitos e crenças primárias que moldam o pensamento sobre felicidade. A linguagem *revela* e *molda* aquilo que você pensa. Estou ouvindo a voz da esperança, do cinismo, do medo e da verdade. Desejo saber se aquilo que pensa sobre felicidade é sua verdade ou simplesmente algum disparate regurgitante.

Meu verdadeiro objetivo é ajudá-lo a ouvir a si mesmo. Por quê? Porque quanto mais consciente você se tornar sobre aquilo que diz e pensa, mais clareza terá sobre seu conceito de felicidade, sobre como você a bloqueia e como poderá permitir-se ser mais feliz. Clareza é a meta. É o ponto central de meu trabalho. Por quê? Porque, apesar do número crescente de pessoas em nossa sociedade que recebeu um diagnóstico oficial de distúrbio mental, acredito honestamente que as pessoas que encontro não tenham um problema grave ou precisem de tratamento. Em palavras simples, minha crença é:

A maioria das pessoas não precisa de terapia; elas precisam de clareza.

Durante o curso, comento várias vezes sobre os paradigmas da felicidade. Um paradigma é um padrão de pensamento baseado em conceitos, valores e crenças. Seu paradigma de felicidade, ou seja, a maneira como você pensa sobre a felicidade, reflete-se em seu discurso e constrói a forma daquilo que você vive. Assim, seu paradigma faz que você se abra ou se feche a uma maior experiência da felicidade *neste exato momento*.

Vou lhe mostrar o conteúdo que escuto as pessoas falarem quando discorrem sobre felicidade. Compartilharei seis paradigmas de felicidade conhecidos. Os quatro primeiros são expressos geralmente por pessoas que acreditam que a felicidade existe *fora* delas; o quinto paradigma é dito pelas pessoas que acreditam que a felicidade está *dentro* delas; e o sexto é adotado pelas pessoas que vivem a felicidade como algo além da dualidade interior ou exterior. Estas vivenciam a felicidade como uma qualidade essencial do eu.

Para cada paradigma, incluí uma "Bandeira Vermelha" que destaca um possível bloqueio da felicidade e um "Mantra da Alegria" cujo objetivo é ajudá-lo a se abrir mais a uma experiência maior da felicidade agora.

Paradigma nº 1: O Paradigma da Realização. Este paradigma é impulsionado pela crença de que a felicidade é um subproduto do esforço, da ação e do fazer. Parece que a felicidade não existe naturalmente; é algo que deve ser conquistado. Um artigo de revista com o título: "Dez maneiras de ser mais feliz" atrai as pessoas que adotam esse paradigma. O bilhete para a vida melhor está na conquista, na ética do trabalho, e em "fazer as coisas acontecerem". *Bandeira Vermelha*: este paradigma esquece que a felicidade não exige tanto esforço e que ela existe bem antes de você riscar os itens realizados de sua lista de tarefas. *Mantra da Alegria*: a alegria é o estado orgânico de sua alma; não é algo que se possa ser obtido; é algo que você aceita.

Paradigma nº 2: O Paradigma da Posse. Uma jornalista enviou-me um *e-mail* ontem me pedindo para colaborar em um artigo sobre a felicidade. Uma de suas perguntas foi: "Que conselho você daria a alguém que deseja mais alegria na vida?". Existem palavras-chave que definem esse paradigma da posse, que são "ter", "manifestar" e "atrair". A felicidade está relacionada a um objeto externo, a "uma coisa", que se pode ter e guardar. *Bandeira Vermelha*: pegando emprestada uma ideia do grande psicólogo Erich Fromm, este paradigma encoraja muito mais o "modo ter" do que o "modo ser". *Mantra da Alegria*: a alegria não está nas coisas; está em *quem* você é.

Paradigma nº 3: O Paradigma da Recompensa. De acordo com este paradigma, a felicidade não é algo natural; ela tem de ser conquistada e merecida. É como se fosse uma medalha que você ganhou por ter sido bom, responsável e por ter tido sucesso em alguma coisa. A felicidade é um Oscar cósmico oferecido aos dignos. Mas quem ou o que a oferece? Alguns dizem que é Deus quem oferece a felicidade; eu digo que quem lhe oferece é seu superego, aquela vozinha dentro de sua cabeça que não para de impulsioná-lo para frente. *Bandeira Vermelha*: você nega a si mesmo qualquer sentimento de felicidade até receber algum tipo perene de reconhecimento — espero que não seja póstumo. *Mantra da Alegria*: a alegria é um reconhecimento, não uma recompensa.

Paradigma nº 4: O Paradigma do Destino. Outro nome para este paradigma é "O Paradigma da Busca". Este paradigma trata da "procura do amor", da esperança de "encontrar meu objetivo" e da crença na "busca da felicidade". Seu foco é o futuro, e sua linguagem é "tornar-se feliz" em vez de "ser feliz". Parece que a felicidade é uma linha de chegada que você cruzará algum dia, tudo se resume a "chegar lá". *Bandeira Vermelha*: quanto mais você se esforça na busca da felicidade, mais você se esquece de pensar na possibilidade de que ela já está aqui. *Mantra da Alegria*: o caminho para chegar à felicidade é já estar lá.

Paradigma nº 5: O Paradigma da Escolha. As pessoas que adotam este paradigma descrevem a felicidade como um estado de espírito. Ela é cognitiva e afetiva. Essas pessoas falam de "paz interior", vivenciam "a alegria interna", acreditam que você pode "escolher sua vida" e defendem que "a felicidade é um trabalho interno". *Bandeira Vermelha*: o que acontece com a alegria quando você tem dor de dente ou cólica menstrual? A alegria ainda está lá ou só existe porque você escolheu assim? *Mantra da Alegria*: a alegria é uma forma de ser, e não apenas um estado de espírito.

Paradigma nº 6: O Paradigma da Identidade. As pessoas que vivenciam a felicidade como "uma maneira de ser", uma "harmonia simples" e "sua verdadeira natureza" favorecem este paradigma. Elas se referem à felicidade como um potencial impessoal, compartilhado por todos, que inspira toda a criação — tanto dentro quanto fora da pessoa. Wordsworth diz sobre isso: "Eu vi uma vida e senti que era alegria".[4] Neste paradigma a felicidade é por vezes referida como uma "frequência", uma "energia" ou algo "harmônico". *Bandeira Vermelha*: esta ideia é grande demais para seu ego "entender"; na verdade é uma ideia que nada tem a ver com o ego. *Mantra da Alegria*: a alma é a ALEGRIA.

CAPÍTULO 3

Definindo a verdadeira felicidade

No verão de 1986, quando eu tinha 21 anos, visitei Nova York pela primeira vez. Tinha conseguido um contrato de trabalho temporário no banco de investimentos Bear Stearns, cortesia de minha prima Juliet e seu marido, Christopher, que é banqueiro. Antes, eu tinha viajado duas vezes para fora da Inglaterra: a primeira para ficar numa pequena cabana na França e outra para visitar a pequena Ilha da Madeira. Agora, estava vivendo na Big Apple. Que educação! Quantas lições de vida!

Eu era inglês demais, e Nova York, muito americana. Eu era tão jovem, e Nova York era tão incrível. Quando digo "incrível", não quero dizer "Nossa, que hambúrguer incrível", "Que chocolate Hershey incrível" ou "Esta cerveja não é incrível?". Eu quero dizer algo mais do tipo: "Nossa, esta cidade, esta arquitetura, a energia, Manhattan, os cinemas, Greenwich Village, os museus, o negócio todo, é tudo tão in-crí-vel". Eu estava muito animado — e intimidado.

No primeiro dia de trabalho no Bear Stearns, mostraram-me "minha mesa", que eu dividia com outras vinte pessoas, que estavam ocupadas olhando um painel com vários monitores e gritando ao telefone. Dividíamos o escritório com pelo menos outras duzentas pessoas. Um mar de ternos de *cashmere*, suspensórios e charutos. Gritos de "Venda!". Ninguém conversava. Todo mundo gritava. Era o único jeito de ser ouvido. Fui bem-recebido pelos "rapazes". "Vamos almoçar juntos, Bob", eles disseram. Eu nunca tinha sido chamado de Bob antes.

Minha introdução ao novo emprego foi bem curta. "Aqui, faça isto", o homem disse. Minha primeira tarefa foi checar uma planilha e garantir que a vírgula decimal estava no lugar certo depois de uma longa fileira de zeros. O prazo foi "30 minutos atrás". Tive de trabalhar depressa. Decidi usar um lápis e não uma caneta. Só para o caso de cometer algum erro. "Não posso errar", disse a mim mesmo. E aí, cometi um erro.

Precisava corrigir o erro, então fui procurar uma borracha, mas não consegui encontrar nenhuma. Foi quando pedi ao rapaz perto de mim uma borracha emprestada.

— O quê? — ele perguntou.

— Você pode me emprestar uma *borracha*?* — perguntei.

— Eu não trago *camisinha* para o trabalho — ele respondeu.

Aí perguntei se o banco não tinha alguma *borracha* corporativa.

— Uma daquelas *borrachas* com logotipo — expliquei.

Mas ele disse:

— Não.

Meu prazo estava terminando, o tempo era curto, então me levantei e gritei a plenos pulmões:

— Preciso de uma *borracha*. Alguém tem uma para emprestar?

---

* *Rubber*, em inglês britânico, significa borracha de apagar; em inglês americano, é o nome coloquial para preservativo (*condom*). (N. E.)

Não esperava uma resposta tão entusiástica. As pessoas começaram a gritar e aplaudir, berrando "É isso aí", "Você é rápido, Bob!" e "Quem você vai levar para almoçar?". Fui logo informado de que a palavra *"borracha"* tinha um significado diferente nos Estados Unidos. Eu não queria dizer "camisinha", queria dizer "borracha de apagar". Não foi minha culpa. A causa de meu constrangimento residia unicamente na natureza mutável do idioma e dos diferentes significados que conferimos às palavras.

Palavras diferentes significam coisas diferentes para pessoas diferentes. Este é o desafio com palavras do tipo *"borracha"* e com outras como "felicidade", "satisfação", "contentamento", "alegria", "êxtase" e "bênção".

O significado da felicidade

Se eu lhe perguntasse o que a palavra *felicidade* significa para você, o que diria? Quando encontro uma pergunta como esta em um livro que estou lendo, sou sempre tentado a continuar lendo sem considerar o que acho realmente. Por isso convido-o agora a fazer uma pausa para refletir sobre o significado de felicidade *para você*. O que a palavra *felicidade* significa para você?

A página seguinte está em branco. Como pode ver, na página só está escrito o título "Minha definição de felicidade". Essa página é potencialmente a mais importante do livro. Nela, você pode escrever, rabiscar, desenhar, enfim, definir o que felicidade significa para você. Sua missão, caso decida aceitá-la, é chegar a uma definição de felicidade pela qual você viva feliz. O prazo dessa missão é dez minutos depois de terminar de ler este livro.

Minha definição de felicidade

O curso é uma meditação de oito semanas sobre a pergunta "O que é felicidade?". No início, convido os alunos a compartilharem suas definições pessoais de felicidade com o restante do grupo. O mais interessante é que a maioria das pessoas não tem uma definição consciente sobre o que é felicidade. Parece que todo mundo está envolvido na *meta da felicidade*, e todo mundo quer mais dicas, técnicas e ferramentas de *como ter felicidade*, mas pouquíssimas pessoas já refletiram sobre o *significado de felicidade*.

Um dos principais objetivos do curso é ajudá-lo a entender sua definição pessoal de felicidade. Cada tarefa do curso tem o objetivo direto ou indireto de ajudá-lo a esclarecer seu pensamento e a discernir qual é e qual não é a verdadeira felicidade. Percebo que muitos de meus alunos, quando confrontados com a pergunta "O que é felicidade?", procuram chegar a uma resposta o mais rápido possível. Isso geralmente acontece porque estão compensando as dúvidas, a falta de clareza e a sensação de desconforto de não "terem" uma resposta imediata.

Meditar sobre a pergunta "O que é felicidade?" é uma das coisas mais importantes que você pode fazer com sua vida. Por quê? Bem, por uma razão:

Sua definição de felicidade influencia toda decisão importante de sua vida.

O modo como você define a felicidade influencia seu relacionamento consigo mesmo e com a vida. Para ser mais específico, tem influência sobre sua atitude, o ritmo em que vive, a maneira como se relaciona com as pessoas, suas escolhas profissionais, aquilo que define como prioridade, seu relacionamento com dinheiro e como você saúda cada novo dia. O objetivo, portanto, não é responder *rapidamente* à pergunta; é respondê-la *bem*. Por essa razão, incentivo meus alunos a *viver a pergunta* durante as oito semanas do curso antes de me darem uma resposta. Do mesmo modo, encorajo-o a dedicar um tempo para meditar sobre a pergunta "O que é felicidade?". Esta meditação não é uma corrida, mas uma jornada.

O círculo da felicidade

Então, o que é felicidade? A resposta literal a esta pergunta é: *Felicidade é uma palavra*. Não parece uma resposta muito útil, mas incentivo a continuar comigo. "Felicidade" é um símbolo verbal, um rótulo, que utilizamos para nomear uma experiência que estamos vivendo (os linguistas se referem a isso como *nominalização*). Obviamente, é assim que a linguagem funciona. E é isso que torna a linguagem tão útil e tão problemática.

Não é porque falo a palavra "felicidade" que você vai saber qual é o significado que empresto a ela. E, portanto, tal como aconteceu com "*borracha*", o que pretendo dizer com "felicidade" pode ser diferente de seu entendimento. Da mesma forma, quando digo "Deus", você pode achar que estou me referindo a um indivíduo barbudo no céu, tal como em um filme de Cecil B. DeMille, quando na verdade o que quero dizer com "Deus" *é uma inteligência universal, um amor incondicional, que cria e sustenta toda a vida*.

O propósito, então, de meditar sobre a pergunta "O que é felicidade?" é ultrapassar a palavra *felicidade*. Trata-se de ir para além de suas ideias e conceitos aprendidos de modo que desfrute de uma experiência direta, com todo o seu ser, do que significa *felicidade*. É como se "felicidade" fosse um sinal na porta e sua meta fosse passar por ela e descobrir por si mesmo o que é de fato a felicidade. É uma jornada extraordinária. Às vezes, significa honrar tudo aquilo que você aprendeu; outras vezes, significa deixar de lado tudo aquilo que acha que sabe.

"O círculo da felicidade" é um grande exercício para descobrir aquilo que você realmente quer dizer por felicidade. Geralmente é feito em um círculo de quatro ou cinco pessoas sentadas. É um exercício de "completar a frase", em que eu começo a frase e elas precisam completá-la. Depois que a primeira pessoa completa a sentença, é a vez da pessoa à sua esquerda e assim por diante. Aquela frase passa pelo círculo várias vezes, até uma campainha soar, sinalizando que é hora de parar.

Existem três partes distintas em "O círculo da felicidade". Na primeira, a frase a ser completada começa com "Felicidade é...". Por exemplo, "Felicidade é um banho de lama". Esta parte dura mais ou menos sete minutos. Aí, peço um minuto de silêncio antes da parte dois. A frase da parte dois começa com "A verdadeira felicidade é...". Esta parte também dura cerca de sete minutos. Depois de outro minuto de silêncio, apresento a parte três. A frase agora começa com "Minha definição preferida de felicidade é...". Cada pessoa no círculo completa esta frase apenas uma vez.

O exercício completo não leva mais de vinte minutos, e mesmo assim, no final as pessoas me dizem que tiveram um avanço bastante significativo da compreensão do que é a verdadeira felicidade. Na primeira parte, "A felicidade é...", muitas pessoas ficam na superfície de sua consciência. Na segunda parte, "A verdadeira felicidade é...", há maior honestidade, intimidade e compartilhamento. E na parte três, as pessoas vivenciam maior clareza, sabedoria interior e uma profunda revelação do que existe *além das palavras*.

Durante esses anos em que ouvi as pessoas falarem sobre a felicidade, percebi que a felicidade que elas descrevem se enquadram em três categorias principais. A consciência e análise desses três tipos de felicidade podem ser muito úteis para a compreensão da natureza da verdadeira e duradoura felicidade. Neste capítulo, apresento uma breve descrição de cada um desses tipos.

Prazer: felicidade sensorial

"Prazer" é o nome que atribuímos à felicidade que experimentamos por meio dos sentidos físicos. É o ídolo do hedonismo. É isso que faz um bom divertimento.

Os prazeres saudáveis são naturais, inocentes e ratificam a vida. Os resultados positivos da fruição do prazer são benéficos, assim como sua negação é prejudicial. Em resumo, os benefícios podem ser descritos em três palavras: **Vitalidade**: pelo prazer você saboreia a vida, aprecia sua corporeidade, digere e metaboliza suas experiências com o mundo. *Nós despertamos para a vida através de nossos sentidos*. **Conexão**: você se associa às outras pessoas por meio de seus sentidos; você é tocado pela vida; e também chega ao seu sagrado interno, que lhe é dado por nascença, o eu por si mesmo. Com o profundo prazer, você descobre sua reconciliação e redenção, e desfruta uma sensação temporária de separação física.

E **Presença**: o gozo dos prazeres simples o ajuda a entrar nas experiências cotidianas com maior consciência e admiração. Por exemplo, eu adoro tomar uma xícara de café de manhã. Para mim, o café é mais que apenas uma bebida quente; é uma experiência espiritual. Eu realmente acredito que o café é um dispositivo para a entrega física do Espírito Santo. Costumo saborear a experiência completa: os grãos torrados, o aroma, o corpo e o sabor. Se eu conheço os cafeicultores, os quais muitas vezes conheço, reservo um momento para agradecer-lhes pelo presente que estou prestes a receber. O café é uma experiência espiritual, garanto.

Uma maravilhosa maneira de gastar uma hora de seu tempo é fazer uma lista das coisas em sua vida que lhe dão maior prazer. Certifique-se de que realmente aprecie esses prazeres. Aqui em minha mesa, percebo que, enquanto digito estas palavras, meus sentidos se deliciam com o aroma de minha vela de jasmim, a visão de minha linda coleção de orquídeas, o sabor do café e o som das lindas canções do álbum *Embracing The Moment*[1], de Roberto Norton. Meus sentidos estão felizes, e gosto dos efeitos calmantes que eles exercem em minha mente e meu coração.

O prazer (também conhecido como felicidade sensorial) também apresenta algumas deficiências graves. Em primeiro lugar, depende totalmente de uma ação "estímulo-resposta". Sem estímulo não há resposta. O prazer aparece e desaparece, vem e vai. Em segundo lugar, é uma experiência transitória que desaparece assim que a dopamina e as outras substâncias químicas do prazer diminuem. Em terceiro lugar, é uma experiência pessoal e não universal; nem todas as pessoas recebem as impressões sensoriais da mesma forma, como se evidencia na condição chamada sinestesia, na qual as pessoas veem as cores de números e letras.[2] Também, aquilo que é meu prazer pode ser um veneno para você. Por exemplo, disseram-me que existem algumas pessoas neste planeta que não gostam de café.

Em quarto lugar, o prazer existe em dualidade com sua gêmea chamada dor. Na verdade, a dor é mais que uma irmã gêmea. Em alguns casos, tanto o prazer quanto a dor podem ser "a dupla personalidade" da mesma experiência. Por exemplo, em geral bebo apenas uma xícara de café por dia; de vez em quando tomo duas; mas nunca bebo três. Por quê? Porque eu sei que uma terceira xícara de café me levaria para o lado negro — tensão física, irritação emocional, cansaço mental e um pensamento diabólico que procura me convencer de que o Espírito Santo me deserdou.

Satisfação: a felicidade circunstancial

"Satisfação" é o nome que se atribui ao tipo de felicidade que é mais comumente estudada pelos psicólogos positivistas.

Ela também se encaixa naquilo que alguns filósofos chamam de "teorias do desejo", que se concentra na felicidade que surge quando "se consegue aquilo que se deseja".[3] Costumavam-se usar outras palavras para descrever essa felicidade, como "contentamento", "realização" e o termo científico "bem-estar subjetivo".[4]

A satisfação surge quando você aproveita circunstâncias e condições consideradas favoráveis. Por exemplo: "Eu gosto de minha vida" (satisfação pessoal) e "Eu gosto de meu trabalho" (satisfação profissional). A satisfação é o resultado do pensamento *estou feliz porque...* Por exemplo, *estou feliz porque as ações na bolsa subiram, meus sapatos novos são lindos e acabo de ganhar um chocolate.* Dito isso, percebe-se que a satisfação deriva não apenas de "se conseguir as coisas", mas também de encontrar significado em algumas atividades, em ter um propósito nas relações amorosas, na ética e nos valores.

Acima de tudo, a satisfação vem do sentimento de que nosso ego está aprendendo e evoluindo. Isso pode ser especialmente gratificante e significativo para muitos de nós. Além do mais, um efeito positivo da satisfação é que ativa uma espiral ascendente de aumento da gratidão, maior receptividade e maior satisfação. Portanto, outra maneira excelente de passar uma hora de sua vida é criar uma lista de todos os momentos, eventos e relacionamentos significativos em sua vida. Garanto que, fazendo isso, você sentirá que sua vida melhorou.

Como o prazer, a satisfação também tem algumas deficiências. Em primeiro lugar, ela é subproduto da dança de "causa e efeito". Se não há causa, não há efeito. Esse tipo de felicidade não pode existir exceto como reação a alguma coisa. Em segundo lugar, os efeitos da satisfação são notoriamente curtos. Ela geralmente tem uma vida curta porque você logo se adapta às circunstâncias favoráveis. Por exemplo, a gratidão pelo seu aumento de salário é de imediato devorada por mais planos de carreira e pelas tarefas diárias.[5]

Em terceiro lugar, a satisfação existe em dualidade com a insatisfação. Aquelas coisas que costumavam satisfazê-lo no passado não têm mais efeito hoje. Por exemplo, ninguém mais tem de aturar um *iPod* que só tem memória suficiente para 40 mil músicas e 200 horas de vídeo. A satisfação é com muita frequência propensa a se render à *insatisfação* e a seus dois amigos chamados "expectativas" e "comparação". É muito difícil sentir-se feliz quando esses três sujeitos entram na mente sem pedir licença.

Em quarto e último lugar, o problema com a satisfação é que ela depende totalmente de sua mente e do mundo, e nenhum dos dois é um lugar seguro para viver. Quando você não está em seu perfeito juízo, por exemplo, pode ignorar tudo de que poderia gostar. Nem todos os milionários sorriem o tempo todo. Se sua vida não está como você gostaria, sua satisfação também mergulha para baixo, e você tenta se convencer de que é uma vítima do mundo.

Alegria: a felicidade sem motivo racional

A alegria é a alma da felicidade. Assim como o prazer, ela pode se expressar pelo corpo, mas não faz parte do corpo. Do mesmo modo que a satisfação, pode ser sentida emocionalmente e entendida mentalmente, mas é muito mais do que apenas uma emoção ou um estado de espírito. Há outras palavras usadas para descrever este tipo de felicidade, como "contentamento" e "êxtase", que, traduzida do grego antigo *ek-stasis*, significa "colocar-se fora de si mesmo". A alegria é maior do que o ego. Ela existe antes do pensamento do "eu".

É impossível definir a alegria, mas pode-se descrevê-la. As pessoas mais inspiradoras que já caminharam sobre a face da Terra tentaram expressar o que a alegria significava para elas. Por exemplo, Helen Keller descreveu a alegria como "o fogo sagrado que aquece nosso propósito e acende nossa inteligência".

Nas palavras de Madre Teresa de Calcutá, "a alegria é oração. É força. É amor. A alegria é uma rede de amor com a qual você pode recolher as almas". E C. S. Lewis se referiu a alegria como "um negócio sério do paraíso".[6]

Descrever a alegria é muito difícil *e* muito útil. Quanto mais você se sintonizar na alegria e permitir-se senti-la, mais aprenderá sobre a verdadeira felicidade. Eu estimulo meus alunos a descrever a alegria meditando sobre ela, pintando a alegria, cantando-a, dançando com a alegria, elaborando um poema sobre ela ou descobrindo um símbolo que a represente na natureza, por exemplo. O que surge disso são qualidades de alegria comumente sentidas, cinco das quais apresento a seguir:

1. Permanência. Quando as pessoas se sintonizam com a sensação de alegria, surge muitas vezes a consciência de que esta alegria está sempre conosco de algum modo. A alegria está sempre presente, calma e invisível. Não está "fora" nem "dentro"; ao contrário, ela está simplesmente em todo lugar onde estamos. A alegria parece estar além do espaço e do tempo. *Ela não vai e vem; o que vai e vem é o fato de estarmos cientes dessa alegria.* O mais irônico é que sentimos a presença da alegria quando paramos de perseguir o prazer e de tentar satisfazer o ego.

2. Criatividade. Ao descobrir a alegria, muitas pessoas vivenciam uma grande sensação de criatividade que jorra através delas. O ego, na verdade, pode obter todo o crédito, mas a alegria é o autor verdadeiro. A alegria é o executor. A alegria é o pensador. Ela é o princípio criativo. Em um dos meus trechos favoritos dos Upanixades, textos sagrados da literatura clássica indiana, está escrito: "da alegria brota toda a criação / pela alegria ela é sustentada. / Por meio da alegria, a criação continua / e para a alegria ela retorna".[7] Não me admira, portanto, que tantos artistas façam meu curso.

3. Sem motivo aparente. Eu gosto de descrever a alegria como "a felicidade sem motivo aparente" porque não parece precisar de um motivo. É uma felicidade que se baseia no nada. Em outras palavras, não precisa de uma causa ou de um efeito para existir. É claro que coisas boas, circunstâncias favoráveis e um estado de espírito feliz podem deixá-lo mais receptivo à alegria, mas ela existe mesmo quando você não estiver sensível a ela. *A alegria não precisa de motivos*, e é por isso que podemos ser *surpreendidos por ela*, mesmo nas situações mais banais.

4. Serenidade. Ao contrário do prazer e da satisfação, a alegria não tem um contrário. Ela não oscila para cima e para baixo, como nosso humor. E ela não luta com aspectos positivos e negativos, como nossa mente. A alegria, no entanto, tem um irmão gêmeo. Se a gêmea do prazer é a dor, e a gêmea da satisfação é a insatisfação, o irmão gêmeo da alegria é o amor. Quando as pessoas me descrevem a alegria, sempre mencionam o amor — até mesmo advogados, políticos e psicólogos. Assim como o amor, a alegria nada teme e não se abala com as circunstâncias do mundo. É como se nada existisse que pudesse macular ou diminuir a essência da alegria. E como tal, é livre.

5. Basta-se. Muitas pessoas descrevem uma sensação de vazio que se segue a um encontro de grande prazer e satisfação. Mas este não é o caso da alegria. Uma de suas mais belas qualidades é a sensação permanente de "suficiência". Diferentemente dos efêmeros estados de prazer e satisfação, *a alegria não induz a uma ânsia por mais, porque ela se basta*. Se alguma vez acharmos que está faltando alegria, é porque estamos distraídos, provavelmente preocupados com o novo objeto de desejo ou lamentando um prazer que já acabou.

Desses três tipos de felicidade — prazer, satisfação e alegria —, apenas um deles é verdadeiro, e é o que dura para sempre. Assim, de agora em diante quando eu me referir à "verdadeira felicidade", você saberá que me refiro à alegria. Contudo, gostaria de esclarecer mais dois pontos: primeiro, não estou dizendo que o prazer ou a satisfação sejam "ruins" e que só a alegria é "boa". Eu defendo plenamente os benefícios do prazer saudável e da satisfação positiva. Em segundo lugar, não estou dizendo que você tem de escolher entre prazer, satisfação e alegria. Descobri, porém, que:

A menos que você cultive a consciência da alegria, não há prazer ou satisfação que possa fazê-lo feliz.

Caso continue a ignorar a alegria em sua alma (que existe mesmo que seu ego não vivencie o prazer, que sua mente esteja ou não satisfeita), você continuará suspirando por cada vez mais satisfação e prazer. O perigo é que passará a procurar prazeres extremos, emoções maiores que surgem, por exemplo, de um estilo de vida *workaholic*, de uma garrafa de vinho toda noite, da compulsão por compras, de uma carreira de cocaína ou da dependência em jogos. MAS, ao contrário, quanto mais você sintonizar em sua alegria, mais expandirá sua capacidade de desfrutar prazeres saudáveis e satisfações mundanas. Por essa razão que afirmo a alegria vem em primeiro lugar.

Capítulo 4

Uma nova curva de aprendizagem

O curso de felicidade oferece às pessoas a oportunidade de dedicar um grau de atenção pouco comum a um dos objetivos de vida mais valorizado e difícil de compreender. Até agora, descrevi esse curso como jornada (Capítulo 1), conversa (Capítulo 2) e processo de meditação (Capítulo 3). Outra forma de descrever esse curso é *investigação*. E talvez seja a descrição mais precisa, porque muitos dos exercícios que fazemos juntos são exercícios de investigação.

A palavra *investigação* significa "busca do conhecimento" e "uma demanda pela verdade". Durante as oito semanas, investigamos profundamente nossas quatro fontes principais de sabedoria. Primeiro, estudamos os princípios espirituais universais, aquilo que chamo de "rumores espirituais" encontrados em 5 mil anos de salmos cristãos, sutras budistas, poesia islâmica, Upanixades hindus, koans zen, filosofia taoísta e escrituras gregas. Nesses rumores espirituais estão proposições radicais como

"A felicidade está no interior", "A felicidade é livre" e "Você já é feliz". Juntos, esses rumores criam um fio dourado de alegria que tece um caminho pelas grandes tradições de sabedoria.

Em segundo lugar, investigamos cem anos da psicologia ocidental. Sendo mais específico, examinamos os estudos empíricos tanto da psicologia subjetiva sobre o bem-estar (desde 1960)[1] quanto da psicologia positivista (desde o ano 2000).[2] Também fazemos referência a modelos de personalidade como o eneagrama, que tem se tornado cada vez mais popular nos últimos anos.[3] Em terceiro lugar, tiramos partido da experiência e das pesquisas acumuladas com o The Happiness Project ao longo das duas últimas décadas. E em quarto lugar, de longe o mais importante, *gostaria de encorajá-lo a investigar profundamente sua própria sabedoria*.

A investigação, em sua forma mais pura, é um sistema de aprendizado guiado pelo *ethos*, "Aquele que pergunta é aquele que sabe". Eu acredito que *a felicidade não é ensinada, ela é reconhecida*. Nós não aprendemos a felicidade como se fosse a primeira vez; nos *lembramos* dela, nos *reconectamos* a ela de forma consciente e *recordamos* o que é a felicidade. E assim se percebe que não sou na verdade um professor de felicidade; sou um professor de investigação. Meu objetivo é ajudá-lo a *recordar* aquilo que, no fundo, você já sabe. Esta é a verdade, e em grego antigo, a palavra para a verdade é *aletheia*, que significa "não esquecer".

E se eu fosse lhe ensinar o que sei sobre felicidade você não se lembraria de muita coisa; mas se eu puder lhe ensinar aquilo que você já sabe sobre felicidade, se lembrará de tudo. A sabedoria, assim como a felicidade, não é um objeto ou uma coisa que possa ser passada de mão em mão como uma bola. Na verdade, não se pode adquiri-la nem perdê-la. Ela já existe, e é reconhecida ou não. A instrução que ofereço é bastante tradicional, na medida em que se inspira na palavra latina *educere, educar*, cuja origem está nas raízes *e+dulcere*, significando "retirar de dentro", pois nosso trabalho é retirar de dentro o conhecimento de felicidade que você já possui.

Olhando o passado, acho que tive minha primeira lição da maluquice de tentar passar a alguém minhas respostas aos 15 anos. Era início de um novo ano escolar. Eu estava na última série, e meu irmão mais novo David, de 11 anos, estava na primeira. Na véspera do primeiro dia de aulas, levei David para meu quarto para lhe dar o maior presente do mundo, um presente tão brilhante que ele se lembraria não só pelo resto da vida mas pelas próximas vidas também.

Aos pés de minha cama tinha um antigo baú, de mais ou menos 1,20 metros de largura por 1 metro de altura. Era de mogno escuro, com painéis de madeira mais claros e acessórios de latão. Apontando para meu "tesouro", pedi a David que o abrisse. Ele lançou um olhar cauteloso, já que meu baú era normalmente proibido para ele, porque continha "minhas coisas". Quando David o abriu, viu uma pilha de livros que chegava a tampa.

— O que é isso? — ele perguntou.

— David, estas são *todas as respostas das aulas* que você vai ter nos próximos quatro anos da escola nova.

David ficou quieto. Seu silêncio era compreensível, já que se tratava de um presente fabuloso. Durante os quatro anos anteriores, eu guardei todos os meus cadernos e trabalhos das matérias principais, como Matemática, Língua, Geografia, Física e História. Na verdade, o que eu tinha acabado de dar a meu irmão foi uma educação completa — um bilhete, se preferir, para se acalmar, se divertir, e tirar boas notas ao longo do caminho.

Quando David compreendeu a extensão de meu presente, ficou devidamente agradecido. Eu estava muito feliz porque amava meu irmão e queria fazer o máximo possível por ele.

Mas, um grande MAS, é que durante os quatro anos seguintes, eu não vi David abrir a arca do tesouro uma única vez! De vez em quando, eu o lembrava das repostas do baú, e ele sempre dizia que as usaria, mas nunca fez isso. Mesmo assim, conseguiu boas notas e se destacou nas matérias de que mais gostava. Minha lição foi que sua própria formação tinha mais valor e interesse do que a minha. E com toda a razão.

Vivendo sua verdade

Um dos exercícios mais desafiadores do curso é aquele em que uma pessoa é convidada a se levantar e repetir uma afirmação de cinco palavras: "Eu sou uma pessoa sábia".

O propósito deste simples exercício é começar a explorar o relacionamento com sua própria sabedoria, com sua voz interior da verdade. Muitas pessoas acham esse exercício tão difícil que acabam percebendo fortes reações físicas logo após pronunciar a frase. Esses sintomas físicos podem ser dificuldade na respiração, joelhos e mãos trêmulos e sudorese: "Eu me senti fraco, como se estivesse prestes a ter uma experiência extracorporal", contou Tim, um policial. "É como se eu fosse morrer", disse Laura, professora universitária.

Essas reações físicas são causadas pela resposta mental do indivíduo, ou seja, o que ele sente ao dizer "Eu sou uma pessoa sábia". Muitas pessoas dizem que sentem arrogância ao falar isso. Respondo que eu não lhes pedi para dizer: "Eu sou a pessoa mais sábia daqui". Como se observou depois, a maioria das pessoas não tem nenhum problema em achar que outra pessoa pode ser sábia; o problema é acreditar que "eu sou sábio". Muitas pessoas também relatam um sentimento de tristeza. "Eu sei que posso ser sábia, mas raramente ouço a mim mesma e me esqueço de viver minha verdade", disse Sandra, dona de casa e mãe de dois filhos.

O verdadeiro problema é a *identificação*. É a incapacidade de se identificar com a ideia de *ser uma pessoa sábia* que leva o indivíduo a duvidar de si mesmo. Ao crescer, muitos não tiveram o estímulo necessário, por parte dos pais e ou professores, para explorar a própria sabedoria. Provavelmente porque lhes tenha faltado o estímulo, também. Essa falta de atenção a nossa sabedoria precisa acabar se quisermos ser felizes. Uma das chaves mais importantes para a felicidade duradoura é a disposição de ouvir nossa própria sabedoria e acreditar nela.

Como professor de investigação, faço muitas perguntas a meus alunos. Perguntas importantes como "O que é felicidade?", "O que é sucesso?" e "Qual o propósito de sua vida?". Muitas vezes, as pessoas respondem que não sabem. No início, costumava acreditar que elas estavam dizendo a verdade. Mas não faço mais isso. Com meus anos de experiência, agora sei que não existe esse negócio de "eu não sei". Só porque você acha que não sabe, não quer dizer que não tenha a resposta. Devidamente traduzida, a frase "eu não sei" significa "eu não sei que sei".

Não existe nada que realmente bloqueie sua sabedoria, exceto as crenças e percepções autoconstruídas e com as quais você se identifica. Podem ser coisas como: para ser sábio, você precisa ser *grego e morto, não ser loiro, não ser velho nem ter artrite, ser fluente em sânscrito* e ter provas concretas da concepção virginal de Maria, ou *ser caucasiano*, ou melhor ainda, *um médium* que está em contato direto com os mestres das Plêiades.

Um professor de minha especialidade sabe que todo mundo é sábio. Cada um de nós tem o mesmo acesso à sabedoria. A diferença é que alguns são mais receptivos. Certa vez, conheci um eminente médico que descreveu sua visão interior como *arrepios*. Tenho amizade com um psicólogo que também tem arrepios quando escuta alguém chegar à verdade de um assunto. E, Louise Hay, fundadora da Hay House e editora deste livro, muitas vezes fala sobre o seu "sino interior", que costuma guiá-la e inspirá-la. Essas pessoas não são capazes de definir exatamente o que é a sabedoria, mas aprenderam a abrir-se a ela, a acreditar e a deixar que ela os guie.

Este é o milagre da investigação: quando um aluno conversa com seu professor e "descobre" sua sabedoria e, ambos, aluno e professor, fazem anotações. Podemos tapar os ouvidos ou enchê-los de má educação, mas a sabedoria nunca nos deixa. Sua sabedoria jamais para de conversar com você, mesmo quando não a está ouvindo. O dom da sabedoria é que no *momento em que você se mostra disponível a ela, a sabedoria se faz disponível para você.* Outra forma de dizer a mesma coisa é que sua sabedoria fala tão alto quanto sua disposição para ouvi-la.

Aprendendo sobre felicidade

A felicidade é uma curva de aprendizagem.

Existem muitas curvas de aprendizagem que podemos escolher. Tradicionalmente, a maioria das pessoas utiliza a dor, o sofrimento, o sacrifício e os fracassos como curvas principais de aprendizagem. Se isso se aplica a você, provavelmente assistiu às aulas na escola dos tropeços, onde a tristeza e as mágoas eram professoras. Mas é bom lembrar, porém, que há uma grande variedade de curvas de aprendizagem mais agradáveis à disposição, como ter o amor, a autenticidade ou o sucesso como curva de aprendizagem.

É você quem faz a escolha. Nada nem ninguém escolhe por você.

"As lições de vida de felicidade" são um exercício de pesquisa baseado na ideia de que todos nós podemos ser estudantes de felicidade e que ela pode se tornar a curva de aprendizagem escolhida. Para apresentar este exercício, costumo trabalhar com foco em uma pessoa na frente da sala. E a maneira como escolho meu "voluntário" é bastante divertida — pelo menos para mim!

Eu pego um chapéu bem grande, como aqueles de mágico, que contém o nome de todos os alunos anotados em pedacinhos de papel. Simplesmente enfio a mão no chapéu e puxo o nome do "voluntário". *Ta-daaa!* O surpreendente é que todos os voluntários me dizem que *eles sabiam* que seriam escolhidos.

Meu voluntário caminha até a frente da sala e se coloca diante de três pedaços de papel. Cada uma dessas folhas tem uma palavra escrita, e essa palavra representa um foco determinado para o exercício. Então, começo convidando meu voluntário a fechar os olhos, respirar profundamente algumas vezes, e em seguida tentar sintonizar-se às sensações de uma verdadeira felicidade. Eu encorajo o voluntário a sentir a felicidade na mente, no coração e em todas as células do corpo, a fim de "ouvir" e não "pensar", e dessa forma participar das sensações com todo o seu ser.

Em seguida, convido o voluntário a dar um passo adiante e se posicionar diante da primeira folha de papel, que mostra a palavra "PASSADO" escrita em maiúsculas. Nesse momento, digo: "Enquanto fica diante do passado, reflita por alguns momentos sobre a história de sua vida e sobre seu relacionamento com a felicidade". A questão-chave dessa parte da pesquisa é *o que sua vida lhe ensinou até agora sobre a felicidade?* Mais uma vez, eu enfatizo o ouvir, não o pensar. O que resulta a seguir é uma rica conversa repleta de informações valiosas sobre os acontecimentos passados, relacionamentos, sucessos, mágoas, lições e alegrias.

Gostaria que você, caro leitor, pensasse um pouco sobre essa grande questão. Temos aqui a maravilhosa oportunidade de honrar suas mais importantes lições de vida sobre a felicidade. Uma forma de realizá-lo é fazer uma lista das cinco lições mais importantes sobre a felicidade que a vida lhe ensinou até agora. Descreva cada uma em detalhes. Lembre-se de quando aprendeu essa lição. Anote o nome de qualquer pessoa envolvida, e avalie o mais honestamente possível: o quanto ter aprendido essa lição influenciou sua vida; e em que medida você a aprendeu (de modo que não precise ser repetida!).

Depois, meu voluntário passa para a segunda folha de papel, onde está escrita em maiúsculas a palavra "AGORA". Então, digo: "Reflita sobre o que está acontecendo neste momento em sua vida, em seus relacionamentos e em seu trabalho. Preste atenção nos assuntos principais. Preste atenção em qualquer conflito. Leve em conta quaisquer sentimentos de alegria". A questão principal dessa parte é *o que sua vida está pedindo a você para aprender sobre a felicidade?* Mais uma vez, convido o leitor a refletir sobre sua vida, sobre o que ela está lhe pedindo para aprender sobre felicidade nesse exato instante.

Por último, meu voluntário se coloca diante da terceira folha de papel, que mostra a palavra "FUTURO", escrita em maiúsculas. Minha instrução aqui é: "Imagine que você saltou para o futuro. Dedique alguns momentos para rever todos os seus desejos quanto ao futuro. Depois, procure identificar se existem grandes lições de vida sobre a felicidade que ainda precise aprender". Quando as pessoas são honestas consigo mesmas, conseguem identificar as lições ainda por aprender. Algumas vezes, é um velho ensinamento, uma lição do presente, ou um novo ensinamento para o qual não se prestou atenção até agora.

Uma variação para esse exercício é imaginar, por um momento, que você está visitando a Terra a fim de aprender uma importante lição de vida sobre a felicidade. Eu chamo esta lição de "SUPREMA". Ela é importante porque sustenta o objetivo global de sua vida. Se você conseguisse aprendê-la realmente, ela ajudaria a melhorar radicalmente os seus relacionamentos, seu trabalho, sua saúde e todos os demais aspectos de sua vida. Seria importante dedicar algum tempo agora, ou muito em breve, para identificar esta lição suprema e procurar beneficiar-se de sua curva de aprendizagem.

Pensando sobre a felicidade

A felicidade é a nova queridinha das Ciências Sociais. Todos os dias vemos novas notícias sobre as mais recentes descobertas de intrigantes estudos que tratam de "felicidade e dinheiro", "felicidade e cultura", "felicidade global da nação", "felicidade e cérebro", "felicidade e trabalho", "felicidade e casamento" e "felicidade e espiritualidade". Essa investigação coletiva sobre a felicidade capturou a atenção de todos nós, incluindo professores, políticos, economistas, profissionais da saúde, líderes da igreja e líderes empresariais.

Na primavera de 2006, o departamento de ciências da BBC comemorou o 10º aniversário do documentário chamado *How to Be Happy* (baseado em meu curso de felicidade) transmitindo uma nova série em seis capítulos chamada *The Happiness Formula*.[4] O produtor Mike Rudin e o editor-apresentador Mark Easton fizeram um excelente trabalho ao apresentar um *mix* completo de temas sobre a felicidade, incluindo pesquisas, experiências e pesquisas de opinião — muitas das quais nos desafiaram a repensar nossos pressupostos mais básicos sobre a vida e sobre como ser feliz.

A investigação da série *The Happiness Formula* confirmou as evidências existentes sobre o declínio dos níveis de felicidade no âmbito mundial das últimas décadas. "A proporção de pessoas que se dizem muito felizes caiu de 52% em 1957 para os atuais 36%", relatou Mark Easton. O pior é que a quantidade de adultos com diagnóstico de depressão ou outras doenças mentais graves aumentou dez vezes. Um relatório mundial da Unicef sobre os "níveis criticamente baixos" de bem-estar entre as crianças tem exigido uma avaliação honesta tanto do governo quanto da sociedade, sobre nosso modo de vida.[5]

Uma análise sobre a felicidade apresenta uma oportunidade de repensar a vida. Na medida em que você aprofunda a investigação sobre felicidade, começa a testar a veracidade de suas crenças e suposições. Algumas vezes, confirmará aquilo que já sabe ser verdade, e outras vezes essa investigação pedirá que abandone ideias que até hoje estão profundamente identificadas com você. Refletir sobre a felicidade exige uma grande honestidade e coragem pessoal, mas as recompensas são maravilhosas. Veja a seguir cinco exemplos de como pensar sobre a felicidade pode ajudá-lo a ter mais clareza sobre todas as coisas que de fato importam.

Repensar nº 1: Felicidade e Dinheiro. Quando se pergunta às pessoas do que precisam para ter uma boa vida, a resposta mais comum é: "Dinheiro!". É a resposta correta, pelo menos de início, se você for uma das 3 bilhões de pessoas que vivem no Terceiro Mundo ganhando só 2 dólares por dia ou um cidadão do Primeiro Mundo que vive abaixo ou na linha da pobreza. "Se o PIB for superior a 8 mil dólares por pessoa, a correlação [entre o poder de compra e a felicidade] desaparece e a riqueza que se acrescenta não traz mais nenhuma satisfação na vida", afirma o professor Martin Seligman.[6]

A maioria do grande plano das pessoas para aumentar a felicidade é ganhar mais dinheiro. Porém, o fato é que embora o dinheiro nos ajude a cuidar das necessidades básicas da vida, além disso, ele não faz muito mais por nós. Mesmo os muito ricos, como as cem pessoas mais ricas listadas pela revista *Forbes*, que ganham milhões por ano só de juros sobre o capital, são apenas ligeiramente mais felizes do que a média das pessoas — e, em alguns casos, são até menos felizes. Seligman enfatiza em sua conclusão:

> A transformação no poder de compra das nações mais ricas na última metade do século passado tem a mesma mensagem: o poder de compra mais que dobrou nos Estados Unidos, na França e no Japão, mas a satisfação com a vida não mudou nada.[7]

Repensar nº 2: Felicidade e Circunstâncias. Quase todo mundo concorda com a ideia de que *se as circunstâncias em minha vida melhorarem, meu nível de felicidade aumentará*. Esta é a base para quase todas as estratégias políticas e econômicas em todo o mundo. Ainda assim, as pesquisas científicas sobre a felicidade rejeitam essa teoria. O neozelandês Richard Kammann, um dos mais eminentes pesquisadores, relata: "As circunstâncias objetivas da vida representam um papel insignificante na teoria da felicidade".[8] Mesmo uma grande mudança, como ganhar um prêmio na loteria, demonstrou dar às pessoas uma melhoria temporária. A maioria dos pesquisadores concorda que, a longo prazo, as circunstâncias da vida influenciam o grau de felicidade no máximo em 10%.

Repensar nº 3: Felicidade e Educação. Uma teoria muito popular na sociedade atual é de que uma educação melhor criará mais felicidade para nossos filhos. Essa teoria resultou em mais testes na pré-escola, maior atenção nos exames regulares e mais dinheiro gasto no ensino privado. Certamente, uma educação melhor aumenta a felicidade, correto? "Perdão, papai e mamãe, nem a educação nem um alto QI abrem caminho para a felicidade", afirma Claudia Wallis, que compilou para a revista *Time* um relatório chamado "The New Science of Happiness".[9] É bastante claro que a investigação científica sobre a felicidade está nos desafiando a repensar o significado de "uma educação melhor".

Repensar nº 4: Felicidade e Futuro. Então, pelo menos podemos esperar ser felizes no futuro, certo? Errado! Os estudos longitudinais sobre a felicidade, que registram níveis de felicidade de indivíduos ao longo de vinte anos, indicam que a melhor forma de prever o quanto você será feliz no futuro é *o quanto você escolhe ser feliz hoje*. O futuro não o fará feliz. Por quê?

Porque nada vai fazê-lo feliz. Isso mesmo, nem fazer compras. Vou esclarecer o que pretendo dizer compartilhando uma de minhas conclusões de meu primeiro livro sobre felicidade, chamado *Happiness NOW*. A conclusão é:

Nada no mundo pode *fazê-lo* feliz, mas tudo o que existe no mundo pode *encorajá-lo* a ser feliz.[10]

Curiosamente, o que as pesquisas sobre a felicidade ensinaram aos pesquisadores é que as investigações iniciais são baseadas em uma série limitada de perguntas como: "O que define a felicidade?" e "O que o faz feliz?". Para dar prosseguimento a esses estudos, os pesquisadores precisam aprender a fazer novas perguntas, como: "O que a felicidade significa para você?", "O que aprendeu sobre felicidade?" ou "Como você escolhe a felicidade?".

Repensar nº 5: Felicidade e Você. As investigações mais modernas sobre a felicidade reconhecem que *todo mundo pode ser feliz*. A felicidade não discrimina. É uma fornecedora de oportunidades iguais. Renomados pesquisadores como David Myers e Ed Diener concluem em seu artigo intitulado "Who is Happy": "A felicidade e a satisfação com a vida estão igualmente disponíveis para jovens e velhos, homens e mulheres, negros e brancos, ricos e operários". Aqueles que pesquisam sobre a felicidade nos ensinam que "as características mais permanentes do indivíduo" são mais importantes para a felicidade do que as circunstâncias externas.[11]

Estes mesmos pesquisadores começaram recentemente a estudar as pessoas "muito felizes", na tentativa de aprender mais lições sobre a felicidade. Esse estudo também nos desafia a repensar as principais questões da vida. Por exemplo, os pesquisadores descobriram uma correlação entre altos níveis de felicidade e casamento. Seria muito simplista dizer que o *casamento faz alguém feliz*. Se fosse assim, por que as taxas de divórcios continuam subindo? O que está claro é que precisamos nos aprofundar na pesquisa sobre felicidade e casamento e avaliar as influências, por exemplo, do amor, do perdão, da intimidade, da comunicação e da bondade.

Os pesquisadores que estudam as pessoas "muito felizes" também encontraram uma forte relação entre religião e felicidade. De novo, não basta dizer que *religião faz alguém feliz*. Se fosse assim, por que cada vez menos pessoas frequentam a igreja? Portanto, essa investigação sobre a religião e a felicidade precisa analisar com mais profundidade temas como influência da fé, necessidade de significado e propósito, crença em um Deus amoroso, sentimento de unidade e espiritualidade, que é muito maior do que qualquer livro religioso.

Eu acredito firmemente que quanto mais aprendermos sobre a natureza da verdadeira felicidade, mais aprenderemos a viver. Vou encerrar este capítulo com as conclusões de Mark Easton, editor-apresentador da série *The Happiness Formula*. Ele disse:

> A lógica da nova ciência [da felicidade] é excitante: se estiver certa, nos obrigará a reavaliar alguns de nossos pressupostos mais básicos sobre o modo como trabalhamos, como vivemos e aquilo que estamos tentando alcançar. Em suma, a ciência da felicidade pode nos fornecer uma nova definição daquilo que entendemos por progresso humano.[12]

PARTE II

Seu DNA espiritual

Capítulo 5 - Um caminho espiritual

Capítulo 6 - Uma história de dois eus

Capítulo 7 - Medo da infelicidade

Capítulo 8 - Siga sua alegria

Capítulo 5

Um caminho espiritual

Fico sempre surpreso pela forma como todos que fazem o curso de felicidade me parecem familiares. Essa familiaridade é instantânea, está lá desde o começo do curso. Antes mesmo de a primeira palavra ser dita. Será que fizemos um acordo prévio, em outro tempo e lugar, para que nos encontrássemos agora? Ou quem sabe sentimos essa familiaridade uns com os outros por compartilharmos a mesma intenção e o mesmo objetivo, que é relembrar a verdade sobre quem somos, o que é a felicidade e para que serve realmente a vida.

A primeira sessão do primeiro dia do curso é dedicada às apresentações pessoais. Cada pessoa é convidada a contar uma pequena história sobre os motivos que a levaram a participar do curso. Fico sempre interessado em saber o que levou as pessoas até o curso. Por que escolheram a felicidade? E por que agora? As histórias de cada indivíduo são com frequência comoventes. No último curso, uma mulher se levantou e disse: "Minha mãe e meu pai cometeram suicídio quando eu era adolescente, e no ano passado meu marido também se suicidou. Hoje em dia, penso várias vezes que eu gostaria de morrer. Mas estou aqui porque *também quero viver*".

Todos, um por um, contam suas histórias. E quase sempre retratam a morte de um ente querido, falam de diagnósticos de Aids ou câncer, e relatam traumas de relacionamentos rompidos. Há também histórias sobre recomeços, sobre a descoberta de um propósito na vida, outras que expressam criatividade e pessoas que desejam desfrutar mais a vida. E, então, surgem histórias engraçadas que falam de sincronicidade e destino: "Eu estava ajudando um amigo a configurar seu novo computador, notei um *e-mail* na caixa postal dele falando deste curso. Meio que de forma irracional, logo percebi que eu TINHA de estar aqui hoje", contou Tom.

Existem muitas grandes histórias que eu poderia reproduzir sobre aquilo que realmente motiva as pessoas a participar do curso. Vou compartilhar mais uma delas, uma história que, a meu ver, contém o elemento essencial de todas já contadas. Avril Carson, ex-atriz da Royal Shakespeare Company, fez o curso em Oxford em 1997. Esta é sua história:

> Em um domingo à tarde, fui fazer um teste com quatro diretores de elenco. Para minha audição, escolhi fazer três personagens diferentes. Sempre fui atraída por personagens excêntricos, interessantes e completamente diferentes de mim. Tinha esperança de impressionar os diretores de elenco com meu repertório amplo e criativo, mas depois de um tempo, eles me pareceram impassíveis. Eles me disseram algo que causou um choque total ao meu sistema de atuação: "Volte outro dia para um novo teste e faça um personagem que seja mais parecido com você".
>
> Eu enlouqueci! O problema em representar alguém parecido comigo era que eu não sabia quem eu era! Depois de refletir a semana inteira, vasculhando minha alma, fiz um novo

teste, interpretando um personagem com a minha idade, com história similar, e que vivia na mesma cidade em que cresci. Era uma pessoa muito real e não tentei dramatizá-la. Quando terminei, percebi que os três diretores estavam chorando, comovidos. Até aquele momento, eu não tinha ideia de que ser autêntica poderia me levar a representar com tanto vigor.

No desejo de impressionar outras pessoas, acabava ignorando que o mais impressionante seria ser eu mesma. E foi assim que consegui o trabalho! No entanto, o resultado mais significativo de tudo aquilo foi que fiquei interessada em me conhecer mais. Mais do que qualquer outra coisa, quero aprender sobre a essência de quem eu sou e de quem somos todos nós. Quem sou eu de verdade? E do que sou feita? Esse é o objetivo atual de meu trabalho, é meu caminho espiritual atual, e por isso estou aqui.

Depois que Avril completou o curso, participou de um programa de certificação chamado Treinamento em Felicidade, ministrado pelo The Happiness Project.[1] Durante os últimos dez anos, Avril tem sido nossa apresentadora regular. Ela abre muitas de nossas apresentações com seus deliciosos e apaixonantes recitais de prosa e poesia, declamando William Shakespeare, William Wordsworth, Walt Whitman, Mary Oliver, Emily Dickinson, Rumi e Hafiz. Ela é mestre em ajudar as pessoas a se encontrarem e a ser mais parecidas com elas mesmas.[2]

O objetivo da felicidade

"Para que serve a felicidade?" Você já se fez esta pergunta? Um dos motivos pelos quais os psicólogos não costumavam estudar a felicidade é que não estavam suficientemente certos do propósito e do valor dela. Costumavam considerar a felicidade algo acima de uma emoção agradável, sem nenhum valor evolutivo. Alguns admitiam que, na melhor das hipóteses, a felicidade oferecia uma fuga temporária, um tipo de férias emocionais curtas da dolorosa rotina da existência humana. No entanto, havia uma forte pressão que entendia a felicidade como uma resposta profundamente irracional e inadequada à vida.

Essa visão "irracional" da felicidade é bem ilustrada por um artigo de pesquisa intitulado "A Proposal to Classify Happiness as a Psychiatric Disorder" (Uma proposta para a classificação da felicidade como transtorno psiquiátrico), publicado no *Journal of Medical Ethics*, em 1992. O autor é Richard Bentall, e este é o resumo de seu artigo:

> Propõe-se que a felicidade seja classificada como um transtorno psiquiátrico e que seja incluída nas futuras edições dos principais manuais de diagnóstico sob um novo nome: transtorno afetivo, do tipo agradável. Em uma revisão da literatura relevante, está demonstrado que a felicidade é estatisticamente anormal, consiste em um grupo discreto de sintomas, está associada a uma gama de anormalidades cognitivas e provavelmente reflete o funcionamento anormal do sistema nervoso central. Existe uma possível objeção a esta proposta — de que a felicidade não seja valorizada negativamente. No entanto, esta objeção é julgada cientificamente irrelevante.[3]

Quando pergunto aos meus alunos do curso "Qual é o propósito da felicidade", sempre encontro um forte apoio para a ideia de que *a felicidade existe para seu próprio bem*. Em outras palavras, *a felicidade apenas é* — o que não deveria diminuir seu valor. Assim, muitas pessoas também testemunham que a felicidade não apenas tem seu propósito mas também que a finalidade da vida *é conhecer o que é felicidade* e *ser feliz*. Em outras palavras, estamos evoluindo, em última análise, em direção à felicidade — e por meio dela nós aprendemos a ser tudo aquilo que podemos realmente ser.

Uma grande pista sobre a verdadeira finalidade e sobre o valor da felicidade pode ser encontrada "O gênio da felicidade", visto no Capítulo 1 deste livro. Se você lembrar, quando pedimos às pessoas para escolher entre o desejo de felicidade e o desejo de autenticidade, a maioria escolheu *autenticidade*. E quando se pergunta a elas qual o motivo da escolha, a resposta mais comum é que não se pode ser feliz sem ser autêntica, e que quando as pessoas são autênticas, *elas são felizes*! Assim, quando você aprende a ser verdadeiramente feliz, aprende também a conhecer seu verdadeiro eu. A felicidade o ajuda a ser quem realmente é.

Estou convencido de que o verdadeiro objetivo da felicidade é ajudá-lo a rememorar seus passos de volta à natureza original. A felicidade o ajuda a permanecer na verdadeira natureza do seu eu, isto é, seu "eu não condicionado" o qual é geralmente obscurecido pelo "eu construído", que teve de trabalhar arduamente para se adaptar ao mundo com muitas culturas diferentes e políticas estranhas. Em outras palavras:

A felicidade é um caminho espiritual.
Quanto mais você aprender sobre a verdadeira felicidade, mais descobrirá a verdade de quem você é, do que é importante e qual o objetivo de sua vida.

Ao caminhar de volta à felicidade — aquela que existe dentro de você agora —, vai se inteirar de sua verdadeira identidade, vai se reconectar a seus valores verdadeiros e a seu verdadeiro propósito. Essa felicidade inerente é a chave para um esclarecimento e uma compreensão maiores de quem você é. Em outras palavras, *a verdadeira felicidade é a autorrealização*.

A causa do sofrimento

Quando você esquece quem é, esquece o que é a felicidade. E ao esquecer a felicidade, você sofre.

Quem lhe ensinou quem você é? Quem é a pessoa que está lendo este livro agora? Quer dizer, *o você verdadeiro*. Imagine que você está em meu curso e que selecionei seu nome no "chapéu de voluntários". Essa é a dica para vir diante da sala. Imagine que você está sentado ao meu lado e que lhe pedi para responder a uma única pergunta: "Quem é você?". Saberia o que dizer? Já tem uma resposta? Você sabe quem realmente é?

Acho que a maioria das pessoas fica pasma, confusa e envergonhada com a pergunta aparentemente simples: "Quem sou eu?". A maioria de nós conhece alguma coisa sobre a vida. Por exemplo, você talvez seja capaz de localizar os principais órgãos do corpo; pode ter memorizado as datas mais importantes da história de seu país; e será capaz de indicar os países no mapa-múndi; e quem sabe seja até capaz de cantar todas as músicas dos Beatles. Mas o grande truque, talvez o maior conhecimento de todos, é saber algo que seja verdadeiro sobre você.

Meu livro favorito é *A Course in Miracles* (Um curso de milagres).[4] Tenho sido um aluno de *A Course in Miracles* pelo mesmo tempo que venho ensinando o curso de felicidade. Estudo esse livro diariamente. Se eu pudesse levar apenas um livro comigo para uma ilha deserta, onde viveria o restante da vida, seria *A Course in Miracles*. Estou mencionando este livro agora porque desejo compartilhar uma frase dele que tem influenciado todo o meu trabalho sobre felicidade:

> **"Não há conflito que não leve a uma pergunta muito simples: 'O que eu sou?'"**[5]

Esta é uma grande verdade expressa de modo semelhante por muitos sábios, antigos e modernos. A principal causa de todo o sofrimento é esquecer a verdadeira natureza de nosso Eu Não Condicionado. Pense sobre isto: se você não tem muita certeza sobre quem realmente é, como pode saber aquilo que é melhor para você? Como pode saber o que *realmente* deseja, em oposição àquilo que *pensa* desejar ou àquilo que outras pessoas dizem que *deveria* desejar? Sua falta de autoconhecimento o ilude em incontáveis maneiras. Vou apresentar três delas.

1. A procura. O objetivo do curso de felicidade é ajudá-lo a identificar-se com a felicidade irracional (também conhecida como alegria) de sua verdadeira natureza. Quanto mais identificar-se com essa alegria, mais descobrirá sobre seu verdadeiro eu — aquele Eu Não Condicionado que existia antes de o mundo começar, antes daquele pensamento egocêntrico do "eu sou". Quanto mais se identificar com essa alegria, mais poderá desfrutar o mundo do jeito que ele é e mais poderá aproveitar sua vida. Mas *quando se esquece de que você é feito de alegria, algo muito estranho acontece — começa a procurar a felicidade.*

A busca da felicidade parece bastante natural, mas uma inspeção mais minuciosa da assim chamada busca mostra que é apenas um disfarce, que nos afasta para cada vez mais longe de onde a felicidade está *agora*. Nossa busca revela nossa confusão: nós não temos certeza de quem realmente somos e colocamos nossa felicidade fora do lugar. Todas as nossas dores surgem ao pensarmos que *a felicidade não está aqui*, acreditando que sua fonte deve estar fora de nós. Verdade seja dita, *a busca da felicidade é a negação da felicidade.*

Enquanto negar a alegria de seu ser, seu ego e sua personalidade nunca estarão completamente satisfeitos com o mundo.

A busca da felicidade é um embuste. Você só procura aquilo que acha que não tem, ou procura aquilo que ainda não está disposto a aceitar que já tem. A verdade é que *você é aquilo que procura*. Isso significa que seja qual for a alegria que espera "obter" depois de encontrar o verdadeiro companheiro ou companheira, o emprego dos sonhos ou a casa ideal, ela *já está com você*. E até que você realmente descubra isso sobre si mesmo, o companheiro, o emprego ou a casa não vão satisfazê-lo. Por quê? *Porque é impossível "encontrar" a felicidade enquanto ignorar sua verdadeira natureza*.

Você só descobrirá o quanto pode ser realmente feliz quando abandonar a busca da felicidade.

2. Sentindo-se inadequado. Quando você se esquece de identificar-se com seu Eu Não Condicionado, começa literalmente a sentir-se *inadequado*. Esse esquecimento do Eu transforma sua mente em uma casa mal-assombrada, onde fantasmas e assombrações mentais saem da escuridão para ameaçá-lo com acusações de que você não é tão bom, de que existe algo faltando em você e de que nunca encontrará aquilo que procura.

A inadequação secreta, que até as pessoas mais realizadas sentem, é causada pela falta de autoconhecimento. Na verdade, ninguém é de fato inadequado; o problema é que não nos conhecemos o suficiente. E essa falta de conhecimento nos leva a temer que a *felicidade esteja em outro lugar* — e que o amor, o paraíso e o fim do arco-íris estejam em outro lugar. O medo da inadequação projeta a ilusão de que "alguma coisa está faltando" em cada pessoa, evento, trabalho ou relacionamento.

A falta de autoconhecimento também dificulta a crença em si mesmo. E você tem pouca fé em si mesmo porque não está disposto a aceitar que é feito de alegria. Isso o distancia de si mesmo e faz você evitar qualquer autoanálise, porque tem medo de não poder confiar em si mesmo. Ao mesmo tempo, você começa a buscar no mundo externo as respostas, a felicidade e o Santo Graal. Mas a questão é que você nunca foi inadequado. Durante todo esse tempo, você tem sido simplesmente uma vítima dos efeitos da autonegligência. A única coisa que estava faltando era alguma atenção pessoal. E quando você se presenteia com o dom de sua própria atenção, redescobre a felicidade que pensou ter perdido.

3. Vivendo no exílio. Quando você perde sua conexão consciente com a alegria e sua verdadeira natureza, sente como se perdesse a conexão com o resto. Assim, passa ser um estranho para si mesmo, um estranho para o mundo e sente-se como se estivesse muito longe de casa. Em resumo, perdido. É como se você mesmo tivesse decretado sua queda do estado de graça e agora estivesse vivendo no exílio, longe da alegria de sua verdadeira natureza. Sente-se abandonado por Deus. Sente-se ignorado pela sociedade e incompreendido pelas pessoas. Ninguém compreende você, nem você mesmo.

Na felicidade, encontramos-nos novamente. É por esse motivo que tenho realizado o curso de felicidade durante todos esses anos. A felicidade é a maneira de Deus nos lembrar quem somos. A felicidade é sua "canção esquecida".[6] A seguir, reproduzo um trecho de um *e-mail* que recebi de Gillian, a editora sênior de uma revista feminina, que participou do curso em 2001:

> Robert, este é o momento em que me senti mais *Gilliany* em toda a minha vida. Sempre me lembro de ter me sentido inadequada, fora do lugar, inclusive comigo mesma. Sempre achei que faltava alguma coisa. Então comecei a procurar. Procurei um professor. E procurei as respostas. Procurei um amor, um ótimo emprego e a felicidade. E, agora, graças à sua ajuda, percebo que estava procurando realmente por MIM MESMA, uma experiência honesta com meu verdadeiro eu. Como diz a canção, "Estive no paraíso, mas nunca estive comigo mesma". Mas agora estou comigo. E a busca terminou.

A alegria da felicidade

A felicidade é sua natureza original, é aquilo que você viveu antes de começar a se identificar com um corpo, com um papel na família, com as notas na escola, com sua nacionalidade e seu cartão de visitas, com sua cédula de identidade e outras identidades equivocadas. Assim, a *alegria da felicidade* é aquilo que quanto mais se aprende sobre ela, mais descobrirá quem você é de verdade; e quanto mais souber sobre si mesmo, mais feliz se sentirá.

Com que frequência você se sente feliz? Não mais ou menos feliz, não apenas feliz, mas *muito feliz*? Um de meus exercícios de autoavaliação favoritos chama-se "Muito Feliz". Esse exercício tem três partes distintas. Na parte um, eu o convido a completar a frase seguinte pelo menos dez vezes: "Eu estou muito feliz quando...". Caro leitor, eu o encorajo a deixar este livro de lado por um momento e escrever uma lista de seus momentos felizes. Ou pelo menos prometa dedicar algum tempo para este exercício nesta noite, antes de se deitar.

Sua lista "Muito Feliz" provavelmente incluirá pessoas, lugares, momentos, livros e *hobbies*. O objetivo é identificar quando você viveu uma alegria real e não apenas prazer e satisfação. É uma lista sobre quando você sente uma completa sensação de plenitude, paz e satisfação. Em seguida, na parte dois, eu o convido a anotar ao lado de cada informação a data da última vez em que esse evento ocorreu. Não se surpreenda se foi há apenas pouco meses, ou até mesmo anos. E, finalmente, na parte três, dedique alguns momentos para notar o que esse breve exercício ensinou-o sobre si mesmo.

Nós sempre realizamos uma sessão de comentários depois de um exercício como este. É um trabalho em grupo valioso porque, ao compartilhar com os outros aquilo que aprendemos, reforçamos o aprendizado para nós mesmos. Além disso, quando ouvimos outras pessoas, podemos descobrir alguns *insights* que talvez tivessem passado despercebidos se fizéssemos os exercícios sozinhos. Portanto, pode ser mais vantajoso e esclarecedor fazer esse exercício com alguém.

Quando nos concentramos na terceira parte do exercício "Muito Feliz" (o que essa investigação lhe ensinou sobre si mesmo?), muitas pessoas dizem que, em geral, não têm consciência dos momentos em que estão mais felizes. Por esse motivo, têm uma dificuldade inicial e uma resistência a fazer o exercício. Estes são alguns dos comentários típicos: "É como se eu não registrasse quando a vida é boa", "Desprezo os bons momentos" e "Não me deixo saborear os grandes momentos plenamente". As pessoas muitas vezes também comentam o quão raramente se permitem apreciar as pessoas, os lugares e as atividades que elas associam com o estado de muita felicidade.

Outro tema muito comum quando revisamos o exercício é o engano pessoal. Alan, um ex-executivo de contas de uma grande agência de publicidade, fez o curso em 2002:

> Eu disse a mim mesmo que estava muito feliz com meu trabalho durante dez anos e *quase acreditei nisso*. Eu dizia a mim mesmo que cada conta com a qual trabalhava era brilhante, que o produto era brilhante, que as pessoas com quem eu trabalhava eram brilhantes, que meu estilo de vida era brilhante e eu também era brilhante. No entanto, o dia em que deixei a agência foi o mais feliz da minha vida.

Alan sentiu a sutil porém gritante diferença entre *ser positivo* e *ser feliz*.

Quando você perde o contato com seu verdadeiro eu, começa a enganar-se sobre aquilo que o deixa feliz. E pode acabar nem reconhecendo a diferença entre dor e alegria, e na verdade estará bastante inclinado a confundir as duas coisas.

Assim, as pessoas permanecem durante anos em empregos desumanos, tentam fazer que relacionamentos abusivos deem certo, negligenciam sua própria criatividade, rebelam-se contra seus chamados mais gritantes, consomem-se na infelicidade, usam drogas e prejudicam-se de maneiras que não consideram ruins na ocasião. Essa é a pior situação; no entanto, a maioria das pessoas ainda está aprendendo quem é e quando realmente se sente muito feliz.

Muitas pessoas também relatam descobertas maravilhosas e epifanias durante esse exercício. Elas aprendem, por exemplo, que ser *muito feliz* começa consigo mesmo, não com o mundo. Em outras palavras, estar *muito feliz* tem muito a ver com estar presente em sua própria vida, dando o máximo de si e estando aberto para cada momento. "Quando sou eu mesma e me atrevo a mostrar isso, é quando me sinto mais feliz", disse Rachel, uma pesquisadora da BBC. "Não se trata daquilo que estou fazendo, mas do modo como faço", disse ela, seguindo sua própria linha de análise.

Para muitas pessoas, os momentos *muito felizes* têm a ver com as conexões — a conexão conosco, com os outros, com a natureza e com Deus. São momentos de *estar presente* e têm muito pouco a ver com *fazer*, *obter*, *perseguir* ou *procurar*. E, também, muitas pessoas percebem que estar *muito feliz* tem mais a ver com as intenções, as escolhas e as atitudes que você traz a cada momento, e não com as "coisas" que espera descobrir em cada um desses momentos. Talvez, então, aquilo que em última instância a felicidade lhe ensina é que:

**Você não está aqui para encontrar a felicidade; está aqui para ampliá-la.
Você é envolto em inspiração, infundido de sabedoria, feito com amor e abençoado com alegria.
E assim é com todo mundo.**

Capítulo 6

Uma história de dois eus

O curso da felicidade é um convite para aceitar que seu verdadeiro eu — o que chamo de Eu Não Condicionado — já é feliz. Obviamente, acredito que esse convite necessite de algumas explicações, e foi por isso que projetei um curso ministrado ao longo de oito semanas. A experiência de felicidade da maioria das pessoas se refere a "querer", "pesquisar" e "perseguir", e é por isso que as convido a viver a experiência da *felicidade agora*. Como assim? Bem, tudo começa com o autoconhecimento e com a percepção de que *seu Eu Não Condicionado está constantemente feliz, mas sua autoimagem lhe dá muito trabalho e não deixa que você perceba.*

A felicidade requer apenas um pensamento — de *que você foi feito de modo perfeito*. Do modo como eu vejo as coisas, não há nada de errado com você e não há nada que lhe falte. Aquele Eu Original (o Eu Não Condicionado) é perfeitamente íntegro; mas compreendo que sua autoimagem talvez opte por não ver as coisas desse modo. Conheço muitas pessoas que acham a ideia de um "Eu" construído com tanto perfeição absolutamente inaceitável. Elas não conseguem enxergar sua "beleza secreta" e é por isso que eu acredito que continuam à procura da felicidade.

A felicidade o desafia para que *você se conheça* e *se aceite*. Como não é possível ser feliz e não ser autêntico, é impossível ser feliz e não gostar de si mesmo. A autoaceitação é um batismo necessário que lhe permite receber a bênção da felicidade incondicional. A autoaceitação é a única coisa necessária para sermos felizes sem nenhuma precondição. A única coisa que impede a autoaceitação é *o medo de se aceitar*.

A autoaceitação é *inaceitável* para tantas pessoas por causa do medo do que pode acontecer se elas se aceitarem. E com bastante frequência, encontro particularmente dois desses medos:

Medo nº 1: Todo inferno será desencadeado. Este é o medo de que a autoaceitação seja uma licença livre de culpa, para nos tornarmos anárquicos, narcisistas e sem arrependimentos. Eu desafio meus alunos, e a você também, a encontrar alguma evidência de que este medo é verdadeiro. Quando você se trata com amor e respeito, como terá um desejo avassalador de prejudicar os outros, sujar seu bairro ou se valer das coisas que o mundo tem? A autoaceitação tem uma consciência que se baseia na percepção superior do amor. E o amor não causa danos nem a você, nem às outras pessoas.

Medo nº 2: O fim do autodesenvolvimento. Este é o medo de que a autoaceitação leve à complacência, à estagnação e à falta de crescimento pessoal. Eu acredito que pessoas com mais medo da autoaceitação são aquelas que ainda não tentaram se aceitar. Consequentemente, seus receios se baseiam mais na teoria do que na prática. A autoaceitação não é o mesmo que autorresignação. Ao contrário, quando você está disposto a aceitar a si mesmo, está mais disponível a querer participar, socializar, crescer e expressar os talentos e as habilidades que lhes foram concedidos por Deus. Neste sentido, a *autoaceitação é a chave para o autodesenvolvimento.*

Meu trabalho no The Happiness Project baseia-se na filosofia da autoaceitação. No livro *Happiness NOW!*, escrevi longamente sobre "A fórmula número 1 da felicidade"[1] e sobre "A fórmula da autoaceitação"[2] que podem ser resumidas da seguinte forma: *até que você concorde em gostar de si mesmo, não desfrutará a vida*. Em palavras mais positivas: *quanto mais disposto estiver para gostar de si mesmo, mais aumentará as chances de ser feliz*. Gostaria de pedir-lhe que releia a última frase até que sinta realmente, de modo físico, emocional e espiritual a verdade dessas palavras. E se você fizer isso, acredito que descobrirá algo em si mesmo, uma joia preciosa que chamo de *o milagre da autoaceitação*.

Em outras palavras, o milagre da autoaceitação é que ele literalmente atrai a felicidade incondicional para sua vida. A autoaceitação trabalha em completa harmonia com a Lei da Atração. Portanto, à medida que você aumenta a aceitação de si mesmo, permite-se aceitar mais daquela felicidade, do amor, da paz e da abundância que gostaria de viver. *Os afins se atraem*. Você atrairá para si mesmo aquilo com que se identifica. Assim, quando se identificar com a felicidade inerente de seu Eu Não Condicionado, atrairá experiências que são totalmente compatíveis com o modo como você se sente sobre si mesmo.

Olhando-se no espelho

Para saber o que é a autoaceitação, você precisa estar disposto a experimentá-la, *ao menos uma vez* na vida. A autoaceitação é a experiência de ver-se como de fato é, sem críticas nem ataques, sem exigências de que você deveria ser mais, melhor ou diferente. Ver-se a si próprio sem fazer julgamentos ou recriminações é uma experiência transformadora porque, ao fazê-lo, a autoimagem que você construiu desaparece e o Eu Não Condicionado original retorna a seu lugar.

"O exercício do espelho" é o mais difícil de todos. É uma atividade feita em pares: a pessoa A segura um espelho na frente da pessoa B. A pessoa A então convida a pessoa B a descrever o que ela vê no espelho em dez minutos. Em termos lógicos, talvez você não ache que este simples exercício mereça uma reação emocional mais forte, mas é isso que acontece. De fato, muitas pessoas consideram este exercício tão terrivelmente difícil que respiram de modo ofegante, olham de lado, se contorcem, têm náuseas, choram e/ou desviam o olhar. Lembre-se: o que se pediu a elas é que descrevessem o que viam.

Faça uma pausa por um minuto e tente visualizar como você responderia se ficasse diante do espelho por 10 minutos. Melhor ainda, pegue um espelho agora. Para fins de pesquisa, eu lhe convido a ficar diante do espelho e observar o que vê quando se olha, e como se sente. Veja que o espelho não está fazendo nada. Ele não está julgando, criticando, zombando, tampouco distorcendo sua imagem. Ele só pode refletir; ele não pode compor nada. O espelho só pode mostrar aquilo que você vê.

O que "O exercício do espelho" mostra de forma clara é que a percepção é inteiramente pessoal e subjetiva. Assim, quando você olha no espelho, pode ver o trabalho sagrado de Deus — ou apenas celulite. Você pode ser um testemunho da centelha divina da criação, ou pode enxergar apenas um corpo envelhecido e pesado. Você poderia escolher ver-se como o ápice de milhões de anos de magnífica evolução ou como alguém que não é suficientemente bom. A escolha é sua: pérola cósmica ou apenas cabelos com pontas duplas; consciência radiante ou mamas flácidas; pessoa bonita ou grandes pneus de gordura; o amor eterno ou uma pessoa solteira, carente e desesperada.

A história dos dois eus é esta: um deles é o Eu Não Condicionado, que só pode ser visto sem julgamentos ou críticas; o outro é autoimagem composta de todos os julgamentos pessoais que você faz sobre si mesmo. Ela é seu autorretrato — é como escolhe ver a si mesmo. Sua autoimagem é produto de seu aprendizado, é um Eu Construído, aquele que você construiu. Sua autoimagem constitui aquilo em que você escolheu focar — seu corpo, seus defeitos, seus pontos fortes, seus conceitos, sua história, sua teorias e seu ponto de vista. Assim, sua autoimagem talvez não se assemelhe ao modo como o restante do mundo o enxerga. Na verdade, com frequência é isso o que acontece.

Sua autoimagem não existe em nenhum lugar a não ser em sua mente. E muda o tempo todo. Ela é seu "minimim", como diz Austin Powers. Ela é a soma total de todos os seus pequenos pensamentos sobre si mesmo. Mas mesmo uma autoimagem bastante positiva não é nada se comparada ao Eu Não Condicionado, que é livre de julgamentos, do ego, da personalidade, de rótulos e de todos os conhecimentos emprestados de outras pessoas. Entretanto, a autoimagem é muito importante porque determina seus atos psicológicos e, por isso, influencia aquilo que acredita merecer, aquilo que considera possível.

Sua autoimagem é também a lente através da qual você enxerga o mundo. Por isso você cria o mundo à sua própria imagem. E esse mundo literalmente reflete aquilo que você escolhe ver (ou não ver) em si mesmo. Logo, enquanto negar que a felicidade é sua verdadeira natureza, será obrigado a procurar a felicidade em algum outro lugar — e por se recusar a vê-la em si mesmo, não vai encontrá-la em lugar nenhum. Você pode experimentar prazeres fugazes e breves satisfações, mas elas não se comparam à alegria, à paz e à luz que você não vê em si mesmo.

E você acaba se candidatando a uma vida de tristeza, ou de algo pior, quando procura fazer uma autoimagem feliz em vez de compreender que seu Eu Não Condicionado já é feliz. Lembre-se: sua autoimagem nem mesmo existe, a não ser em sua mente. Lembre-se também de que ela é construída de julgamentos e críticas, e que a verdadeira alegria só é possível quando substituímos tudo isso por nossa própria visão. A visão é o que você vive quando para de projetar opiniões sobre alguma coisa. A visão é aquilo que você vivencia quando desiste da história em favor da verdade, e quando desiste do passado em favor do aqui e agora.

Um dos objetivos de meu curso é ajudá-lo a se olhar no espelho e enxergar além de sua autoimagem. Caso estivesse olhando no espelho agora, eu o treinaria a olhar para si mesmo sem nenhum julgamento ou crítica. Eu o convidaria a olhar para si mesmo sem fazer nenhum tipo de referência ao passado ou à história de sua vida. Depois disso, pediria que olhasse para si mesmo apenas com amor e estima. Então, iria incentivá-lo a olhar para si mesmo através dos olhos do amor. E, finalmente, olhar-se como um Deus amoroso olharia.

A felicidade é vivenciar seu Eu sem nenhum julgamento, apenas com amor.

Tornando-se infeliz

O curso de felicidade não é um sistema de autoaperfeiçoamento que promete evocar magicamente um *você novo*; é um curso de autoaceitação que o ajuda a recuperar seu *eu original*. Meu trabalho não é de *reinvenção*, mas de *restauração*. Ora, eu penso que Deus realizou um grande trabalho quando o criou. Porque você é uma maravilhosa criação de Deus. Você não precisa ser *melhorado*; basta apenas *perceber* quem e o que realmente é.

A verdadeira autoaceitação é a compreensão de que a alma é a alegria. Essa alegria é seu DNA espiritual, e ela existe mesmo que sua autoimagem autoconstruída permita ou não que você a veja. A autoaceitação e a felicidade se correlacionam com perfeição, como muitos estudos de psicologia social têm demonstrado.[3] Inversamente, enquanto resistir à ideia de autoaceitação, continuará a se fazer infeliz. E os efeitos infelizes dessa falta de autoaceitação vão se revelar de mil maneiras, de modo consciente e inconsciente.

Em um dos cursos, pedi ao grupo que criasse, da noite para o dia, uma lista dos sintomas clássicos da falta de autoaceitação. Na manhã seguinte, sugeri que fizéssemos uma rápida discussão em grupo sobre os piores sintomas. Naquele ponto, Michael, um psiquiatra de Londres, levantou-se de maneira dramática e proclamou: "Não precisamos fazer isso. Já publicaram uma lista de mais de mil sintomas trágicos da falta de autoaceitação". Depois de dizer isso, caminhou até mim e entregou uma cópia do *Diagnostic and Statistical Manual of Mental Disorders*.[4] Este livro, o *DSM*, é publicado pela Associação Psiquiátrica Americana e utilizado pelos psiquiatras para diagnósticos.

Por ora, gostaria de destacar três dos maiores efeitos da falta de autoaceitação:

1. Oposição. Sem a autoaceitação, você sentirá que o mundo está contra você. Tudo será mais difícil do que precisa ser, sempre haverá luta e o caminho à frente estará cheio de obstáculos, um atrás do outro. Você estará sempre com a sensação de que *você está contra o mundo*. Mas o que estará realmente vivenciando não é um *universo* hostil, e sim a oposição contra si mesmo.

Muitas pessoas já tentaram o autoaperfeiçoamento, mas não tiveram sucesso. O problema é que tentam melhorar um Eu que não vão aceitar. Por esse motivo, não haverá nenhum programa de efeito verdadeiro e duradouro de reconstrução, reinvenção ou autocapacitação. *Nenhum grau de autoaperfeiçoamento pode substituir a falta de autoaceitação.* O problema é que tentam arduamente rever a autoimagem, em vez de tentar favorecer o Eu Não Condicionado, que é sua verdadeira natureza.

2. Comparação. Quanto menos aceitar a si mesmo, mais estará tentado a se comparar em termos negativos com os 6 bilhões do planeta. Enquanto se recusar a amar e a aceitar a si mesmo, vai concluir que não é suficientemente bonito, bem-sucedido, rico, amado, sortudo ou *qualquer outra coisa*. Essa comparação negativa e implacável torna-se especialmente trágica quando também *compara* sua pontuação no golfe de fim de semana à de Tiger Woods, sua vida amorosa à de Angelina Jolie, sua habilidade de recepcionar pessoas à de Martha Stewart e sua voz no chuveiro à voz celestial de Andrea Bocelli.

E tudo fica ainda pior quando você se compara negativamente com pessoas que nem mesmo existem. Por exemplo, comparar seu estilo de vida com o de Monica, Chandler, Rachel, Joey, Phoebe e Ross de *Friends*, ou quando compara sua aparência com a foto da supermodelo da revista, que foi maquiada e penteada por profissionais, e teve os defeitos eliminados digitalmente. Mesmo a atriz Keira Knightley não era tão bela assim, de acordo com a equipe da agência que trabalha para a Chanel, que decidiu melhorar os seios da atriz por meios digitais.[5] Esse mesmo recurso foi utilizado em uma foto da atriz Emma Watson, de 17 anos, que desempenhou o papel de Hermione, no filme *Harry Potter e a Ordem da Fênix*.[6]

Os pesquisadores sobre felicidade acumularam uma enorme quantidade de análises empíricas que revelam a alta correlação entre felicidade e autoaceitação. Aquelas pessoas que são capazes de se olhar no espelho e dizer "Eu me amo e me aceito" — *e falam sério* — são mais propensas a concordar com declarações do tipo "Eu gosto de minha vida", "Eu gosto de meu trabalho" e "Meus amigos me amam".[7] O mais curioso ainda é que as pessoas que se veem sob uma luz positiva também *veem os outros da mesma forma*. A autoaceitação não se relaciona com competição ou agressividade, ela nasceu da consciência do amor, não do medo.

3. Rejeição. Você vai viver sob constante medo de rejeição enquanto não estiver disposto a se aceitar. Por quê? Porque já está se rejeitando, e essa dor já é suficientemente ruim. Ninguém o rejeita, na verdade, mas é essa sua interpretação quando não lhe telefonam ou demoram a responder a seu *e-mail*, quando estão cansados ou não lhe sorriem muito, quando estão em um dia ruim, e quando eles não leem sua mente. Sua falta de autoaceitação faz todo o tratamento que recebe das pessoas parecer decepcionante a longo prazo.

Sua falta de autoaceitação é o que também causa sua rejeição à alegria demais, amor demais ou qualquer coisa boa demais. Sempre que estiver se sentindo muito feliz, você tem de ignorar, rejeitar ou sabotar a felicidade; ou mudar de ideia sobre o quanto de felicidade você se acha merecedor. Toda pessoa tem sua própria "permissão" quando se trata de curtir a felicidade, e quanto mais se sentir disposto a aceitar a si próprio, mais felicidade se permitirá aceitar.

Limitando sua felicidade

Aceitar-se é ser honesto consigo mesmo. É a capacidade de se olhar no espelho e ver a verdade sobre quem você é, em oposição aos conceitos aprendidos. Assim, um dos presentes da autoaceitação é que ela melhora o entendimento de seu verdadeiro Eu (o Eu Não Condicionado), que, por sua vez, vai ajudá-lo a ser mais autêntico e totalmente integrado consigo mesmo. Outro presente é a *responsabilidade* que a autoaceitação traz — ou seja, a disposição de aceitar e assumir o papel que você representa em sua vida e felicidade.

Um dos mais reveladores exercícios que fazemos no curso é chamado de "Limitando a felicidade". Convido-o a experimentar este exercício agora. Seu objetivo é compilar uma lista das cinco maneiras pelas quais está limitando a sua própria felicidade. Quando apresento este exercício ao grupo, quase todo mundo sorri daquele jeito meio surpreso, que fazemos ao perceber que é hora de parar de fingir que está bem e passar a se comportar de modo mais honesto. A pergunta que não é dita é: "A gente pode lavar a roupa suja aqui?". Eu encorajo a todos eles — e a você também — a baixar a guarda.

O que há de tão revelador nesse exercício é que ninguém tem dificuldade em listar pelo menos cinco maneiras que limitam sua felicidade. No último curso, uma pessoa anotou rapidamente 22 maneiras de uma vez. "Eu poderia continuar", a participante disse. O que o exercício "Limitando a felicidade" revela é um dilema básico:

Todos querem a felicidade, gostariam de ser mais felizes e estão conscientes de que limitam a própria felicidade.

Este exercício é preparado para ajudá-lo a segurar um espelho diante de si mesmo, de forma que o habilite a ter plena responsabilidade pela parte que desempenha na muita ou pouca felicidade que tem atualmente. Você pode culpar a economia, os filhos, a ingestão de calorias, o presidente, Deus e o mundo, *mas se caso um dia se sentir tentado a culpar alguém por sua falta de felicidade, seria bom olhar primeiro no espelho.* Ser responsável por sua felicidade ou pela falta dela é um passo importante para atrair mais felicidade.

Quais são as maneiras em que limitamos a felicidade? Honestamente, se eu fosse descrever todas elas aqui, este livro ficaria pesado demais. Assim apresentarei uma versão condensada. Abaixo, estão nove trechos das listas de pessoas diferentes. Eles representam nove dos mais populares métodos de se negar alguma coisa. Avalie se alguns desses métodos são parecidos com os que você usa:

Autodepreciação. "Quando me olho no espelho, vejo glúteos flácidos, pneuzinhos na cintura e cicatrizes da cesariana. Minha filha de dois anos olha para mim e acha que sou a melhor mãe do planeta. Eu quero acreditar que ela tem razão, mas às vezes não me permito ver o que ela enxerga", Jane, mãe de dois filhos.

Autonegligência. "Quando olho no espelho, ainda luto para me ver. A forma de limitar minha felicidade é tentar fazer todo mundo feliz em primeiro lugar. Inevitavelmente, termino infeliz e acabo aborrecendo as pessoas que mais amo", Terry, enfermeira.

Autoengano. "Toda a minha vida busquei nos outros a aprovação e um sentido de valorização. Eu estou bem se você estiver bem comigo. Estou ótima se você achar que estou ótima. Eu sou uma porcaria se é isso que você pensa de mim. Muitas vezes, acabo me perdendo de mim no trabalho e em meus relacionamentos", Jo, atriz.

Egocentrismo. "Estou sempre me olhando no espelho. Preciso me afastar dele. Esqueço que a vida não se trata apenas de mim mesma. Vivo presa a tantas coisas mesquinhas e insignificantes. Sou muito sensível e me esqueço de não me levar tão a sério", Chris, atriz.

Autoalienação. "Passei muito tempo *sozinho*, mas não *comigo*. Eu me perco nas coisas. Nem sempre consigo identificar aquilo que realmente sinto ou penso. Nem mesmo consigo sentir aquilo que é real para mim. Acho que eu devia sair mais comigo mesmo", Ross, músico.

Falta de confiança em si mesmo. "Estou sempre ansiosa e não consigo lidar com isso muito bem. Fico ansiosa até quando me sinto feliz, o que limita minha fruição das coisas. E em geral não conto às pessoas o quanto estou ansiosa, o que torna as coisas ainda piores", Angela, jornalista.

Exaustão. "Eu definitivamente corro atrás da felicidade. Minha agenda está sempre lotada. Sempre me comprometo mais do que devia. Estou sempre à frente de mim mesmo e me esqueço de dar uma parada. Estou sempre fazendo a próxima tarefa", Dan, dono de restaurante.

Autocontrole. "Construo muros em torno de mim. Eu os chamo de paredes invisíveis, mas todo mundo me diz que podem vê-las. Sou muito controlado. Sou muito independente e não gosto de vulnerabilidades", Tom, empresário.

Autonegação. "Quando me sinto tristonho, é como se eu me detonasse. Eu me modifico e fico invisível. Esqueço de participar das coisas. É como se eu nem mesmo fizesse parte de minha própria vida", Mike, contador.

O que o exercício "Limitando a felicidade" revela é a necessidade de cada um se tratar com honestidade e compaixão. A honestidade ajuda você a se conectar mais conscientemente com seu Eu Não Condicionado e com sua alegria natural. A compaixão pode ajudá-lo a conduzir seu relacionamento com sua autoimagem, que é potencialmente a relação mais difícil da vida. Quando você se trata melhor, a vida fica melhor.

Capítulo 7

Medo da infelicidade

As pessoas ficam com frequência muito felizes de saber que me sinto infeliz de vez em quando. Elas gostam de saber que volta e meia me encontro com a falta de confiança em mim mesmo, com a tristeza, a timidez, a raiva e outros "convidados" do lado sombrio. Procuro não levar isso para o lado pessoal. Entendo de onde vêm esses sentimentos. Na aula, por exemplo, quando me abro sobre a morte de meu pai, ou sobre alguns reveses em minha vida, percebo que todos ficam atentos. Por quê? Porque do mesmo modo que queremos aprender a ser felizes, queremos saber como curar a infelicidade.

Fato: *as pessoas felizes ficam infelizes, de tempos em tempos*. O termo "pessoa feliz", utilizado em geral por pesquisadores sobre a felicidade e pelos meios de comunicação, é um termo que engana se você entendê-lo literalmente como pessoa "que nunca vive a infelicidade". Onde estão essas pessoas permanentemente felizes? Alguma vez você conheceu uma pessoa que *nunca* tenha sentido medo, tristeza ou raiva? Os pesquisadores reconhecem que "mesmo as pessoas mais felizes sofrem alterações de humor".[1] O termo "pessoas felizes" não significa, então, pessoas que jamais passaram pela experiência de infelicidade.

Nas entrevistas, sempre me perguntam se sou uma pessoa feliz. Se eu recebesse um dólar a cada vez que me perguntam isso, teria quase 150 dólares agora. De qualquer modo, costumo responder de duas formas. A primeira delas é: "Minha alma (também conhecida como o Eu Não Condicionado) está sempre alegre, e meu ego, também conhecido como autoimagem, de vez em quando é feliz". Compreendo que essa resposta é um pouco metafísica, mas é assim que me sinto de verdade. Meu *ser* é inteiramente feliz, mas minha personalidade é quase toda neurótica.

Minha outra resposta para a pergunta "Você é feliz?" não é tão metafísica assim e é mais fácil de ser compreendida. O que eu digo é que desde quando comecei o The Happiness Project, tornou-se mais claro para mim o que é felicidade e *de fato me permito* aproveitar a *felicidade agora*, em vez de limitá-la ou adiá-la. O mais importante é que também aprendi a encarar a infelicidade de uma forma mais aberta, honesta e eficaz. Para mim, o maior presente de minhas pesquisas sobre a felicidade tem sido aprender a curar a infelicidade. E assim, posso dizer, sou genuinamente feliz.

O objetivo do curso não é ajudá-lo a ter apenas "pensamentos felizes". Não ofereço um tipo de lobotomia emocional; o que ofereço é uma forma de viver maior liberdade emocional. E, com isso, sentir todas as emoções (inclusive felicidade e infelicidade) sem medo, culpa, julgamento ou ofensa a si mesmo. Em poucas palavras, não creio que a felicidade possa ser definida simplesmente como "ausência de tristeza". Acho que a felicidade é muito mais do que apenas a ausência de alguma coisa.

A felicidade não é ausência de tristeza; felicidade é a capacidade de enfrentar a tristeza; e enfrentá-la com amor, não com medo.

Tenho uma pergunta para você: *Se lhe oferecessem um remédio a ser ingerido diariamente, que o fizesse se sentir permanentemente feliz, você o tomaria?* Eu quero uma resposta direta, "sim" ou "não". Não quero saber de *e-mails* nem de telefonemas a amigos para pedir ajuda. Não é nenhum tipo de programa de perguntas e respostas, com o prêmio de 1 milhão para o ganhador. Eu quero apenas "sim" ou "não". É bastante óbvio, não é? Pense sobre sua resposta e suas razões. Além disso, antes de eu lhe dizer, tente adivinhar sobre o que a maioria das pessoas respondeu a essa proposta de "Felicidade Sintética". Em termos de porcentagem, quantas pessoas você acha que responderam "sim" ou "não".

Em meu curso mais recente, os resultados para essa proposta de "Felicidade Sintética" foram: 25% responderam "Sim, eu tomaria o remédio", e 75% disseram "Não, obrigada". Este é exatamente o mesmo resultado de uma pesquisa nacional realizada durante a série *The Happiness Formula*, apresentada na BBC, em que mil pessoas do público foram convidadas a responder sobre a "pílula da felicidade".[2] Parece que a maioria das pessoas não quer esse tipo de felicidade que bloqueia o lado infeliz da vida. Mas por que não? Veja a seguir um conjunto de afirmações — bem-humoradas, paranoicas, perspicazes e reveladoras — que representam as respostas de meus alunos:

"Todas as experiências têm seu valor, incluindo a felicidade. Eu quero aprender com tudo aquilo que sinto."

"Honestamente, sinto falta do lado sombrio. Quero aceitar tudo o que vem de mim, não apenas os momentos felizes e brilhantes."

"Eu prefiro ser capaz de *sentir* todas as minhas emoções e ser *honesta* com elas."

"Desejo aprender a sentir tudo, e ser feliz."

"No fundo, sei que a *felicidade é uma escolha*, então talvez eu olhasse para a pílula todos os dias para me lembrar disso!"

Diante da infelicidade

Para que o curso de felicidade realmente funcione para você, terá de levá-lo *completo* para o curso, e não apenas as partes agradáveis. Por essa razão, incentivo a todos os grupos que definam um conjunto de regras fundamentais. Essas regras representam o acordo consciente e o compromisso sobre a forma como *gostaríamos de estar* juntos. Tais regras são uma maneira de criar uma cultura e um ambiente em que cada um se sinta bem recebido, seguro e respeitado.

As regras básicas consistem em uma série de "seja" e "não seja" — cada uma projetada para encorajá-lo a trazer seu ser completo para o curso. Não vou listar todas aqui, mas mencionarei três das "não seja": não queira se mostrar bem, seja real; não seja positivo, seja honesto; e não seja agradável, seja você mesmo. Durante as oito semanas do curso, você vai se envolver em muitas conversas, troca de ideias, cada uma delas com potencial de enriquecer sua vida para sempre. É imperativo, portanto, que você se sinta capaz de participar delas plenamente. Sua capacidade de ser honesto é o que contribui para revelar uma verdade mais profunda, tanto sobre felicidade quanto sobre a infelicidade.

A felicidade é uma investigação bastante difícil, porque o desafia a ser honesto em relação a todas as coisas, inclusive a infelicidade. A verdade é que *você não pode ser feliz de verdade e ao mesmo tempo desonesto sobre sua infelicidade*. Todos aqueles que vêm ao curso precisam enfrentar a infelicidade em algum momento, mesmo os mais positivos. Isso aconteceu de modo dramático com Dawn, uma das três voluntárias do curso que foi filmada no documentário da BBC *How to Be Happy*.[3]

Em uma entrevista concedida a uma revista, Dawn explicou como encontrou o curso de felicidade. "Eu tive uma infância que poderia ser chamada infeliz, traumática e brutal. Entrei na vida adulta de maneira caótica e muito entusiasmada, e aos 24 anos tinha um casamento fracassado, dois filhos e nenhum emprego. Eu me mudei 15 vezes nos anos seguintes na tentativa de *encontrar a felicidade*. Um dia, um dia incrível, quando trabalhava como detetive particular, vi um anúncio da BBC convocando pessoas que quisessem ser felizes. Eu me inscrevi e para meu completo espanto fui aceita, junto de outros dois voluntários."

Quando Dawn apareceu pela primeira vez, estava bastante otimista de que o curso funcionaria para ela: "Eu investi no curso na expectativa de conhecer um homem chamado dr. Robert Holden, que me faria feliz", disse Dawn na mesma entrevista. Na quarta semana, ela enviou um fax aos produtores dizendo que não queria continuar. "A abordagem de Robert em relação à felicidade me deixou transtornada. Durante as filmagens, eu me rebelei em quase todas as fases porque não estava pronta para encarar minha infelicidade e deixá-la para trás. Minha infelicidade era tudo o que eu tinha, aquilo era minha identidade."

Dawn, a detetive particular, desejava ser feliz sem investigar quaisquer das infelicidades que guardava de modo tão secreto. Eu me encontrei com ela um dia depois de ter enviado o fax de sua desistência. Durante nosso encontro, dei a Dawn um ultimato: ela podia escolher entre a *esperança* e o *medo*. Eu lhe disse que se ela enfrentasse sua infelicidade, poderia aumentar as chances de ser realmente feliz, mas, se continuasse a mascarar a infelicidade, continuaria fugindo de si mesma pelo resto da vida, com medo de sentir as coisas, *até mesmo a felicidade*. Dawn fez a escolha corajosa: escolheu a esperança e enfrentou a infelicidade.

Ao final do curso, Dawn realizou alguns grandes avanços. Ela resumiu sua experiência no documentário: "Quando comecei o programa, em janeiro, achava que seria sem grande valor, mas passou a ser uma coisa muito séria. Eu não estava esperando isso tudo... Pensava que seria motivo de risada e tornou-se para mim uma mudança de vida". As sementes foram plantadas. Nos anos seguintes, Dawn continuou suas investigações particulares sobre sua felicidade e infelicidade. Poucos anos depois, ela se matriculou para fazer o curso novamente. Sua transformação era óbvia para todos que a conheciam.

O que gosto mais na história de Dawn é a parte que ainda não revelei. Sua vida começou a mudar para melhor no momento em que ela passou a agir com mais honestidade em relação a si mesma. Ela enfrentou seus medos, suas mágoas, e seu passado infeliz. Com o firme apoio do marido e dos filhos, concretizou muitas mudanças afirmativas em sua vida. Uma delas foi estudar para trabalhar na recuperação de pacientes com problemas de saúde mental. Dawn também organizou uma campanha nacional para apoiar vítimas de atos de violência física ou psicológica.[4] Eu sei, assim como ela, que toda essa ajuda que Dawn é agora capaz de oferecer a outras pessoas é resultado de sua disposição em enfrentar sua infelicidade. *Sua cura é, literalmente, seu presente aos outros.*

Como ela enfrentou a infelicidade? Evidentemente, ela enfrentou com coragem e com o apoio amoroso que recebeu da família. De minha parte, o que ensinei Dawn a fazer não é nem um pouco diferente do que eu faria por você, se fizesse o curso. Para resumir, ajudei-a a enfrentar a infelicidade quando a ensinei a desfazer três erros básicos, que tornam a infelicidade mais dolorosa e assustadora do que o necessário. São eles:

Erro nº 1: Identificação equivocada. Se quebrasse o braço, você se apresentaria a alguém como "uma pessoa de braço quebrado"? Você diria: "Eu sou um braço quebrado"? E depois que ele tivesse curado, você se referiria a si mesmo como "um ex-braço quebrado"? Você pensaria de si mesmo como "um ex-quebrado"? A maioria das pessoas nem pensaria em fazer isso, mas ainda assim logo diz: "*Eu estou* triste" e "*Eu sou* anoréxico", "*Eu sou* ex-dependente químico" ou descrevem-se como "divorciada" ou "viúvo".

O problema com a infelicidade não é vivermos emoções infelizes, mas nos identificamos com elas. Nós nos descrevemos como um estado emocional. Dizemos literalmente "Eu estou triste", "Eu estou deprimido" e "Eu estou zangado". Ao fazê-lo, perdemos a identidade *e* a objetividade. Em vez de perceber a experiência da raiva ("Eu estou sentindo raiva") e escolher uma reação saudável, nós explodimos ("Eu estou com raiva") e agimos com a emoção em vez de sermos quem realmente somos. Você vive as emoções, mas elas não são quem você é.

O mesmo se aplica aos traumas e às mágoas. Dawn se identificava tão fortemente com sua infância infeliz que passou a pensar sobre si mesma como uma vítima e uma pessoa infeliz. Com o tempo, seus sentimentos de infelicidade tornaram-se tão familiares que passaram a exercer um papel central em sua história. Eu encorajei-a a encarar suas experiências infelizes com honestidade *e também* a enxergar com clareza que aqueles acontecimentos não a definiam. São apenas experiências, não um rótulo.

Quando médicos e psicólogos frequentam meu programa de treinamento em felicidade[5], eu os incentivo a abandonar a prática de chamar seus pacientes pelos diagnósticos. Por exemplo, "o ataque cardíaco está no leito 9" e "o TDA está agendado para as três horas da tarde". Muita dor é causada pelas identidades equivocadas. Se você pretende deixar para trás a dor que sua personalidade viveu e realmente abraçar de novo a felicidade incondicional de sua alma, precisa estar disposto a enfrentar sua infelicidade e dizer: "Isso é o que eu vivi, mas não é quem eu sou".

Erro nº 2: Julgamento. Muitas pessoas que frequentam o curso não contam aos melhores amigos ou aos familiares que estão no curso. Por quê? Porque sentem que "deveriam" ser felizes e que "não deveriam" procurar nenhum tipo de ajuda para isso. Caso você siga essa linha de pensamento, obviamente deveria ser feliz, sentir-se *sexy*, ser confiante e curtir o máximo das experiências o tempo todo. Exatamente como todo mundo faz, certo?

Enfrentar a infelicidade se torna mais difícil por causa das opiniões que você mantém acerca da infelicidade. Quando você julga alguma coisa, fabrica copiosas montanhas de vergonha. O julgamento cria vergonha. E quanto mais julgar a infelicidade como algo errado, mau e negativo, mais envergonhado e infeliz vai se sentir. As mensagens que se recebe na infância como "Meninas boazinhas não choram" não contribuem em nada. Mas isso foi na infância, agora é diferente. Ninguém nos condena mais pela infelicidade que sentimos do que nós mesmos. Na verdade, é quase sempre aquele caso de que quanto pior nos sentimos, pior nos tratamos.

A infelicidade não é um pecado, é uma oportunidade para sermos verdadeiros e curá-la. A vergonha é uma defesa contra a sensação de sentir-se mal e que no fundo nos deixa ainda piores. Você não consegue ser verdadeiramente feliz se for desonesto sobre a infelicidade. Da mesma forma, não pode ser livre e manter seus segredos. Um ponto de partida necessário é aceitar os sentimentos em vez de julgá-los. Em outras palavras, você precisa aceitar que *não existem emoções negativas*. Dor, sofrimento, culpa e outras formas de infelicidade não são implicitamente negativas, mas podem exercer efeitos negativos, especialmente se você lidar com elas de maneira negativa, isto é, de maneira pouco saudável.

Erro nº 3: Resistência. Você já reparou que quanto mais se resiste à infelicidade mais ela se torna dolorosa? A resistência à infelicidade a afasta cada vez mais. Existem muitas maneiras de resistir à infelicidade: você pode se afastar dos "amigos negativos", desligar a televisão na hora do noticiário, manter-se sempre ocupado e entoar um mantra da abundância. No entanto, precisa saber que resistir à infelicidade pode no máximo deixá-lo entorpecido e não verdadeiramente feliz.

As emoções como medo, raiva e culpa são "convidadas" que já visitaram todas as pessoas que em algum dia já caminharam sobre a face deste planeta, inclusive Jesus, Buda e Maomé. Ninguém jamais viveu sem receber a visita dessas "convidadas". Se sua principal estratégia para conseguir a felicidade é simplesmente evitar sentir-se infeliz, saiba que as chances de não viver "nenhuma infelicidade" são praticamente as mesmas de "não morrer".

Para que seja verdadeiramente feliz, é preciso que esteja disposto a enfrentar a infelicidade. Do mesmo modo, para ser uma pessoa verdadeiramente afetuosa, precisa estar disposto a encarar o medo. E para ser realmente bem-sucedido, tem de enfrentar o fracasso. Não estou afirmando que você deve *gostar* da infelicidade; o que estou dizendo é que precisa aprender a ter *menos medo* dela. Quando para de resistir a ela, consegue remover os obstáculos à felicidade. Menos resistência é igual a mais felicidade.

Entrevistando as emoções

A sessão "Entrevistando as emoções" é um poderoso ponto de mutação para muitas pessoas. Para ajudar a preparar esta sessão, Avril Carson e outro membro da equipe recitam um poema. O poema é recitado duas vezes, para que você possa escutá-lo uma vez com a mente e outra, com o coração. O poema que usamos com frequência é do poeta sufi Jalaluddin Rumi, traduzido por Coleman Barks, que lhe deu o título "A pensão". Fiquei muito grato por Coleman ter autorizado a impressão do poema na íntegra. Por favor, agora é sua vez, leia-o duas vezes:

A Pensão
Este ser humano é uma pensão.
A cada manhã chega um novo visitante.
Uma alegria, uma depressão, uma mesquinharia,
e uma consciência momentânea vem
como uma visita inesperada.
Dê boas-vindas e entretenha a todos!
Mesmo que seja uma multidão de tristezas
que passe violentamente por sua casa
e leve seus móveis,
continue a tratar cada hóspede de forma honrada.
Ele pode estar jogando fora alguns novos encantos.
O pensamento sombrio, a vergonha, a maldade,
vá encontrá-los à porta rindo,
e convide-os a entrar.
Seja grato por quem vier,
porque cada um deles foi enviado
como um guia do futuro.[6]

Este poema representa maravilhosamente o espírito da atividade "Entrevistando as emoções", que é em essência um processo de quatro etapas para ajudá-lo a enfrentar a infelicidade e escolher o amor, a alegria e a paz. Vou apresentar essas quatro etapas que mencionei e convido você a ficar bem atento a qualquer infelicidade, conflito ou desafio que esteja enfrentando no momento que surja em sua mente enquanto lê. Traga todo o seu eu para este processo de cura emocional.

Etapa nº 1: Encontrando a emoção. "A cada manhã chega um novo visitante." Como isso é verdade. A cada momento, um novo hóspede chega e um antigo sai. Nosso humor vai e vem, e quando confundimos alegria (nosso DNA espiritual) com humor (prazer e satisfação), acabamos achando que a felicidade vem e vai também, do mesmo modo. No entanto, a verdadeira felicidade não pode partir nem abandonar sua fonte de origem. O interessante, porém, é que, quando eu acordo de manhã e me encontro com a alegria, percebo surgir um temor de que a alegria já terá ido embora na hora do almoço; mas quando acordo de manhã e vejo a depressão ou a tristeza, tenho medo de que esses visitantes permaneçam aqui para sempre!

Seu trabalho é ser um "anfitrião" para os "convidados" que você encontrar, tanto mental quanto emocionalmente. E como todo bom anfitrião, sua tarefa é "dar-lhes as boas-vindas e entreter todos eles". Em outras palavras, você tem de aceitar os "convidados" do jeito como são, sem procurar mudá-los, reenquadrá-los, resistir a eles ou trancá-los do lado de fora. Você não iria gostar se um anfitrião fizesse isso com você, e as emoções tampouco gostam. Pois quando se resiste a uma emoção, ela age de forma inesperada, comportando-se do modo como foi tratada. Quanto mais medo projetar sobre uma emoção, mais ela agirá de maneira estranha, fazendo jus à sua "má reputação", e se desenvolverá um drama.

Como um verdadeiro anfitrião, você tem a tarefa de se encontrar com cada "convidado" de coração aberto. À medida que encontrar cada pensamento ou emoção de coração aberto, ele falará sua verdade e a verdade se revelará. Sem luta, apenas comunicação. Mas aqui reside o verdadeiro milagre, e chamo de milagre porque não posso explicar totalmente: quando você aceita e dá boas-vindas ao medo ou à dor de coração aberto e sem resistência, ele em geral vai embora sem alarde. Se ainda permanecer, vocês poderão conversar pacificamente. E você poderá entrevistá-lo, para saber a razão pela qual ele veio visitá-lo.

Etapa nº 2: Nomeando a lição. Alguma vez você já se perguntou qual era a finalidade da infelicidade? Quando uma emoção como a raiva, o medo ou a culpa chegam até você carregando sua "má fama", a última coisa que sente vontade de fazer é tentar conhecer melhor essa emoção. No entanto, nesta segunda etapa de nosso exercício, sua tarefa é exatamente essa, conhecer seu "convidado". E só poderá conhecê-lo melhor se estiver disposto a deixar de lado a "má reputação". Em outras palavras, tem de relevar a história e ir em busca da verdade.

"A maior felicidade é conhecer a fonte da infelicidade", escreveu o romancista russo Fiodor Dostoievski. A falta de vontade em descobrir o que está causando o sofrimento é o que gera maior sofrimento. O ciclo de sofrimento, resistência e mais sofrimento só pode terminar quando você convocar sua coragem para encontrar-se com esse sentimento e entender por que ele existe, por que está aqui e o que realmente deseja dizer-lhe. A seguir estão alguns exemplos dos motivos pelos quais seus "convidados" vieram lhe fazer uma visita:

Medo — quer que você saiba que está sendo independente demais e que não confia na ajuda da vida, de Deus ou de outras pessoas.

Raiva — tenta lhe dizer que você continua desperdiçando energia de modo inadequado em determinadas situações.

Estresse — é um convite para mudar alguma coisa. Você está sendo solicitado a fazer escolhas melhores e mais inteligentes.

Ressentimento — quer que você veja que está se sacrificando, fazendo o papel de mártir e deixando de viver.

Culpa — é um sinal de que você não está sendo íntegro consigo mesmo e que é hora de agir do modo como Deus o criou.

Exaustão — é uma mensagem de que existe uma maneira melhor. Ele quer que você dê atenção à sua sabedoria.

Inveja — uma sirene que diz: "Pelo amor de Deus, quando você perceberá o quanto é maravilhoso?".

Depressão — é um convite ao amor. Ela quer que saiba que você precisa amar a si mesmo e aceitar mais amor dos outros.

Mágoas — são convites para a prática do perdão, para que você possa se libertar novamente.

Pesar — quer que você dê a si mesmo o presente de sua própria atenção e quer garantir que não perca de vista o que é realmente verdadeiro.

Dor — é um lembrete para que se mantenha fiel a si mesmo, para se lembrar de quem você é e se manter firme em seu verdadeiro propósito.

Ansiedade — um pedido de ajuda. Para que você se abra e possa receber mais ajuda de tudo e de todos.

As emoções são mensageiras, elas transportam informações. São como memorandos internos. Às vezes, a informação contida na mensagem é precisa e, em outros casos, não é assim. "Seja grato por quem vier, porque cada um deles foi enviado como um guia do futuro", diz Rumi. Outras vezes, a mensagem não é exata, e pode simplesmente ser descartada. Em outras palavras, nem todos seus medos são reais. A chave é permanecer aberto para receber a mensagem e decidir se ela é útil, verdadeira ou não.

Etapa nº 3: Aceitando o presente. Às vezes, os "convidados" perturbam o que lhe é familiar, e aquilo com que você se identifica, como "minha vida", "minha carreira", "meus relacionamentos". "Mesmo que seja uma multidão de tristezas que passe violentamente por sua casa e leve seus móveis, continue a tratar cada hóspede de forma honrada", diz Rumi. Mas é comum termos esse sentimento de querer que as coisas melhorem, *enquanto esperamos que as coisas não mudem demais*. É impossível, você sabe.

Às vezes, os melhores presentes da vida vêm mal embrulhados. O truque é não deixar que a embalagem o engane. Alguns "visitantes" chegam com a mensagem "Está na hora de deixar as coisas para trás" e "Está na hora de seguir em frente". Quando Dawn finalmente parou de correr e enfrentou sua infelicidade, conseguiu *de verdade* seguir com a vida. Durante a entrevista, disse: "Fui muito infeliz por muito tempo. Então continuei mudando, de uma cidade para outra. Quinze vezes! Mas não adiantou, a tristeza e a infelicidade sempre acabavam voltando. Com a ajuda de Robert, eu parei de correr e acabei compreendendo que aquilo que eu devia fazer não era mudar de casa, mas mudar o que pensava sobre mim".

"Mas qual é o presente?" Esta é uma boa pergunta para fazer quando se encontrar com um "visitante" como o medo, a dor, a raiva ou a tristeza. Fazer a pergunta vai ajudá-lo a ficar menos na defensiva e mais receptivo ao que está diante de você. E, novamente, o milagre acontece: ou o "visitante" vai embora, porque não há nenhuma resistência, ou ele deixa um presente. "Nossos maiores temores são como os dragões guardando os nossos tesouros mais profundos", escreveu o poeta Rainer Maria Rilke.[7] O presente está na aceitação. Está na escolha do amor em vez do medo. Na essência:

o presente que você recebe ao enfrentar a infelicidade é a chance de ser mais feliz.

Etapa nº 4: Pedindo ajuda. A quarta e última etapa do exercício "Entrevistando as emoções" é estar disposto a receber ajuda constante, agindo honesta e abertamente sobre qualquer infelicidade que acabe reconhecendo. Quando se enfrentam os grandes desafios que surgem à frente, ficamos tentados a pensar que estamos longe de qualquer ajuda. Esse pensamento de "estar além de qualquer ajuda" é muito assustador, mas também deve ser encarado com absoluta transparência, para ver se é verdade ou se é apenas um receio infundado. Lembre-se: quando você é honesto e aberto consigo mesmo, a verdade chega com toda a ajuda de que precisa.

Em certo nível, cada tipo de infelicidade é uma mensagem para se "aceitar ajuda extra". Meu mantra favorito, e que partilho em todos os meus seminários, quer trate de felicidade, sucesso, amor, quer de abundância, é: "Se você está vivo, precisa de ajuda".[8] Não é vergonha nenhuma pedir ajuda; é força, poder e possibilidade de maior felicidade. A infelicidade desaparece na verdade. E a verdade é que você não está destinado a viver a vida sozinho. Isso é o que a infelicidade está de fato tentando ensiná-lo.

Capítulo 8

Siga sua alegria

Eu costumo concluir o primeiro *workshop* de meu curso sobre a felicidade com uma sessão chamada "Siga sua alegria". O ponto central dessa sessão é nossa primeira e grande meditação, intitulada "Alegria", e usamos a inspiradora música do pianista e compositor Robert Norton.[1]

Robert Norton fez o curso em Londres, em 1997. Desde essa época, passou a ser músico residente e membro da equipe. Ele é um músico completo, que tem se apresentado em salas de espetáculo de categoria internacional, como o Royal Albert Hall, e acompanhado artistas de grande talento como o cantor Barry White. Sua capacidade de improvisar e tocar teclado de forma intuitiva e sensível imprime uma dimensão extra de beleza e verdade a todas as grandes meditações que realizamos.

A presença e a música de Robert tornam cada curso uma verdadeira viagem criativa. Além de acompanhar as principais meditações, Robert também faz a introdução da sessão após o almoço. Essa introdução é conhecida nos bastidores como "A Experiência Robert Norton", e Robert tem passe livre para energizar e entreter o grupo com exercícios criativos que usam música, percussão, movimento, espontaneidade e voz. Robert lançou vários álbuns ao longo dos anos com suas performances ao vivo em nossos cursos. Estou ouvindo um desses álbuns, o *Follow Your Joy*[2] enquanto escrevo estas palavras.

A meditação "Alegria" dura aproximadamente vinte minutos e tem três partes principais. Esta meditação é essencialmente uma sintonização, e *não* uma invocação. A questão é que você não está convidando a alegria para que venha de um lugar diferente ou de algum paraíso longe daqui, mas está sintonizando sua alegria sempre presente, sintonizando-se com seu Eu Não Condicionado, com o DNA espiritual de seu ser. Portanto, a parte 1 é a sintonização. É como encontrar um "sorriso interior" em seu coração. É o zunido da vida em cada célula de seu corpo. Trata-se de apreciar os espaços em sua mente que estão vazios de psicologia, de ego e de dúvidas.

Em seguida, na parte 2, convido-o a apreciar as qualidades essenciais da alegria. A alegria é muito mais do que apenas uma ideia, um sentimento ou pensamento. Enquanto Robert Norton continua a tocar sua música sublime, eu o convido a se mover para além da palavra *alegria* e se permitir viver a experiência direta do pleno vigor e do poder do que realmente é alegria. A cada inspiração, você respira a vida, o brilho, a criatividade, bem como o senso de possibilidades que existem na alegria. O objetivo é curtir a inteligência inata de alegria, bem como sua tranquilidade, plenitude e beleza.

Finalmente, na parte três, eu o incentivo a reconhecer quando, onde e com quem você permite que sua alegria se expresse. É no trabalho? Em casa? Com as crianças? É quando você está correndo ou meditando? É quando está em contato com a natureza? Então o incentivo ainda mais a saudar a alegria em cada parte de sua vida, permitindo que ela o inspire e oriente, o encaminhe e o navegue. Basicamente, estou convidando-o a se comprometer com a alegria, a seguir sua alegria e trazê-la para seu dia a dia, seu trabalho e sua vida. Permita que a alegria conduza.

Depois de terminar a meditação, você recebe um "certificado de alegria" oficial, com seu nome impresso nele. As palavras no alto são "Siga minha alegria" logo abaixo, lê-se, por exemplo: "Eu, Robert Holden, comprometo-me a...". A ideia é fazer um compromisso específico de seguir sua alegria pelo tempo de duração do curso (ou no seu caso, pelo tempo que levar para ler este livro). No final da sessão, fazemos uma cópia de seu certificado e, na metade do curso, enviamos pelo correio como uma forma de incentivo para que continue seguindo sua alegria. Antes de preencher o certificado, o grupo todo estuda o significado de "Siga sua alegria". Essa expressão soa muito bem. As palavras são líricas, evocativas, esperançosas e inspiradoras. Mas o que este maior empenho em seguir sua alegria realmente parece significar para *sua* vida, *seu* trabalho e *seus* relacionamentos? Como forma de ajuda em sua investigação, dedico o restante deste capítulo a compartilhar com você quatro exercícios criativos que têm ajudado a mim e aos alunos a seguir *nossa alegria*.

A primeira página espiritual

Seguir sua alegria tem profundo significado espiritual para muitas pessoas que interpretam a função da alegria *como ajudar a concentrar na verdade essencial da vida*. Alegria é o que o ajuda a distinguir a verdade da ilusão, o excesso de atividade do propósito e o amor do medo. A alegria o ajuda a manter aquilo que é o mais importante para você na primeira página de sua consciência e de sua vida.

Quando revejo amigos que não encontrava havia muito tempo, peço-lhes para que me contem quais são suas "manchetes espirituais". Em outras palavras, peço-lhes para compartilhar as notícias reais e não apenas as banalidades. Quero ouvi-los falar sobre aquilo que é mais importante na vida deles neste momento. Quero saber o que é atual e significativo. O que é desafiador e o que é delicioso. Quando compartilhamos a "primeira página espiritual", nossa conversa se torna rica e com verdadeira intimidade. E essa partilha nos permite abrir espaço para o outro em nossa vida, de forma que possamos viver e crescer juntos apesar da distância que parece existir entre nós.

"A primeira página espiritual" é uma metáfora simples que também pode ser usada como prática espiritual diária para ajudá-lo a seguir sua alegria. A ideia é você dedicar um tempo de solitude toda manhã a criar sua própria página para aquele dia. Você pode fazer isso usando a visualização criativa ou usando caneta e uma folha de papel em branco. Primeiro, respire profundamente e clareie sua mente. Em seguida, sintonize naquilo que é mais importante em sua vida no momento e o que "ou quem" necessita de sua máxima energia, tempo e atenção. Então desenhe (na folha de papel ou na mente) sua própria "primeira página espiritual".

Esse desenho é inteiramente por sua conta, afinal são *as suas notícias*. Suas manchetes podem ser "Desacelere e aproveite o dia", "Mantenha o poder", "Vá à aula de ioga", "Fale a verdade" ou ainda "Encontre tempo para meditar". Você também pode pegar a foto de uma pessoa com quem ache absolutamente necessário fazer uma conexão. O propósito do exercício é ajudá-lo a se conectar com sua sabedoria. E isso não deve levar mais do que cinco minutos, que é mais ou menos o mesmo tempo que se leva para ler as manchetes do jornal.

Se você realmente quiser, a matéria principal de sua "primeira página espiritual" poderia ser uma entrevista pessoal com Deus. Em outras palavras, você poderia imaginar que entrevistou Deus sobre um tema importante como a felicidade, sua vida amorosa, as metas de sua vida, ou dicas para perder peso, por exemplo. Converse com Deus e anote os pontos principais de sua entrevista na "primeira página espiritual". Conecte-se com a sabedoria e a verdade, e viva o dia.

Como acontece com a maioria das práticas espirituais, a "primeira página espiritual" torna-se cada vez mais valiosa quanto mais você a realizar. Eu costumo incentivar todos que fazem o curso da felicidade a adotar uma prática espiritual diária — ioga, oração, meditação, tai chi — porque as práticas espirituais o ajudam a diferenciar a verdade da ilusão e contribuem para que você persiga a alegria.

A experiência do coração

Seguir a alegria com frequência evoca pensamentos como *viver com o coração, ser mais afetuoso* e *optar pelo amor em vez do medo*.

A "experiência do coração" é um exercício diário que apoia sua intenção de usar mais o coração em tudo o que faz. A meta é viver com um coração mais consciente e levá-lo aonde quer que vá — na sala de reunião, no jogo de futebol, no salão de beleza, no quarto, na casa da sogra ou no restaurante. Apenas imagine como sua vida seria rica e maravilhosa se você tivesse a intenção de usar mais o coração a partir de agora.

Este exercício se baseia na consciência profunda de que o coração *está sempre aberto*. Na realidade, ele nunca está fechado, está sempre aberto à ação. Você tem o livre-arbítrio para afastar-se dele, mas seu coração nunca se afasta de você. Seu ego pode deserdá-lo, mas o coração nunca o abandona. Assim, suas qualidades duradouras, como amor, força, sabedoria, coragem e esperança estão disponíveis no momento em que você se tornar disponível para elas.

"A experiência do coração" o incentiva a pensar com o coração. Ele é a sede da sabedoria; o amor é inteligente; e a alegria conhece a verdade das coisas. Na maravilhosa canção *I Forgot*

That Love Existed, Van Morrison canta: "Se meu coração pudesse pensar/ E minha mente começasse a sentir/ Eu olharia o mundo de um modo diferente/ E saberia o que é real".[3] O coração vê mais longe que os olhos. Ele enxerga a verdade além das aparências. Ele sabe o que você deve fazer em cada situação que surgir. Quando você confia no coração, encontra seu verdadeiro poder.

A meta de "A experiência do coração" é fazê-lo se conectar com a voz do coração. É entrevistar o coração e se perguntar: *O que meu coração diz?* O objetivo também é fazer sua intenção consciente ouvir com o coração e *falar do coração*. Assim, todas as suas interações serão mais autênticas, mais honestas, únicas e naturalmente mais sinceras. Nada poderia ser mais maravilhoso a não ser que prefira continuar defensivo, isolado, solitário, seguro e morto-vivo.

Ao ajudá-lo a viver com o coração, "A experiência do coração" o leva a perseguir sua alegria. Quando compartilho as orientações para este exercício, sugiro que um ótimo ponto de partida é meditar sobre as palavras do dr. Matthew Anderson: "Existe uma oração que vive no centro de seu coração. E se você fizer essa oração, ela vai mudar sua vida. Como ela começa?".[4] Recomendo que você faça uma pausa, antes de continuar sua leitura, e ouça o que seu coração quer lhe dizer.

O voto de bondade

Muitas pessoas interpretam as palavras *siga sua alegria* como uma instrução para ser gentil, ter compaixão e tratar todos com respeito. A bondade, tanto para si quanto para os outros, é uma das doutrinas mais bonitas, mas realmente não significa nada ou não traz nenhum benefício enquanto você não estiver disposto a colocá-la em prática. Quando você faz um voto de bondade, com sinceridade, ainda que mínimo, vai sentir mais amor e mais alegria do que seu ego imaginaria ter.

"O voto de bondade" baseia-se na intenção de praticar mais bondade consigo e com os outros por oito semanas. O ponto de partida é refletir e pensar no quanto você é gentil agora. Por exemplo, a bondade é prioridade consciente para você? A maioria de meus alunos concorda com a afirmação: "A bondade consigo e com os outros é chave fundamental para desfrutar de mais amor e mais felicidade". Mas quando eu lhes peço para avaliar o quanto de bondade eles têm em uma escala que vai de "muito", "suficiente", "não muito" e "nada" — a maioria vota "suficiente", no item *bondade com os outros* e "não muito" no *bondade consigo mesmo*.

O primeiro passo para "O voto de bondade" é refletir sobre a bondade consigo mesmo. Durante oito semanas observo meus alunos de perto. Analiso como tratam a si mesmos e aos outros. Não há diferença. Percebo também o quanto agimos de forma inconsciente sobre a falta de bondade conosco. De fato, a maioria das pessoas mal percebe que sempre se priva de um ato de bondade e como é maldosa consigo mesma. *A vida é difícil porque você é duro demais consigo mesmo*. E ela se torna mais fácil, para você e para os outros, quando decide ser mais bondoso consigo.

Quando apresento "O voto de bondade", falo sobre uma metáfora de "largar a faca". Aprendi essa metáfora com Daniel Ladinsky, tradutor dos poemas do poeta sufi Hafiz, do século XIV. Daniel escreveu: "Certa vez, uma jovem perguntou a Hafiz: 'Qual é o sinal daqueles que conhecem Deus?'. Hafiz ficou em silêncio por alguns momentos, olhando profundamente nos olhos da jovem, e respondeu: 'Querida, eles largaram a faca. Elas largaram a faca cruel usada tantas vezes em seu próprio eu carinhoso e nos outros'".[5]

Daniel comenta sobre essa história: "A alegria e o potencial criativo de uma pessoa é a capacidade de deixar de se machucar e de machucar os outros em termos físicos, mentais, emocionais e espirituais". Ser bondoso consigo e com os outros é na verdade a mesma coisa. A capacidade de uma determina as duas. Para seguir sua alegria, você precisa estar disposto a renunciar à falta de bondade consigo mesmo, à autocrítica habitual e aos ataques infrutíferos a si mesmo.

"O voto de bondade" funciona melhor quando você cria uma lista de duas ou três maneiras de praticar mais bondade. Raramente uma lista mais longa funciona. E aqui alguns exemplos do que meus alunos dizem quando fazem um voto de praticar mais bondade:

"Serei menos autocrítico e vou comemorar mais meus sucessos."

"Serei mais aberto a aceitar o amor e a ajuda das outras pessoas."

"Vou parar de me pressionar tanto e sair mais para me divertir."

"Vou gostar mais de meu verdadeiro eu, vou sorrir quando me pegar comparando negativamente com os outros."

"Serei mais compassivo comigo mesmo quando não me sentir forte e positivo."

"Serei gentil com minha criança interior que às vezes sente medo do mundo."

A promessa do bem-estar

Para muitas pessoas, *seguir a alegria* significa recuperar um sentido de unidade e selar um verdadeiro compromisso com o bem-estar pessoal.

"A promessa de bem-estar" é um convite para permitir que seu bem-estar floresça e prospere durante as oito semanas do curso. Este exercício explora todas as suas boas intenções, além do apoio do grupo, tudo para realizar um investimento pessoal que vai lhe render grandes dividendos em saúde e vitalidade ideais. Estas oito semanas são o período exato, nem muito longo nem muito curto, para se comprometer com uma mudança positiva. Além disso, em todas as ocasiões em que o grupo se reúne, revisamos o progresso, comemoramos os ganhos, tratamos dos bloqueios e recomeçamos a *seguir a alegria*.

Eu sempre enfatizo que "A promessa de bem-estar" não significa bom comportamento nem o que você *deveria, precisa* ou *tem de fazer*. Trata-se da alegria de fazer algo e da alegria que se sente por ter feito. Na essência, trata-se do cuidado consigo e do amor a si mesmo. O objetivo do exercício é declarar cinco compromissos positivos para seu bem-estar pessoal. O primeiro refere-se a seu bem-estar físico, o segundo ao pessoal, o terceiro ao mental e o quarto ao espiritual. E, obviamente, há o último.

O quinto é um compromisso extra para seu "ponto cego". Minha experiência mostra que a maioria das pessoas negligencia uma das quatro dimensões essenciais ao bem-estar pessoal. Por exemplo, você pode ser emocionalmente inteligente, gozar de boa saúde mental e ler poesia sufi, mas negligencia seu corpo, que tenta fazê-lo saber disso. Ou você pode ter boa forma física, ter uma mente sã e estar espiritualmente bem, mas sua vida amorosa é uma bagunça porque não está em contato com seu coração.

O bem-estar exige harmonia entre as partes. Portanto, você não conseguirá desfrutar o máximo de bem-estar *se* tem um ponto cego. Uma boa analogia seria refletir que as quatro dimensões do bem-estar (física, emocional, mental e espiritual) são como as quatro rodas de um carro. Mesmo que o carro seja uma Ferrari, não o levará muito longe se um dos pneus estiver furado. Os outros três podem funcionar perfeitamente, mas mesmo assim o carro não o levará a lugar nenhum.

Se preferir, pode tentar diagnosticar seu ponto cego. No entanto, gostaria de recomendar que outra pessoa fizesse a avaliação *dela*: um amigo, seu parceiro, seu chefe ou seus filhos. Creio que os outros nos conhecem melhor do que acreditamos. As quatro dimensões essenciais do bem-estar são tão interligadas que aquilo que parece um ponto cego físico pode na verdade ser o sintoma de um bloqueio mental como *eu realmente não mereço isso*.

Reflita sobre sua "promessa de bem-estar". Identifique os cinco compromissos que gostaria de fazer, começando agora, de modo que se beneficie de um aumento de vitalidade e bem-estar. Mesmo os pequenos compromissos podem gerar grande efeito. Para ajudá-lo, escolhi alguns exemplos entre as centenas de compromissos feitos por meus alunos ao longo dos anos. Mais uma vez, desejo reiterar que este exercício se trata de *seguir sua alegria*. Assim sendo, a melhor abordagem para ele é divertir-se.

Bem-estar físico. Sintonize-se com seu corpo e perceba como você está se sentindo. Quais são as mensagens que ele envia para você? Procure mensagens internas que estão tentando mostrar cansaço ou tensão. Em sua mente, pergunte a seu corpo o que ele precisa de você para que possa atendê-lo melhor. Deixe seu corpo dizer que tipo de compromisso precisa para ajudá-lo a se sentir mais seguro, forte e energizado. Ouça seu corpo e depois entre em ação. Aqui estão alguns exemplos:

Sono: uma hora a mais de sono todas as noites. É difícil sentir-se feliz, bem, alegre com falta de sono. *Respiração*: a respiração reflete o estado de consciência. Uma respiração rápida e superficial é regra em uma cultura de gente atarefada e maluca. Faça respirações profundas e inclua espaços de respiração em sua agenda diária. *Alimente-se bem*: observe sua geladeira e veja o que ela diz sobre o quanto você está cuidando de seu físico. *Faça exercícios:* encontre uma maneira de fazer seu corpo suar todos os dias, com alguma atividade divertida e energizante como dança, jardinagem, corrida ou ioga. *Mimos*: alimente seu corpo com mimos saudáveis como vitaminas, massagens e quantidades saudáveis de chocolate orgânico.

Bem-estar emocional. O coração é o centro do bem-estar emocional. Coloque sua mão sobre ele e tente se conectar com ele. Observe o que ele quer lhe dizer. Observe suas emoções enquanto escuta seu coração e permita que ele lhe diga qual compromisso ele precisa de você neste momento, a fim de ajudá-lo a se sentir mais centrado, livre e amoroso. De novo, ouça e entre em ação. Aqui estão alguns exemplos:

Meu tempo: aquilo que você entende como resiliência emocional pode ser desonestidade emocional. A meta de sua vida não é ser severo, mas sim verdadeiro. Encontre tempo para ser honesto consigo mesmo sobre seus sentimentos. *Tempo para os amigos*: certifique-se de que você não seja daquelas pessoas que têm "grandes amigos" que nunca vê. *Tempo para diversão*: o trabalho nunca está concluído, então pare de tentar terminar tudo antes de sair para se divertir. *Tempo de folga*: certifique-se de programar um fim de semana prolongado, um período sabático ou um retiro pelo qual possa ansiar. *Tempo extra*: para abraços, sorrisos, romance, para enviar flores e cartões de agradecimento e outras coisas boas de fazer.

Bem-estar mental. Cite cinco palavras que descrevam seu estado de espírito neste momento. Por exemplo, "otimista" ou "pessimista", "grato" ou "cansado", "confiante" ou "ansioso". Encontre cinco palavras que descrevam sua atitude perante a vida agora e observe o que elas dizem sobre seu atual nível de bem-estar mental. Observe sua mente, e deixe que ela mostre de que tipo de compromisso precisa para ajudá-lo a viver com mais lucidez, visão e esperança. Novamente, ouça e entre em ação. Aqui estão alguns exemplos:

Formação educacional: o que você está aprendendo agora? Leia um bom livro, estude algo novo, assista a uma boa palestra, reinicie um antigo *hobby* ou algum interesse de que goste. *Crescimento*: de que maneira você se sente crescendo atualmente? O que o inspira? Quem é seu mentor? Visite alguém que possa ensiná-lo. Passe duas horas em um museu. Inscreva-se no curso de felicidade. *Equilíbrio*: aprenda a desligar-se e descubra o que o deixa ligado. Exercite-se mais. Divirta-se mais. Medite mais. *Inspiração*: ouça Puccini, vá ao teatro, leia o livro *A Course in Miracles*[6] ou outra obra que abra sua mente. *Ria*: lembre-se de não levar tudo tão a sério. Assista a um filme que sempre faz você se sentir bem. Cante uma canção que o faça sorrir. Leia as memórias do comediante Bill Hicks, *Love All the People*.[7]

Bem-estar espiritual: é permitir-se desfrutar a graça e o poder de seu verdadeiro Eu Não Condicionado. Muitas vezes, ficamos tão identificados com o corpo, a carreira, os relacionamentos e os dramas pessoais que esquecemos de nos sintonizar com a verdadeira essência e de ouvir os "sussurros da alma" de nossa verdadeira natureza. O nível espiritual de seu bem-estar é diferente do restante porque, ao contrário do corpo, das emoções e da mente, seu espírito nunca tem necessidade de reparos. O objetivo aqui, portanto, não é alimentar o espírito, é permitir que seu espírito alimente você. Veja alguns exemplos:

A primeira página espiritual: faça esta ou outra prática espiritual diária que o ajuda a sintonizar com a inteligência de sua alma. *Quiropraxia espiritual*: realinhe-se com crenças, valores e ética que lhe ofereçam um maior sentimento de fé, poder e significado. *Mestres espirituais*: comprometa-se a seguir um caminho espiritual, um mestre espiritual, um livro espiritual ou uma comunidade espiritual que de fato o ajude a seguir sua alegria. *Objetivo espiritual*: identifique como gostaria que fosse seu propósito espiritual e comprometa-se com ele. *Cura espiritual*: se você deixar de lado aquela "ilusão de óptica" de solidão e isolamento, encontrará mais ajuda do que seu ego poderia lhe dar. *Seguir sua alegria sempre conduz a todas as formas de inspiração e apoio.*

PARTE III
A trindade profana

Capítulo 9 - Escolhendo a felicidade

Capítulo 10 - O contrato da felicidade

Capítulo 11 - O medo da felicidade

Capítulo 12 - 100 formas de gratidão

Capítulo 9

Escolhendo a felicidade

O verdadeiro motivo pelo qual a felicidade significa tanto para você é porque ela é sua verdadeira natureza. A felicidade é quem você é e aquilo que vive quando se aceita, relaxa e abandona as neuroses de "Sou um zero", "Por que ele não telefonou?" e "O que eu deveria estar fazendo da minha vida?". A felicidade não está "fora", e quando você pensa de fato sobre isso, percebe que os bloqueios tampouco estão. Por quê? Porque não existe "fora".

O curso de felicidade mostra como sua psicologia cria o mundo em que você vive e como esse mundo pode expandir ou bloquear a consciência da verdadeira felicidade. Ela *não* é um estado de espírito, é sua verdadeira natureza. Assim, percebemos que certos estados de espírito podem tanto ajudar quanto atrapalhar sua experiência de felicidade. Em outras palavras, a felicidade é sua natureza original, mas você pode estar *sofrendo de psicologia*. Sua psicologia (ou seja, suas percepções, crenças e seu diálogo interno) é o que interpõe entre você e sua felicidade, seu sucesso e seu amor agora.

Ao longo dos anos, meu trabalho com felicidade foi testado de maneira independente por psicólogos e neurocientistas capazes de registrar os resultados maravilhosos que surgem quando as pessoas alteram sua psicologia. Uma nova crença ou uma nova percepção podem desfazer antigas concepções e abrir um novo mundo de possibilidades. Os cientistas têm demonstrado que, ao mudarem o modo de pensar, os alunos de meu curso literalmente alteram a química do cérebro, o que transforma o modo de vivenciar o mundo, aumenta a paz, a felicidade e o bem-estar.

Começo a explorar a psicologia da felicidade pedindo a meus alunos que respondam com um simples "sim" ou "não" à pergunta: "Você poderia ser ainda mais feliz, mesmo que nada mudasse no mundo a seu redor?". Aguardo cinco minutos para que decidam a resposta, de forma que possam avaliar a questão. Ainda assim, a maioria dos estudantes diz que precisou apenas de cinco segundos. A resposta é quase sempre um enfático "sim". Durante os últimos anos, calculo que 90% das respostas foram "sim" e apenas 10% foram "não". E no curso mais recente, o resultado foi 100% "sim".

Essas altas pontuações parecem confirmar o "papel insignificante" que as circunstâncias da vida representam para a felicidade. Para que seja verdadeiramente feliz, você precisa manter-se atento à ideia de que as circunstâncias *não têm a importância que atribui a elas*. Uma das mais proeminentes pesquisadoras sobre a felicidade, Sonja Lyubomirsky diz:

> A conclusão geral de quase um século de investigações sobre os fatores determinantes do bem-estar é que circunstâncias objetivas, variáveis demográficas e os eventos da vida têm uma correlação menos forte do que a intuição e a experiência diária nos indicam.[1]

As pesquisas sobre felicidade revelam que a maioria das pessoas que atingem níveis mais elevados e constantes de felicidade *não vive* em circunstâncias de vida marcadamente melhores do que você. Também não são mais felizes por não terem sofrido momentos difíceis na vida. Então, o que está acontecendo? Uma resposta é que *elas sabem aproveitar a vida melhor do que você*. Por outro lado, as pessoas que apresentam níveis menores de felicidade *não* viveram circunstâncias marcadamente piores. Na verdade, essas pessoas podem, por exemplo, ter uma situação financeira muito melhor do que a sua. Parece que estão infelizes não porque têm más condições, mas porque *sofrem por causa da psicologia*.

Cientistas, filósofos, físicos e swamis indianos concordam que o estado de espírito *literalmente* cria o mundo que você vivencia. Por exemplo, no século XIX, o filósofo Ludwig Wittgenstein escreveu: "O mundo daqueles que são felizes é diferente do mundo dos que não são". Esta ideia é apoiada pela pesquisa de Sonja Lyubomirsky sobre a causa de algumas pessoas serem mais felizes do que outras. Ela conclui: "Um fio condutor da investigação é que os indivíduos felizes e os infelizes parecem viver – e na verdade residir – em diferentes mundos subjetivos".[2]

Depois que os alunos respondem "sim" ou "não" à pergunta, peço-lhes para anotar os motivos da resposta. Compilei centenas de respostas durante todos esses anos, e todas as razões para o "sim" se encaixam em cinco grandes categorias, cada uma das quais comprova o poder de fazer escolhas positivas. A primeira escolha é "aceitar-me mais". Por exemplo: "Posso escolher ser menos crítico comigo mesmo e me aceitar mais, e assim serei mais feliz independentemente do que acontecer em minha vida".

A segunda dessas escolhas positivas é "ver as coisas de modo diferente". Por exemplo: "Posso mudar minha percepção das coisas que acho 'erradas' ou 'ruins' ou não suficientemente boas e buscar o presente em todas elas". A terceira categoria é: "agradecer mais". Por exemplo: "Posso ser mais feliz ao agradecer todas as coisas boas que existem em minha vida, em vez de ansiar por aquilo que não tenho". A quarta categoria é "fazer escolhas melhores". Por exemplo: "Posso escolher desacelerar, estar mais presente, rever as prioridades, conectar-me mais e participar mais daquilo que for realmente importante". A quinta escolha é "ser feliz". Por exemplo: "Eu posso escolher ser feliz, carinhoso, gentil, me divertir e ser grato pela vida. Está em minha mente e posso escolher como fazer as coisas funcionar".

Escolhas familiares

Tente imaginar uma escala de felicidade de 0 a 10. Zero representa "sem pulso", menos que 5 representa graus de "infelicidade", 5 é "não infeliz", 6 é "quase feliz", 7 é "feliz", 8 é "muito feliz", 9 é "quase completamente feliz" e 10 representa "totalmente feliz". De acordo com esta escala, onde você se encaixa normalmente? Qual seria sua pontuação média de felicidade? Reflita sobre isso, pois sua pontuação é o que os cientistas chamam de "ponto de equilíbrio", e eu chamo de "ponto familiar".

Esse ponto de equilíbrio da felicidade é uma teoria usada pelos cientistas para explicar um fenômeno conhecido como "adaptação hedonista".[3] Trata-se de uma ideia semelhante ao ponto de equilíbrio do peso corporal de uma pessoa. A teoria é que você tenha um ponto de equilíbrio ao qual retorna (por exemplo, entre 6,5 e 7,5 em 10) independente das circunstâncias da vida. Esse retorno ao ponto de equilíbrio tem sido observado pelos pesquisadores de felicidade que descobriram que a maioria das pessoas se adapta rapidamente às circunstâncias, tanto agradáveis quanto desagradáveis. Ou seja, seus níveis de felicidade quase nunca são afetados de modo permanente pelas circunstâncias de vida.

A grande esperança é que a compra de um par de sapatos vai lhe ajudar a viver feliz para sempre. Várias compras de produtos de grife como Manolo Blahnik, Mouton Rothschild, Mont Blanc e Mercedes deveriam garantir-lhe a eterna felicidade. Mas o que realmente acontece é que você visita o lugar "feliz para sempre" por um curto período e compra um bilhete de volta ao ponto de equilíbrio original. Existe, no entanto, uma vantagem. Se, por exemplo, você arranha seu Manolo, ou seu Mouton Rothschild tem gosto de rolha, poderá visitar as profundezas do desespero, mas por apenas alguns instantes, porque mais uma vez, cedo ou tarde, acabará fazendo o caminho de volta para seu ponto de equilíbrio.

A adaptação hedonística — o retorno ao ponto de equilíbrio — tem sido observada nas circunstâncias mais extremas. A pesquisa mais famosa é de Philip Brickman e de seus colegas, que comparou os níveis de felicidade de 22 ganhadores de loteria com um grupo de controle de 22 pessoas que viviam nas mesmas regiões.[4] Como seria de esperar, os ganhadores da loteria viveram um aumento nos níveis de felicidade por um curto prazo. Esse aumento durou apenas alguns meses e, depois de mais ou menos um ano, voltaram ao estado de equilíbrio original. Em outras palavras, não estavam mais felizes.

Brickman e seus colegas também estudaram o efeito do ponto de equilíbrio em pessoas que sofreram graves lesões físicas e ficaram paraplégicas. A maior parte das pessoas que não tenha vivido uma situação de paraplegia não é capaz de imaginar como alguém nessa condição pode se sentir realmente feliz de novo com a vida. Na verdade, durante os primeiros meses, os níveis de felicidade dos indivíduos pesquisados estavam bem abaixo da média. No entanto, um pouco mais de um ano depois, esses níveis subiram e ficaram ligeiramente mais baixos do que os níveis de felicidade dos milionários da loteria. De fato,

80% descreveram a vida como melhor do que a média. Vamos saudar o ponto de equilíbrio!

O que é esse tal ponto na verdade? Bom, em primeiro lugar, é oportuno lembrar que esse ponto de referência não é uma coisa física e "real". É meramente uma descrição de seu grau médio de felicidade ao longo do tempo. É a pontuação ou intervalo com o qual você está mais familiarizado, e por essa razão chamo de "ponto familiar". Mas existe outro motivo importante por eu chamar esse ponto de familiar e não seu ponto de equilíbrio, e isso tem a ver com o que de fato determina esse "ponto".

A maioria dos cientistas que estuda a felicidade diz que seu ponto de equilíbrio é determinado em grande parte pelos genes. A divergência entre eles recai apenas na exata proporção — alguns dizem que é 80%, mas a maioria diz que é 50%.[5] A próxima pergunta, assim, certamente deve ser: "Do que seus genes são feitos?" ou "O que determina seus genes?". E aqui existem duas escolas de pensamento: uma delas descreve seus genes como feitos de "coisas físicas", algo permanente e imutável, que programa sua psicologia e seu comportamento. Se isso é verdade, os genes são um milagre físico — por serem as únicas coisas físicas no universo que não mudam nem evoluem.

A outra escola descreve seus genes como "*bits* de código" que são ligados e desligados por suas percepções, crenças e diálogo interno. Assim, seus genes mudam mais ou menos da mesma forma que a química de seu cérebro, que muda quando você altera sua psicologia. Para essa escola, portanto, os genes determinam os pensamentos *e são também influenciados por eles*. Em outras palavras, aqueles pensamentos que são mais frequentes para você, que são mais familiares e com os quais mais se identifica são os que fazem seus genes determinarem seu "ponto familiar" de felicidade.[6]

A minha teoria é de que esse ponto familiar é definido por seu sentido de identidade (ou seja, sua autoimagem), que por sua vez determina sua psicologia. Como observo pessoas há muitos anos, acredito que a maioria delas pensa como as pessoas que consideram ser. Por exemplo, se você se declara "vítima", vai pensar como vítima. Seu sentimento de identidade é o que está codificado em seus genes e é isso que programa sua psicologia. Portanto, você só poderá vivenciar o aumento duradouro na felicidade se puder se identificar com ela e não permitir que sua antiga autoimagem a sabote. O motivo pelo qual se colocou no nível 7 da escala de felicidade é essa pontuação ser familiar a você e sua autoimagem se identificar com ela. Seu ponto familiar pode provavelmente se expandir por um intervalo familiar, por exemplo, até 8. Mas se você alcançasse a pontuação 9 na escala e não voltasse rapidamente para a zona familiar, teria de estar disposto a abandonar sua velha autoimagem com sua antiga psicologia e abraçar com mais intensidade seu Eu Não Condicionado.

Quando peço aos alunos para permanecer no ponto 9 ou mesmo no ponto 10 da escala, a primeira pergunta que faço é: "Você consegue se imaginar aqui?". O que desejo saber é se eles conseguem visualizar-se lá ou não. Muitas vezes, eles dizem: "Eu gosto da ideia, mas isso não é para mim". Essa quantidade de felicidade é desconhecida e incômoda demais para a autoimagem deles. Não é compatível com as histórias que contam sobre si mesmos. Então, agora você tem de escolher entre as histórias conhecidas de sua autoimagem ou a alegria original de seu Eu Não Condicionado.

Quando você mudar de ideia sobre si mesmo, vai alterar a química de seu cérebro, sua psicologia, seus genes, seu futuro e sua relação com a felicidade. Quanto mais aceitar de verdade a si mesmo, mais deixará automaticamente para trás sua antiga autoimagem, construída pelos pensamentos de falta, desvalorização e medo. A antiga culpa e as lutas tão familiares ao velho Eu Aprendido não vão servir mais, e seus níveis de felicidade aumentarão à medida que se identificar com seu Eu Não Condicionado, que é literalmente feito de felicidade.

Escolhas pré-conscientes

O quanto de sua vida é determinado por escolhas pessoais e por circunstâncias externas? Por exemplo, você diria que 40% é feito de escolhas pessoais e 60% de escolhas externas? Reflita por um tempo qual porcentagem reflete com precisão sua atitude perante a vida.

Quando faço essa pergunta a meus alunos, informo que não busco uma resposta correta, o que é bom, porque sempre recebo uma vasta gama de respostas. De um lado, costumo receber índices baixos como 20% referentes a escolhas pessoais e 80% a circunstâncias externas. Essas pontuações indicam uma filosofia pautada pelo determinismo: por exemplo, minhas escolhas são determinadas por meu DNA, minha infância, minhas notas na escola, pela situação econômica atual, pelo humor de meu parceiro, pelos esportes, pelo fato de meus filhos terem arrumado ou não o quarto.

De outro, vejo pontuações que informam 80% de escolhas pessoais e 20% de circunstâncias externas. Nesse caso, reflete uma filosofia de adaptação: por exemplo, só porque minha filha de 4 anos jogou um mamão no vaso sanitário, não significa que esteja tentando arruinar minha vida. As coisas acontecem na vida, mas devo ser capaz de escolher como reagir aos acontecimentos. Há casos de pessoas que marcaram 100% de escolhas pessoais. Esse caso reflete uma filosofia de criação: por exemplo, eu crio minha vida porque escolho minhas circunstâncias. Essa filosofia enxerga que tudo é, em última instância, uma escolha, e isso inclui o futuro.

Quando estudamos a psicologia da felicidade, passo a meus alunos uma questão a ser considerada que lança uma nova luz sobre o modo como escolhemos a felicidade. Essa questão é: "Em uma escala de 0 a 10, o quanto você vai deixar que este curso de felicidade seja bom?". A mesma questão, para você, pode ser assim: "Em uma escala de 0 a 10, o quanto você vai

permitir que este livro transforme sua vida para melhor?".
O interessante dessas perguntas é que todos têm uma resposta. Mas de onde vem? Essa resposta foi criada na hora? Ou é uma resposta pré-construída? Se for esse o caso, você pode muito bem já ter decidido o seu futuro.

O que surpreende é que você já decidiu o quanto será feliz na vida. Pelo menos, esta é minha hipótese. O que você pensa sobre isso? Enquanto você lê, veja se pode descobrir o lugar em sua mente onde já decidiu o quanto será feliz hoje e quanto está fazendo para aproveitar seu dia. Veja também se consegue encontrar o local em sua mente onde já se decidiu o quanto será feliz esta semana e pelo restante da vida.

As pesquisas científicas sobre a "escolha pré-consciente" nos desafiam a repensar o modo como criamos nossa realidade. A baronesa Susan Greenfield é professora de farmacologia sináptica no Lincoln College de Oxford. Ao longo dos anos, nos encontramos em diversas ocasiões, e procuro acompanhar suas pesquisas sobre o cérebro e a consciência. No que diz respeito à escolha pré-consciente, ela conclui que: "As ações e decisões que tomamos todos os dias e que parecem escolhas conscientes instantâneas são, na verdade, resultado de processos subconscientes que emergem lentamente no cérebro".[7]

Minha hipótese é de que em algum lugar na mente você já decidiu quanta felicidade é possível e que porção dela é boa demais para ser verdade. Você já decidiu, por exemplo, se as pessoas que ainda vai encontrar na vida podem ou não ser confiáveis. Além disso, já decidiu se vai ou não encontrar o amor, o quanto poderá desfrutar de muito sucesso e o quanto de prosperidade terá em sua vida. Você já fez essas escolhas, e elas são programadas em seus genes por meio de seus pensamentos — e agora mesmo, você está realizando suas escolhas no mundo.

Uma das primeiras vezes que tomei conhecimento das escolhas pré-conscientes foi quando estava em um curso conversei com Elaine. Ela se descreveu como divorciada, meia-idade e "presa na infelicidade". Seu divórcio tinha sido concluído uma semana antes de ela começar o curso, e disse ser inteiramente culpada por ele. Eu a ouvi falar durante vinte minutos. "Elaine, concordo com seu diagnóstico: você está presa na infelicidade", eu disse. No entanto, não desisti de Elaine, porque uma coisa que aprendi sobre a "psicologia de estar preso" é que essa "prisão" é uma escolha em determinado nível.

Em seguida, decidi estudar o prognóstico de Elaine em relação a sua "prisão".

— Elaine, quanto tempo você acha que continuará presa na infelicidade? — perguntei.

— Seis anos e meio — ela respondeu sem hesitação.

Elaine ficou claramente surpreendida pelo poder de sua resposta.

— Nossa, não tenho nenhuma ideia de onde veio essa resposta.

Conversamos um pouco mais e então lhe perguntei:

— Por quanto tempo vocês ficaram casados?

— Quatro anos e meio casados, e dois anos noivos — ela respondeu.

Um total de seis anos e meio. Esse número foi apenas uma coincidência ou uma pré-escolha?

Escolhendo de novo

Quando pergunto: "Você consegue escolher seus pensamentos?", normalmente recebo três respostas diferentes das pessoas. A primeira, mais rara, é "não". A segunda é "sim", o que é comum. A terceira é "sim e não", o que é intrigante. Quando você observa a sua mente, digamos por cinco minutos, parece que os pensamentos surgem e diminuem sem nenhuma escolha consciente. Assim, uma vez que os pensamentos surgem, você pode escolher conscientemente identificar-se ou não com eles e escolher também se vai ou não oferecer seu poder e sua energia.

"Eu acredito que posso escolher 100% de meus pensamentos, mas sou capaz de fazer isso em apenas 70% das vezes", disse Claire, uma de minhas alunas. Eu consigo me identificar com isso. E você, consegue? Eu incentivo todos aqueles que fazem o curso a praticar algum tipo de meditação ou autorreflexão de modo que fiquem mais conscientes dos pensamentos. O objetivo é tornar-se um observador deles. Isso é bastante útil porque quanto mais observar seus pensamentos, menos reativo se tornará e poderá distinguir com mais facilidade os disparates diários do ego e os verdadeiros pensamentos de seu Eu Não Condicionado.

A felicidade é sempre possível — e a única coisa que o detém é sua mente. Você provavelmente já percebeu que os momentos mais felizes da vida são aqueles em que não está pensando. É uma coisa maravilhosa ficar do lado de fora do ego, entregar-se ao fluxo e participar plenamente de um *hobby*, da natureza, da meditação e da oração, da arte, da dança, do esporte e do momento. Porque, pelo resto do tempo, sua mente é uma multidão enlouquecida de julgamentos, medos, culpas e ansiedade. Não conheço ninguém que se sentiria inteiramente confortável com a perspectiva de tornar pública a transcrição de seus pensamentos diários. E, no entanto, a felicidade é no máximo um pensamento.

Você escolhe seus pensamentos e seu futuro. Agora mesmo, neste instante, você pode escolher pensar de modo diferente e escolher a criação de um futuro diferente. As escolhas que você faz aqui e agora vão moldar seu destino. Tudo o que é necessário para viver um mundo diferente é uma nova percepção, uma nova afirmação e uma afirmação.

**Você pode escolher de novo. Nunca
é tarde demais para escolher desfrutar deste
momento e de um futuro melhor.**

Quando ensino sobre os bloqueios mentais que impedem a felicidade, uso o modelo chamado "trindade profana" do ego. Essa trindade profana é composta de: *crenças*: crenças aprendidas com as quais se identifica, como "a felicidade tem de ser merecida" e "a felicidade tem de ser conquistada". Vou tratar mais dessas crenças no próximo capítulo "O contrato da felicidade"; *medos*: medos aprendidos que atraem a infelicidade, repelindo a felicidade. Vou falar desses medos no Capítulo 11, "Medo da felicidade"; *falta*: ilusão de que "algo está faltando" e a cegueira do ego em relação àquilo que já está aqui. Trato disso no Capítulo 12, "100 formas de gratidão".

A coisa mais importante para lembrar sobre a verdadeira felicidade é que ela existe, independentemente das circunstâncias da vida e de seu estado de espírito. Alguns desses estados, como gratidão, perdão e humor tornam mais fácil a experiência da felicidade em sua natureza original. Outros estados como ressentimento, inveja e ceticismo vão tornar as coisas mais difíceis — mas não podem acabar com sua verdadeira natureza. É por isso que quando você muda de ideia, consegue redescobrir a alegria que estava com você o tempo todo.

A intenção de ser feliz é aquilo que muda tudo. Quando você decide, do fundo do coração, *ser feliz*, está convidando a graça e o poder de sua natureza original a ajudá-lo. Na verdade, a felicidade é uma escolha sem opção. Por quê? Porque seu Eu Não Condicionado já decidiu ser feliz. *Ele quer ser aquilo que é.* Então, quando você escolhe ser feliz, não está tentando criar algo que não existe, mas sim escolhendo ser você novamente. A felicidade é uma viagem de retorno ao lar, da mente egoica para o centro de seu Eu Não Condicionado.

**Felicidade é
uma viagem sem distância,
uma viagem sem tempo,
uma viagem que já foi feita.**

Capítulo 10

O contrato da felicidade

É véspera de Natal. O pequeno Alex, 5 anos e 4 meses, está superanimado com a possibilidade de ganhar uma bicicleta novinha de Natal:

— Papai, você acha mesmo que Papai Noel vai trazer uma bicicleta para mim? — pergunta Alex.

— Depende — responde papai.

— De quê?

— Se você foi um bom menino este ano.

Alex parece pensativo. Engolindo em seco, ele pergunta:

— E quanto eu tinha que ser bom?

— Bem, para ganhar uma bicicleta novinha você tem que merecer — responde papai.

— Ah — diz Alex.

Naquela noite, um pouco antes de se deitar, Alex se senta ao lado do presépio, uma antiga relíquia da família, perfeitamente conservada e muito bem montada por sua mãe. Todos os principais personagens estão lá — lindas figuras de porcelana de Maria, José, o Menino Jesus e os três Reis Magos, ao lado de uma figura de plástico de Buzz Lightyear, colocada lá depois de muita insistência de Alex.

O menino junta as mãos, curva a cabeça e começa a rezar: "Querido Deus, eu não sabia que precisava *merecer* a bicicleta. O Papai Noel nunca me disse isso". Alex dá um grande suspiro e reza com mais fervor: "Eu prometo me comportar muito bem e ser perfeito *o ano inteiro* se você conseguir convencer o Papai Noel a me dar uma bicicleta. Por favor, faça o que puder. Sei que você sabe como falar com ele. Amém".

Alex se afasta do presépio, mas ele se sente perturbado por alguma coisa. Ele volta em seguida. Aquela ideia de ter de ser bom e perfeito por um ano inteiro parece uma *pressão* muito grande. Com certeza, 365 dias contínuos de bom comportamento é pedir demais de um garotinho. Alex senta-se novamente ao lado do presépio e começa a rezar de novo: "Querido Deus, eu quero *muito* a bicicleta, e prometo que vou me comportar muito bem durante *um mês inteiro*, começando agora. Amém".

Alex continua sentado ao lado do presépio. Ele deveria estar esperançoso e animado porque iria ganhar uma bicicleta pela manhã, mas não pode evitar sentir o *peso* de ser obrigado a se comportar bem durante os próximos trinta dias, incluindo finais de semana. Parecia exaustivo e injusto. Alex olha em volta da sala para garantir que seus pais não estavam por perto. Ninguém o observava. Com um profundo suspiro, ele pega a imagem de porcelana do menino Jesus. Embrulha a figura em algumas folhas de jornal e a coloca no bolso da calça. Então, começa a orar de novo: "Querido Deus, se você quiser ver seu Filho novamente, é melhor me dar a droga da bicicleta".

A história de Alex é uma perfeita introdução para a sessão que eu chamo "Como ser feliz a ponto de quase se sentir culpado, mas não muito".[1] Esta parte do curso é uma pesquisa sobre suas crenças particulares em relação à felicidade. Ajuda-o a esclarecer o que realmente acredita ser a felicidade. Ela aborda suas esperanças e seu ceticismo, suas crenças positivas e sua falta de autoestima. Essa sessão é uma oportunidade para esquecer o passado e restaurar sua fé em si mesmo e na felicidade incondicional.

Quando preparo grupos e indivíduos na psicologia da felicidade, refiro-me a algo que chamo de "O contrato da felicidade". Na verdade, esse contrato é apenas uma metáfora, mas os efeitos que exerce em sua vida e sobre seus níveis de felicidade podem ser sentidos na vida real. Seu contrato existe sob uma pilha de pensamentos que estão bem no fundo de sua mente, ao lado de um monte de outros contratos, tais como "O contrato do amor", "O contrato da abundância", "O contrato de Deus" e "O contrato da boa sorte", e também "O contrato do sucesso", que abordo em meu livro *Success Intelligence*.[2]

Seu contrato de felicidade é "uma declaração de fé" que determina, de acordo com você, quanta felicidade é possível e quanto de felicidade é *boa demais para ser verdade*. Seu contrato de felicidade também afirma todas as condições, regras gerais e leis que você deve acatar a fim de ser elegível a qualquer quantidade de felicidade. Qualquer felicidade que viver sem primeiro cumprir essas condições é estritamente "ilegal" e pode resultar em sanções pessoais do tipo sentir culpa, ter incômodo interior e maus presságios morais.

Seu contrato de felicidade é um acordo pessoal elaborado por seu superego e assinado por seu ego. O *superego* é a parte da mente que tenta reproduzir Deus ao lhe dizer o tempo todo o que ele acha que você deve fazer para ser feliz. Ele é o legislador, que cria as condições para ter felicidade, baseado em quem você acha que é e naquilo que o ego pensa que é felicidade. Acredito que o superego possa ser representado por um juiz da alta corte cego, que nunca pode ver sua beleza, sua integridade e a verdade de quem você é.

Seu contrato de felicidade é diferente dos outros, exceto por uma coisa. Todo contrato tem uma cláusula principal que afirma: *a felicidade deve ser merecida.* Desde a mais tenra idade, como o pequeno Alex, todo ego adota a crença de que a felicidade deve ser, tem de ser e deveria ser merecida. Essa crença levou a séculos de erros de identificação e percepções falsas sobre o que é a verdadeira felicidade. Ela causou dores desnecessárias por várias gerações, além de sofrimento e luta. A verdade é que *você não merece a felicidade.* Felicidade não é uma questão de merecimento.

Você não merece a felicidade porque a felicidade é gratuita — não há precondições.

Quando você se permitir sentir a verdade dessa declaração, deixará de se sentir culpado por ser feliz. Até esse momento, seu contrato de felicidade continuará a limitá-lo e privá-lo da felicidade que pertence ao seu Eu Não Condicionado. Porque, no caso da felicidade, seu ego está tentando forjar um acordo para que você compre algo que já lhe pertence. Acredite ou não, *a felicidade não pode ser comprada porque ela não tem custo.* A felicidade é um brinde divino.

O primeiro passo para viver uma felicidade mais incondicional é lembrar-se de que o contrato não é real. Não é um contrato de autoria divina; foi escrito por seu superego, que não entende nada das leis do céu. Nenhuma das leis da felicidade que você acredita existe em lugar nenhum do Universo, exceto em sua própria mente. O segundo passo para desfrutar mais a felicidade incondicional é lembrar-se de que pode reescrever seu contrato de felicidade a qualquer momento. Se quiser, pode até rasgá-lo.

A seguir apresento um resumo com 9 leis pessoais comuns que constam com frequência, em letras miúdas, de qualquer contrato de felicidade. Em cada exemplo, delineio as crenças que residem por trás de cada lei, abordo os efeitos que podem causar em sua vida e sugiro como podem ser reescritas. Ao ler o restante do capítulo, tente perceber em quais dessas leis pessoais você acredita e disponha-se a reescrever seu contrato. O simples fato de olhar suas crenças ajuda a substituir a superstição pela verdade e faz antigos receios abrirem espaço à alegria inocente.

Lei pessoal nº 1: Perfeccionismo
A crença do superego: *Eu preciso ser perfeito para merecer a felicidade.*

Se você escreveu essa lei em seu contrato, então não basta *ser bom* para merecer a felicidade, você tem de ser *muito bom*. A felicidade é perfeitamente admissível desde que você se vista bem, fale direito, não cometa nenhum erro, seja um cidadão modelo, assuma responsabilidades, não pense mal de ninguém nem veja pornografia. O trato é que *certa quantidade de bom comportamento compra outra quantidade de pontos de felicidade* — mais ou menos como ganhar prêmios na escola.

O perfeccionismo como um verdadeiro caminho espiritual mostra como ver sua própria perfeição e como celebrar a perfeição da criação. Porém, esse perfeccionismo nas mãos do superego é apenas uma forma de *bullying* pessoal. Essa é a diferença entre visão (olhar sem julgamento) e percepção (olhar pelos olhos do julgamento). Infelizmente, é bastante raro encontrar perfeccionistas que sejam felizes. Isso porque o autojulgamento deles nunca lhes permite relaxar.

A reescrita: lembre-se com frequência de que você é o autor do contrato de felicidade, não Deus. Assim sendo, poderá reescrevê-lo a qualquer tempo, sem incorrer no desagrado divino. Lembre-se também de que o objetivo de sua vida não é fazer de si mesmo uma criatura perfeita; *é ver se você foi feito com perfeição.* Quando você olha a si mesmo sem julgamento, redescobre seu Eu Não Condicionado. Uma afirmação feliz seria: "Eu aceito e amo meu Eu Não Condicionado".

Lei pessoal nº 2: Martírio

A crença do superego: *Devo sacrificar coisas boas pela felicidade.* Na primavera de 1997, realizamos um curso em uma das universidades de Oxford. Nosso segundo seminário, que incluía "O contrato da felicidade", ocorreu um dia antes da Quaresma — um tempo de oração, jejum e sacrifício para os cristãos em preparação da Páscoa. Geraldine, uma cristã praticante, compartilhou com o grupo o quanto ela se sentia culpada por estar feliz e fazendo coisas boas para ela, sobretudo durante a Quaresma. Convidei-a a investigar se era realmente verdade que o sacrifício deve ser sempre relacionado a deixar *as coisas boas irem embora*. Geraldine finalmente concluiu que seu sacrifício durante a Quaresma naquele ano seria deixar a culpa ir embora.

O sacrifício como verdadeiro caminho espiritual diz respeito à desistência do medo em favor do amor, da culpa em favor da alegria, do ataque em favor da paz, do ressentimento em favor do perdão, da separação em favor da união e do ego em favor de Deus. Mas o sacrifício, de acordo com o ego, é mais difícil de compreender. O acordo que o superego propõe é que você sacrifique a felicidade e outras coisas boas para ficar com *jeito de feliz*. O medo subjacente do superego é que a *felicidade seja egoísta*. Assim, a principal condição de seu contrato da felicidade deve ser que a felicidade pessoal seja aceitável apenas depois de você ter certeza de que todo mundo está feliz primeiro.

A reescrita: lembre-se de que você é o autor deste contrato. Pense em termos de sacrifícios positivos e esteja disposto a desistir daquilo que não for real em benefício da verdade. Se realmente desejar dissipar a crença de que sacrificar sua felicidade deixa todo mundo feliz, faça uma lista de todas as pessoas que estão realmente gratas pelo seu autossacrifício. Você deverá levar dois segundos para preencher esta lista.

Uma afirmação positiva para refletir: "Minha felicidade é meu presente para o mundo".

Lei pessoal nº 3: Merecimento
Crença do superego: *Preciso merecer a felicidade.*

Se você tem, em seu contrato de felicidade, uma grande cláusula sobre ética no trabalho, vai sentir uma crescente pressão interna para *fazer muito* antes de poder *ser* feliz. O *fazer* precede o *ser* e o *ter*, de acordo com a ética do trabalho. Desse modo, a felicidade é vivida como um subproduto do esforço. Quanto mais esforço realizar, mais felicidade você *merece*, e mais felicidade você *faz* para si mesmo. Assim, o trabalho ético define a felicidade como uma realização. *Felicidade não é natural, é um pagamento que você merece por trabalhar.* A felicidade é o dividendo que recebe ao completar sua lista de tarefas.

A ética do trabalho, como um caminho espiritual verdadeiro, é uma rica investigação para identificar o trabalho real de sua vida. Trata-se de permitir que a criação e a vontade de Deus sejam expressas por seu intermédio. Mas, de acordo com o superego, a ética do trabalho trata de um esforço para merecer e pagar pela felicidade. Como tal, é uma compensação pelos sentimentos de desvalorização e desmerecimento. E se isso não for controlado, pode conduzir a um excesso de trabalho e atrasar indefinidamente a felicidade *porque o trabalho nunca é concluído*. Em outras palavras, você acaba tão ocupado que não tem tempo de ser feliz.

A reescrita: a *alegria do trabalho* é profundamente satisfatória, enquanto trabalhar para merecer a felicidade faz você se sentir vazio. Lembre-se sempre de que a felicidade não é algo para se alcançar; a felicidade é algo que você aceita. E quando escolhe *ser feliz* primeiro e *ser muito* antes de *fazer*, todas as suas ações serão agraciadas com um novo grau de inspiração e criatividade. A afirmação feliz para você é: "A felicidade é o propósito de minha vida".

Lei pessoal nº 4: Sofrimento
A crença do superego: *Eu devo sofrer para conhecer a felicidade.*
Caso tenha alguma cláusula de sofrimento em seu contrato de felicidade, provavelmente vai se acostumar a vivenciar dramas, lutas, dores, conflitos e melancolia. Isso porque, de acordo com o superego, você precisa sofrer para ser digno da felicidade. Seu superego oferece um flexível plano de pagamento: pode sofrer primeiro e depois ser feliz, ou pode agradecer a felicidade antes e sofrer depois. Mas será que é realmente necessário um "imposto do sofrimento" pela felicidade? Será que seu superego está agindo em nome de um Deus maldoso, ou isto é apenas alguma superstição decorrente da falta de um verdadeiro autoconhecimento?

Conta-se de um homem que sofreu diligentemente durante toda a vida a fim de comprar um único momento de felicidade. Um dia, ele embalou todo o seu sofrimento em um enorme e pesado saco, lançou-o sobre os ombros e foi até o mercado. Quando ele tentou negociar o sofrimento, disseram-lhe que não havia nenhuma taxa pela qual pudesse trocar sofrimento pela felicidade. O erro do superego é acreditar que o sofrimento pode comprar a felicidade. Ele também se ocupa de espalhar o boato de que o sofrimento pode apagar o desmerecimento. Na verdade, a felicidade e a verdadeira autoestima são *vivenciadas quando você se liberta da necessidade de sofrer.*

A reescrita: no passado, você pode ter frequentado a "escola da vida", mas isso não quer dizer que deva se matricular em um novo curso de sofrimento ou fazer doutorado em dor. Você poderia se inscrever em um curso de alegria, dança ou perdão. Uma afirmação feliz para você brincar é: "Ser feliz cura a necessidade de sofrer".

Lei pessoal nº 5: Maestria
A crença do superego: *Preciso ser iluminado para conhecer a verdadeira felicidade.*

Quando você acredita que a felicidade tem de ser merecida, existe a tentação de transformá-la em algo especial, misterioso e indefinível. A felicidade já não é uma experiência natural, passa a ser um problema que deve ser resolvido. Assim, o superego transforma a felicidade em um teste, e sua competência e sua dignidade serão examinadas para ver se você está apto a aceitar o louvor da felicidade. Para ser feliz, você simplesmente tem de demonstrar um conhecimento especial, verdadeira maestria e exaustivo aprendizado sobre o que é a felicidade real.

Imagine que está diante de duas portas: em uma delas tem uma placa onde se lê "Felicidade" e na outra, "Palestra sobre felicidade". Em qual das duas portas você vai entrar? Se você tem várias cláusulas de especialização em seu contrato de felicidade, poderá muito bem cometer o erro de se tornar um aluno pela vida toda e nunca realmente se permitir desfrutar a felicidade. Torna-se como um eterno estudante que se prepara para a felicidade, mas inconscientemente atrasa a experiência da felicidade. Essa manobra de protelação esconde um sentimento de desmerecimento e desconfiança sobre a felicidade.

A reescrita: lembre-se sempre de que a felicidade não é uma ideia da mente; é o alicerce de seu ser. A felicidade não é aprendida; ela é lembrada. Não existe o sucesso nem o fracasso de aprendizado. A felicidade não deve ser entendida, mas desfrutada. *A felicidade acontece quanto menos inspecioná-la.* Uma afirmação feliz para você meditar: "A felicidade é a chave da iluminação".

Lei pessoal nº 6: Aprovação

A crença do superego: *eu preciso ter 100% de aprovação de que está tudo bem com minha felicidade.*

O quanto de felicidade você consegue controlar antes de se preocupar de que não é certo ser tão feliz assim? A maioria de nós consegue lidar com alguma felicidade ocasional, alguns trechos de prazer e uns doces momentos de alegria.

Um banho de espuma, por exemplo, com muita espuma, é bem legal desde que seja legal para todos os demais também. Mas a verdadeira dificuldade é saber o que fazer com aquela felicidade que dura, digamos, dois dias inteiros. O problema é que felicidade demais evoca preocupação demais, especialmente sobre as possíveis consequências de permanecer feliz. E aí a felicidade parece desaparecer.

Se você acha difícil acreditar que está tudo bem com a felicidade, estará provavelmente em busca de aprovação de duas fontes principais. Uma delas é a aprovação dos outros, como companheiro, pais, amigos, filhos, colegas e *todo mundo que conhece*. Para compensar isso, pode fazer com que seu dever seja assegurar que todo mundo seja feliz em primeiro lugar. A segunda fonte é a aprovação do superego. Essa situação é difícil porque a felicidade serve como um bilhete para seu superego. Quando você está feliz, ele não tem mais nada para fazer. Felicidade demais literalmente deixa seu superego desempregado. Felicidade demais provoca ataques de pânico nos superegos.

A reescrita: é impossível acreditar que a felicidade está bem se você não confiar que é digno da felicidade. Enquanto acreditar que deve merecê-la, vai procurar garantias e selos de aprovação até mesmo nas menores quantias de felicidade. *E não vai encontrá-los*. A verdade é que a *felicidade é correta porque seu Eu Não Condicionado é feliz*. Uma afirmação feliz em que você pode acreditar é: "Minha felicidade é meu presente para todo mundo".

Lei pessoal nº 7: Controle

A crença do superego: *Preciso estar no controle.*

Se seu contrato de felicidade tem sérias cláusulas de controle, provavelmente dirá a si mesmo: "Eu posso ser feliz quando estiver no completo controle de minha vida". Em outras palavras, você pode ser feliz assim que tiver investigado toda a sua vida e descoberto seu objetivo, sabendo com 100% de certeza o que quer ser quando crescer. Entretanto, seu superego (também conhecido como "o controlador") lhe envia frequentes *e-mails* direto da torre de controle, que lhe importunam afirmando que você precisa ser positivo, auspicioso, determinado, otimista, risonho, confiante, forte e paradoxalmente feliz.

Os comandos desse superego controlador muitas vezes ocultam um desejo de controlar a própria felicidade. Uma vez mais, esta é uma resposta ao temor de que a felicidade não seja merecida e, portanto, possa ser desperdiçada. É bom lembrar, no entanto, que *a felicidade não pode ser controlada; ela só pode ser liberada*. Em última análise, a chave para mais felicidade não é um controle maior; é uma entrega maior. Só quando você entregar seu apego ao superego e libertar a busca de felicidade poderá ser mais espontâneo, mais receptivo e mais aberto à felicidade que já está aqui.

A reescrita: se você acredita que só pode ser feliz se estiver sempre positivo e no controle, corre o risco de "fingir que está confiante mesmo não estando". O problema com esse "fingimento" é que você fica tão desassociado do que realmente sente que talvez nunca saiba se conseguiu ser feliz. A felicidade está em ser honesto *e* positivo. Lembre-se, também, de que a felicidade não é uma busca, e sim, uma escolha. Experimente esta feliz afirmação: "A felicidade está onde estou".

Lei pessoal nº 8: Independência

A crença do superego: *Devo ser completamente independente.*

Se em seu contrato de felicidade tiver uma cláusula de independência, você provavelmente terá várias ordens do superego como: "Seja forte", "Seja autossuficiente" ou "Faça as coisas sozinho". O superego adora o pronome "eu". E faz constantes declarações de independência, pois acredita que é a chave da liberdade e a chave que protege sua felicidade. Infelizmente, o superego não sabe quando parar, e independência demais leva a crescentes sentimentos de isolamento, medo, defesa *e infelicidade*.

O superego vomita infinitos mantras de independência do tipo "Felicidade é autoconfiança", "Felicidade é um trabalho interior" e "Felicidade depende de mim". O superego interpreta de modo errado a responsabilidade e a autonomia como algo que quer dizer "você nunca deve pedir ajuda" e "nunca deve confiar em ninguém". Esses ditames escondem a falta de autovalorização — por exemplo, não se sentir digno de pedir ou receber ajuda. Essa extrema insistência na independência deixa seu ego fraco, exausto e no exílio, longe da força do poder e da alegria de seu Eu Não Condicionado.

A reescrita: é importante assumir a responsabilidade de sua vida e ser responsável, mas algumas vezes isso significa *estar disposto a pedir ajuda*. Você sentirá mais felicidade toda vez que deixar de lado o isolamento e se conectar inteiramente com a vida, a natureza, as pessoas, Deus e o universo. Tente esta feliz afirmação: "Felicidade é a harmonia comigo e com todos".

Lei pessoal nº 9: Bondade

A crença do superego: *Devo ser bom.*

Observe como você se sente quando repete em voz alta o mantra do superego: "Devo ser bom, devo ser bom, devo ser bom", por pelo menos um minuto. Você consegue sentir a pressão e a exaustão que o pequeno Alex sentiu, na história que abriu este capítulo? Será que repetir esse mantra não dá vontade de se rebelar? Acrescente mais algumas mensagens do ego como "devo ser legal", "devo ficar calmo", "devo ser gentil", "devo me manter equilibrado o tempo todo". Se você acredita em qualquer uma dessas afirmações, está perdoado por achar que a felicidade não vale todo esse trabalho.

O problema com uma mensagem do superego como "devo ser bom" é que tira toda a graça de desejar ser bom. Em vez de escolher ser bom, *você tem de ser bom*. Além disso, se você precisa ser bom a fim de ser feliz, é provável que tente ser agradável em todos os momentos, sem nunca se desequilibrar, sendo sempre um pacificador, reprimindo seus verdadeiros sentimentos, dizendo sim quando quer dizer não, desperdiçando seu poder e evitando conflitos. Você faz tudo isso para achar a felicidade, quando na verdade é um grande ato de desaparecimento e agora *você* não pode mais ser encontrado.

A reescrita: o superego está tentando obrigar o ego a adotar qualidades essenciais, como *gentileza* e *bondade*, que *já pertencem a seu Eu Não Condicionado*. Seu ego não precisa merecer a felicidade porque o Eu Original já está feliz. Seu objetivo, portanto, é deixar que o encanto de seu Eu Não Condicionado tenha fluidez através de você e abençoe seu ego, abençoe sua psicologia e sua vida. Experimente esta maravilhosa afirmação de felicidade: "Eu aceito a mim mesmo e aceito a felicidade".

Capítulo 11

Medo da felicidade

Há um extraordinário senso de antecipação na sala quando nos reunimos pela primeira vez para o curso de felicidade. Essa antecipação é física. Você pode vê-la no modo como as pessoas entram na sala e como procuram aquilo que decidem que serão "suas" cadeiras. Está no rosto, no modo como se sentam, e na amistosa porém cautelosa maneira como se cumprimentam. É um grande momento. Estamos prestes a ter uma aula sobre felicidade, a aula que a maioria de nós desejou ter na escola. Estamos prestes a estudar o objetivo mais importante da vida.

Quando pergunto aos alunos como estão se sentindo, descubro que metade da sala está muito animada e a outra metade está nervosa. As pessoas dizem "Quase não vim", "Quase mudei de ideia" ou "Faz tempo que espero este curso, mas, agora que estou aqui, fiquei com medo". Com medo de quê? Bem, para alguns é simplesmente o medo do desconhecido: "Não tenho ideia do que vai acontecer", "Nunca fiz este tipo de coisa antes" e "Espero que eu não seja obrigado a ficar abraçando as pessoas".

Para outros, é medo da decepção: "Ouvi dizer que este curso é muito bom, mas e se não fizer nada por mim? E se eu for a *única pessoa* a fracassar?". Muitas pessoas vivem o medo de não dar certo: "E se eu fizer este curso e continuar infeliz? Para onde mais eu poderia ir?". Contudo, o temor mais comum de todos é *o medo da felicidade*. Uma aluna, Caroline, me enviou um *e-mail* um pouco antes do início do curso, em que escreveu: "Eu quero ser feliz. E quero tanto que nem percebi isso até agora. Quero demais ser feliz, e tenho muito medo de me permitir ter esta felicidade".

Todo mundo com quem já trabalhei, tanto em grupo quanto em encontros individuais, conhece alguma coisa sobre o medo da felicidade. Como é estranho ter medo de algo tão maravilhoso. Como é estranho temer uma coisa que tanto deseja. Mas espere, isso fica cada vez mais estranho. Essa é a natureza do medo, que tem sua lógica própria e suas próprias razões. Todo mundo, sem exceção, não só tem medo da felicidade como medo da liberdade, do amor, da verdade, de ser bonito, de brilhar, de ser grande e até mesmo do sucesso.

Eu não comecei com a finalidade de estudar *o medo das coisas boas*.[1] Tenho de confessar que não tinha a menor ideia de que tanta gente tivesse medo da felicidade até começar meu trabalho com o The Happiness Project. Da mesma forma, eu não tinha ideia de que o medo do sucesso fosse tão comum até começar meu trabalho com a inteligência do sucesso.[2] E as evidências eram tão fáceis de constatar que chega o ponto na vida da pessoa em que o único bloqueio que existe entre ela e o novo grau de felicidade é o medo da felicidade.

O retorno do ego

O medo da felicidade não costuma ser ativado por pequenos prazeres como um banho de espuma, um chocolate belga ou um agradável primeiro encontro. A maioria de nós consegue lidar com esses pequenos gracejos sem entrar em pânico. O que geralmente ativa o medo da felicidade é uma experiência considerada *grande demais, intensa demais* ou *boa demais para ser verdade.*

Já treinei muitas pessoas que conseguiram sair do buraco e que estavam prestes a ser verdadeiramente felizes de novo, quando de repente retornaram e correram de volta para o buraco. Às vezes é um buraco diferente, talvez um pouco mais interessante, mas um buraco. E se não for um buraco, é um drama, uma crise, um problema de saúde ou outra distração. Parece má sorte, como se alguma força externa tivesse interferido, mas eu lhe garanto que na verdade o que aconteceu é que o ego realizou uma manobra que eu chamo "O retorno do ego".

Esse termo é útil porque identifica exatamente *do que se tem medo*, qual é seu *sentido do eu*. Na verdade, não se trata de ter medo de você; sua autoimagem é que está com medo. Além disso, é seu ego (ou autoimagem) que julga se a felicidade que está vivendo é boa demais para ser verdade.

Você não está com medo de ter felicidade demais, é seu ego que está.

Eu dedico um segmento inteiro do curso para estudar a reação alérgica do ego à felicidade, que chamo de "O medo da felicidade" e é parte de uma investigação tripla sobre a trindade profana da falta, da crença e do medo. Geralmente costumo iniciar a sessão identificando dois medos primários: "medo da identidade" e "medo da permissão".

O medo da identidade. Este medo primário antecipa que felicidade demais vai mudar você. Assim, a felicidade é uma ameaça para seu eu familiar. O ego gera ansiedade porque felicidade demais não se encaixa na história sobre você. O "ponto de equilíbrio" ou "ponto familiar" do ego (Capítulo 9) é hesitante, e você percebe o incômodo. E consegue perceber o medo de que "felicidade demais vai me fazer perder o controle de minha vida". Felicidade muda sua vida, e todos aqueles demônios familiares ("o melhor demônio é aquele que você conhece") começam a sair. A menos, é claro, que você os convide a voltar.

O medo da identidade é causado por falsas percepções de quem você é e do que é felicidade. Enquanto você se relacionar à felicidade como uma "coisa" que existe do lado fora, sempre sentirá seu senso de eu ameaçado pela percepção da chegada de mais felicidade, alegria, amor, boa sorte, abundância e sucesso. A graça da felicidade é que ela o desafia a desfazer as falsas percepções sobre quem você é e o convida a lembrar-se de seu Eu Não Condicionado original.

O medo da permissão. Quando você se sente muito feliz, o medo da identidade vai perguntar: *Este sou eu?* E o medo da permissão, que é outro temor primário, vai desafiá-lo a pensar: *Será que realmente mereço isso?* De fato, sua autoimagem atual pode não ser compatível com tanta felicidade. Felicidade demais é ilegal na medida em que ultrapassa sua permissão pessoal, como afirmado em seu contrato da felicidade (Capítulo 10). Daí, você vai continuamente perceber a ansiedade e o medo do ego até que demita a felicidade ou reescreva o contrato.

Até que você examine e questione o medo da identidade e o medo da permissão, continuará bloqueando de modo inconsciente e adiando indefinidamente uma experiência de maior felicidade. Assim, vai se identificar como aquele que busca a felicidade, mas não a encontra. E agirá como alguém que está prestes a ser feliz, mas nunca é. *A felicidade está aqui porque você está aqui*, mas não se permite sentir isso. E quanto mais sua vida melhorar, mais ficará entorpecido, fingindo que ainda está esperando as coisas melhorarem.

Os "medos felizes"

A felicidade incondicional o desafia a continuar abandonando seu ego até que não o tenha mais. E isso é chamado de iluminação. Até então, sua tarefa diária, por assim dizer, é se manter comprometido com a felicidade incondicional *e* continuar enfrentando o medo da felicidade de seu ego. Como a maioria dos receios, eles prevalecem porque você não os olha e ele desaparecem quando se atreve a enfrentá-los. Por quê? Porque na verdade o medo da felicidade não se baseia em nada real.

Vejamos agora os seis medos da felicidade mais comuns, que são uma extensão do medo da identidade e do medo da permissão. Eu o incentivo a fazer sua lição de casa sobre estes medos, para verificar se estão bloqueando suas chances de maior felicidade. Meu conselho é presumir que estão, até que você tenha absoluta certeza de que não pode mais identificar-se com eles. A meta final é ser capaz de enfrentar qualquer medo com calma e sem envolvimento. Dê boas-vindas a todos os medos quando chegarem a sua pensão e trate-os com suficiente honestidade e compaixão para que possam ir embora sem objeções.

Perda de sofrimento. Quanto mais feliz estiver, mais seu ego vai sofrer o medo da perda, especialmente a perda do sofrimento. Você pode achar que ficaria contente ao ver o fim do sofrimento. E pode, a menos que tenha se identificado e se envolvido com ele. O sofrimento serve para diferenciar seu ego dos outros. Ninguém sofreu exatamente da mesma maneira que você. Seu sofrimento é especial, ele é sua própria história. E você também pode acreditar que é o sofrimento que o torna interessante, complexo, único, peculiar, erudito e misterioso.

Todo mundo tem de escolher entre a felicidade e os dividendos da infelicidade. Gostaria que você dedicasse algum tempo para identificar as recompensas especiais que você recebe da infelicidade. Pegue uma caneta e um papel e complete a frase seguinte dez vezes: "Um dos dividendos da infelicidade é...". Veja o que alguns de meus alunos disseram: "Com a infelicidade, ganho atenção", "A infelicidade me motiva", "A infelicidade compra o amor", "A infelicidade ajuda a me conectar com outras pessoas", "A infelicidade me faz sentir vivo". Sim, a infelicidade pode comprar tudo isso — *e a felicidade pode dar gratuitamente*.

Aqui está a conclusão: você vai achar que é mais fácil aceitar e desfrutar maior felicidade quanto mais superar a necessidade de sofrer. Quando abandonar o sofrimento, será preciso também libertar-se de qualquer conexão pouco saudável com sua própria história. Ao fazê-lo, vai também abrir-se para novas possibilidades de amor, sucesso e felicidade a partir de agora. Quando perde o sofrimento, não necessariamente perde os retornos dele; você os recebe de uma forma mais fácil e suave. Considere este pensamento feliz: *A felicidade me ajuda a abandonar meu sofrimento e me encontrar*.

Medo do egoísmo. A maioria dos medos desafia o senso comum, e se aplica particularmente ao medo de que a felicidade seja egoísta. Contudo, muitas pessoas têm medo da felicidade porque aprenderam de algum modo a acreditar que ela apagará a consciência, arruinará o caráter, o tornará insensível aos outros e o transformará em algum egomaníaco demente espumando pela boca quando sorrir. O medo da felicidade leva a um comportamento egoísta, hedonista e narcisista perpetuado pela compreensão equivocada do que é a verdadeira felicidade. Como ela é feita de amor, não é egoísta.

Inúmeros estudos apontam uma forte correlação entre felicidade e altruísmo.[3] Para meu doutorado em psicologia da felicidade, pedi aos meus objetos de estudo que avaliassem as pessoas que conheciam como "quase sempre felizes", "quase sempre infelizes", e como "egoístas" ou "altruístas". Defini uma pessoa egoísta como "alguém sem interesse na felicidade do outro" e "altruísta" como "interessado na felicidade do outro". Os resultados foram: 85% dos "quase sempre felizes" foram julgados como "altruístas" e 92% dos "quase sempre infelizes" foram julgados como "egoístas".[4]

No mesmo estudo, fiz a seguinte pergunta: "As pessoas são mais egoístas quando estão infelizes ou felizes?". A grande porcentagem de 98% de pessoas marcou a resposta "infelizes". E muitas grandes pesquisas constataram que as pessoas deprimidas apresentam, infelizmente, fortes traços de solidão, individualismo, alienação e desinteresse pelos outros. Essa constatação contrasta com os abundantes estudos empíricos que provam que as pessoas consistentemente felizes são menos obcecadas por si mesmas e mais sociáveis.[5] É possível fazer algumas coisas sozinho na vida, como viver em ansiedade e depressão, mas a felicidade é diferente. A experiência da felicidade na verdade aumenta à medida que você a compartilha.

Medo da inveja. Um medo comum do ego é o receio de que *se eu ficar feliz demais, vou atrair inveja e agressão*. Se você entrevistasse este medo e lhe perguntasse: "Quem terá inveja?", o medo provavelmente citaria as pessoas cujo amor e aprovação significam muito para você, como família, amigos e colegas. Este medo é verdadeiro? A única maneira de descobrir com certeza é seguir em frente e ser feliz. Vale a pena perder alguns "amigos" se isso significar ser verdadeiramente feliz. Os amigos de verdade ficarão felizes por você, talvez nem sempre em um primeiro momento, mas sempre no fim. A felicidade por uma única pessoa é um convite para que todos nós sejamos mais afáveis e receptivos. E quando um de nós cresce, todos podem crescer.

O medo de que *minha felicidade machuque e incomode os outros* é semelhante ao medo da inveja. Caroline, enfermeira em um hospital da cidade, percebeu que ela estava com medo de ser feliz por causa da crença de que isso perturbaria e incomodaria os pacientes. "Será que se você se sentisse triste ou emocionalmente neutra seria melhor para seus pacientes?", perguntei. Caroline não levou isso em conta. Ela concluiu que sua felicidade só incomodaria se ela a expressasse de uma forma muito clara e se se comportasse de maneira muito positiva, como um personagem de comédia. Caroline confessou que se sentia desconfortável quando estava perto de pessoas sempre positivas e otimistas.

Todo medo é uma história que tem uma reviravolta no enredo, e isso se aplica em particular ao medo da inveja. Por exemplo, Jean contou como tinha medo de que se sua felicidade aumentasse, seu parceiro ficasse com ciúmes e a deixasse. Pedi a Jean que analisasse se seu medo real da felicidade na verdade não poderia ser o medo de que ela deixasse o parceiro. Jean tinha uma história de se diminuir nos relacionamentos e de atrair pessoas que reforçavam suas crenças do quanto de felicidade poderia ser boa e segura. Sua investigação sobre o assunto levou a um diálogo mais honesto e de confronto que ela jamais tivera com o parceiro.

Outra reviravolta na história: será que é a inveja dos outros que bloqueia sua felicidade, ou é sua própria inveja? Você está feliz por seus amigos serem felizes o máximo possível? Será que seria feliz, por exemplo, se sua melhor amiga ficasse famosa, namorasse George Clooney, encontrasse sua alma gêmea, se mudasse para a casa dos sonhos, ficasse em forma e ganhasse na loteria? Será que você continuaria amiga de pessoas que pudessem comer todo o chocolate que quisessem sem engordar? Fala sério! Você está com inveja dos outros. Lide com isso, do contrário terá medo de ser atacado por estar feliz, ter sorte e sucesso. E provavelmente vai se diminuir o resto da vida.

Medo do tédio. Existe uma escola de pensamento que teme que a felicidade seja superficial. A teoria dessa escola diz que a felicidade é mais adequada para quem é avoado, para aquelas louras tontas e para cãezinhos, e as pessoas com uma mente mais crítica deveriam estudar poesia russa e lamentar o desesperado sofrimento do mundo. Eu consigo entender isso e até concordo em parte. O prazer, que é frequentemente confundido com a verdadeira felicidade, pode ser inebriante e superficial. E a satisfação com as coisas do mundo pode ser fugaz. Mas a verdadeira alegria é mais do que apenas uma emoção ou um brinquedo; ela é um anjo que traz a paz e a salvação.

Outro medo da felicidade diz que *eu posso perder minha criatividade se estiver feliz*. Isso é muito comum entre artistas, por exemplo. Ele nasce de um equívoco que afirma que se você está feliz, não pode sentir nada diferente do que a felicidade. O temor é de que ela seja monocórdia, não sinfônica; seja cinza, não colorida; seja suave, não texturizada. Durante uma visita a Nova York, minha colega Avril Carson me levou para ver uma peça na Broadway, estrelada por um famoso ator da Royal Shakespeare Company, que representava todos os papéis na história. Depois do espetáculo, nós nos encontramos para um drinque e começamos a falar sobre felicidade. O ator disse: "Quanto mais feliz sou, desempenho cada emoção de forma mais limpa, direta e honesta".

Já ouvi muitas pessoas dizerem: "Uma vida de felicidade seria muito entediante". Mas nunca ouvi ninguém dizer: "Eu tentei, mas foi entediante". Mais uma vez, é importante lembrar que nem todo medo que se sente é verdadeiro. Às vezes, o medo é apenas medo, nada mais. A razão pela qual a felicidade não poderia ser entediante é que não se pode estar totalmente no controle da vida e ser feliz. Claro, você ainda pode controlar suas escolhas, mas a felicidade, em última estância, é abertura, entrega, espontaneidade e fluxo. A felicidade é uma aventura e uma descoberta. É dinâmica e se renova a cada instante.

Queda da graça. Se você relacionar felicidade ao apogeu de uma experiência em vez da experiência natural, vai achar que a felicidade está no "alto", "lá em cima", no "topo" da vida.

Assim, quando estiver feliz, estará dançando no teto e seu ego provavelmente vai sentir uma espécie de vertigem espiritual. Isso leva ao medo de que *depois da felicidade vem a queda* e a outros receios semelhantes como *tudo que sobe cai*. Novamente, eu o encorajo a se perguntar se esse medo é verdadeiro ou se é apenas uma interpretação errada.

Uma forma de evitar essa queda da graça é não se permitir ser feliz. E o modo de fazê-lo é empregar o ceticismo, perfeccionismo, pessimismo e outras defesas do ego que o protegem de amor demais, alegria demais e sorte demais. Como consolo, você sempre pode sonhar com a felicidade, assistir a filmes felizes e comprar um cachorro ou gato que nunca vão decepcioná-lo. É provável que tenha um precedente no passado, um momento em que viveu essa queda depois de estar amando, ser bem-sucedido e ser feliz. Realmente lamento por isso, mas devo relembrar que só porque alguma coisa aconteceu uma vez não significa que acontecerá de novo. O universo não tem necessidade de se repetir, e isso é particularmente verdadeiro se você estiver pronto para contar uma nova história.

Caso seu contrato de felicidade tenha uma cláusula séria sobre sofrimento ou sacrifício, é provável que você venha a temer que a felicidade tenha um custo. Portanto, quanto mais feliz você estiver, mais infeliz vai se sentir, porque sabe que está prestes a ser presenteado por uma grande fatura cósmica para seu prazer. Apesar de suas melhores tentativas para ser racional, secretamente tem medo de que exista, no panteão dos deuses, uma tropa de cobradores de carma inadimplente que possuem uma habilidade onipotente de cobrar impostos sobre sua felicidade. Essa crença de que existe um "imposto sobre felicidade" é o suficiente para afastá-lo da felicidade para sempre.

Medo da morte. Algumas pessoas têm medo da felicidade porque estão convencidas de que é um prelúdio para a morte.

Elas temem que a felicidade seja o grande orgasmo que acontece antes de deixar o corpo. Assim, uma maneira de lidar com isso é jogar a felicidade para o futuro, persegui-la indefinidamente, nunca chegar até lá e continuar pedindo aos deuses mais uma extensão de sua vida. Como resultado, você nunca está exatamente feliz, mas também não exatamente morto. O problema, é claro, é que você morre de medo quando está feliz. A não ser que execute um hábil e oportuno retorno do ego.

O problema não é o receio da morte, pois um dia você vai morrer. Sei que não é uma coisa muito positiva de dizer, mas 100% das pessoas morrem. Mesmo os otimistas morrem. Mas a grande questão é que ninguém morre de felicidade. O problema não é que você vai morrer, seu problema é o receio de que Deus vá selecioná-lo e fazê-lo morrer porque as coisas estão muito bem. Evidentemente, você acha que o grande Criador é um desmancha-prazeres que não tem nada melhor para fazer do que estragar seu divertimento. Deus costuma receber essas falsas acusações, que na verdade encobrem nossos medos e nossa autossabotagem.

Alguns desses receios têm um elemento de verdade, por isso é tão importante entrevistar seus medos e descobrir o que é verdade e o que não é. Se tem medo de que a felicidade leve à morte, uma boa pergunta seria: "Quem morre?" ou "O que morre?". Alguma coisa realmente morre quando você escolhe ser feliz, e em geral a vítima é um antigo autoconceito. Em particular, pode ser o autoconceito do tipo "a vítima", "a alma perdida", "o filho pródigo", "o traído", "o azarado", "o mártir" ou "o ofendido". As velhas histórias devem terminar se a verdade for contada mais uma vez.

Em meu curso, fechando a sessão "O medo da felicidade", costumo conduzir uma extraordinária meditação acompanhada pela música de Robert Norton, na qual convido todos a encarar o medo da felicidade e avaliar se esse medo se baseia em verdade ou em superstição. Depois disso, convido os alunos a imaginar o quanto sua vida seria boa se eles desistissem dos medos da felicidade em troca de um Deus de amor incondicional. Eu o encorajo a fazer o mesmo. Imagine que não existem medos, nem da felicidade, nem do amor, nem da abundância. Não há receios de ser quem você realmente é. Sem medos.

Capítulo 12

100 formas de gratidão

A história seguinte é uma de minhas favoritas, por isso sempre consigo encontrar um momento perfeito para compartilhá-la em todos os cursos de felicidade.

Apesar dos anos de intensa psicanálise, Ted, 43 anos, ainda não havia superado o medo crônico de haver monstros vivendo sob sua cama. A hora de dormir se transformava em pesadelo. Seu sono era agitado, seu trabalho estava prejudicado e sua vida amorosa era inexistente. É difícil se apaixonar por alguém quando se tem medo de que um monstro possa sair debaixo da cama e morder seu traseiro. Tente, se quiser.

Durante cinco anos, três vezes por semana, Ted fazia sessões de análise. Ele já tentara livre associação, afirmações positivas e recomposição cognitiva. Enfrentou seus medos, olhou sua sombra e até perdoou a mãe. Fez inúmeras visualizações e meditações, mas nada curava suas palpitações. E o pior, continuava com medo dos monstros. Com relutância, Ted disse ao psicanalista que iria interromper o tratamento. As contas se acumulavam. Era hora de mudança, e o psicanalista recebeu bem a notícia.

Duas semanas mais tarde, Ted encontrou seu ex-psicanalista em uma livraria. Ted procurava um exemplar do *Kama Sutra* quando viu o ex-psicanalista vasculhando a seção de autoajuda:

— Olá, doutor — cumprimentou Ted, radiante.

— Meu Deus, você parece muito bem — disse o doutor.

— Obrigado — agradeceu Ted.

— Você parece descansado e saudável. Fico meio hesitante em dizer isso sem um diagnóstico adequado, mas você parece feliz — disse o doutor.

— Bem, estou completamente curado — disse Ted.

— Como?

— Consultei outro psicanalista, e ele me curou em apenas *uma* sessão! — Ted respondeu.

— Uma sessão! — gritou o doutor. — Qual é o nome dele? O que ele faz? Ele está aceitando novos pacientes?

— O nome dela é doutora Yao e é behaviorista — respondeu Ted.

— Behaviorista. Nossa, então como ela o curou em apenas uma sessão? — perguntou o doutor.

— Fácil, ela me disse para serrar as pernas da cama.

Eu não acredito em pensamento positivo, a menos que seja acompanhado de uma ação positiva. O pensamento positivo não modifica nada se você ainda não estiver preparado para mudar a maneira de mostrar-se ao mundo. Por exemplo, você não pode simplesmente esperar encontrar o amor, é preciso ser uma pessoa amorosa que realiza diariamente atos de amor. Da mesma forma, não pode simplesmente rezar pela paz e achar que isso basta; é preciso ter a prática do perdão, não causar danos e partilhar sua paz de espírito com os outros. E não basta apenas desejar mais felicidade; é preciso correr riscos, fazer algo diferente e espalhar a felicidade.

Imagine-se num fabuloso restaurante, pensando no pedido, sonhando com o sabor da comida e saindo de lá antes de comer alguma coisa. Suponho que esta seja uma saída noturna bem barata, mas você nunca vai chegar ao sabor da coisa real. Às vezes, recebo alunos que apenas querem fazer a teoria, mais ou menos como as pessoas que leem livros como este e não fazem os exercícios. Elas acham que uma atitude mental positiva é o suficiente, sem precisar colocar em prática e sem realizar nenhuma ação. Acredito que se você não estiver preparado para fazer o trabalho, sua atitude não é tão positiva quanto pensa.

A compreensão clara de natureza filosófica pode alterar radicalmente sua psicologia e seu comportamento. Também é verdade, entretanto, que fazer alguma coisa pode mudar sua psicologia e sua filosofia. No curso, eu apresento a meus alunos mais ou menos 25 exercícios de ação e aprendizado extraordinários. Foi cientificamente comprovado que cada um deles aumenta a felicidade. Um dos meus favoritos chama-se "100 formas de gratidão". Este exercício, que vou apresentar a seguir, tem o potencial de mudar sua vida. Em outras palavras: se fizer o exercício, ele fará muita coisa por você.

Três tipos de gratidão

Antes de apresentar o exercício "100 formas de gratidão", penso que seja bom reconhecer a íntima relação que existe entre gratidão e felicidade. Essa bela intimidade é mais bem resumida por Barry Neil Kaufman, *coach* de felicidade e autor de *Happiness Is A Choice* e cofundador do The Option Institute:[1] "A gratidão é o atalho mais curto para a felicidade". A gratidão sincera é realmente o modo mais rápido de viver agora a felicidade. É impossível ser verdadeiramente grato e neurótico; também é impossível ser grato e não ser feliz.

Para obter o melhor de "100 formas de gratidão", vamos refletir sobre a verdadeira natureza da gratidão, sobre seu real propósito e poder potencial. Pela minha experiência, acredito que todos estão familiarizados com a gratidão, mas geralmente inconscientes do que ela pode fazer por você, caso tenha a intenção de ser grato. Minha própria pesquisa sobre gratidão demonstrou que há três tipos diferentes. O primeiro tipo é uma atitude positiva básica; o segundo, uma filosofia sobre a vida; e o terceiro, uma educação da visão.

Tipo nº 1: Uma atitude. A maioria das experiências de gratidão das pessoas é uma resposta positiva a acontecimentos considerados favoráveis. A gratidão é uma reação consciente a coisas, pessoas, situações e resultados avaliados como "bons" e "positivos". Esse tipo de gratidão é muito pessoal e interpretativo. Por exemplo, eu poderia estar grato porque meu time de futebol venceu o seu, mas você provavelmente não se sente assim. Se for uma pessoa espiritualizada, você poderá me cumprimentar pelo bom resultado de meu time, mas é provável que não se sinta grato pelo resultado.

Essa é uma atitude essencialmente reativa, isto é, só existe porque algo aconteceu primeiro. Como o tipo de felicidade chamado "prazer", a atitude de gratidão é o efeito de uma causa, a resposta a um estímulo. Há, no entanto, uma coisa chamada atitude proativa de gratidão, que se baseia na decisão de desfrutar algo antes que aconteça. Por exemplo, *pretendo agradecer e dar graças por hoje, não importa o que aconteça*. A gratidão proativa usa o poder da intenção para ajudá-lo a tirar o máximo proveito do dia. *É muito bom terminar o dia com gratidão, mas é muito melhor começar o dia assim.*

Tipo nº 2: Uma filosofia. Esta é uma "gratidão incondicional" com base na fé de que *tudo aquilo que acontece (ou não acontece) em sua vida é para o seu bem*. Ela começa com a consciência de que vivemos em um universo significativo onde tudo o que acontece pode ser usado como uma dica e um valioso estímulo para mais felicidade e iluminação. Não importa qual seja o acontecimento, se você o considera bom ou mau, certo ou errado, bem-sucedido ou malsucedido, cada evento tem um presente de grande valor. Essa consciência de que há "um presente em todas as coisas" desperta lentamente e se transforma em absoluta fé.

Essa filosofia de gratidão proclama que: "A vida está do meu lado". A vida está sempre com você, nunca contra. A prática da gratidão incondicional ajuda a manter um espaço na mente para a possibilidade de bênçãos em cada situação. É verdade que às vezes as bênçãos surgem embrulhadas em temores, dor e lágrimas. Ao escolher a prática da gratidão incondicional, você escolhe confiar no processo, honrar seus sentimentos a cada passo do caminho e colocar sua fé em um resultado de *inevitável graça*.

Tipo nº 3: Uma visão. A Gratidão real, com G maiúsculo, decorre da revelação sagrada de que *você é aquilo que procura*. Ela é mais do que apenas uma atitude ou uma filosofia, porque lhe oferece um lampejo de luz que é sua natureza divina e original. Esse tipo de gratidão é baseado na profunda compreensão espiritual de que você foi criado com perfeição e de que tudo aquilo que tem perseguido e ambicionado — amor, paz e felicidade — já é seu. É, portanto, um tipo de salvação, a volta ao lar, a oportunidade de finalmente descansar.

Essa Gratidão real baseia-se em dar graças por sua verdadeira identidade. Ela lhe ensina que a *felicidade não abandona sua nascente*. Em outras palavras, a felicidade não vai e vem; é a consciência de sua felicidade que vai e vem. Ela também ensina que *aquilo que é realmente valioso já lhe pertence*. Por exemplo, sua verdadeira natureza tem uma capacidade sempre pronta para amar de modo incondicional, para ser irracionalmente feliz e para ser sábia. Você pode aproveitar essas coisas agora, por quem você é e por aquilo que criou.

Um grande "obrigado"

O exercício "100 formas de gratidão" é diário e o convida a refletir sobre a vida, do passado ao presente, e a registrar 100 anotações de pura gratidão e agradecimento. O objetivo é elaborar uma lista de 100 experiências, relacionamentos, lugares, pessoas, livros, canções, obras de arte, eventos, aventuras e outros momentos aos quais você está realmente grato. Essas 100 formas de gratidão acrescentam um grande "obrigado" ao milagre da existência. É como se fosse uma carta de agradecimento a Deus.

Existem várias maneiras de fazer este exercício. Algumas pessoas elaboram as listas de forma cronológica: "Querida mamãe, obrigada por me dar à luz. Desculpe-me se foi um longo trabalho de parto". Outras preferem não seguir uma linha do tempo, apenas escrevem o que vem à mente. Algumas pessoas fazem a lista de uma única vez. Eu recomendo que se faça em diversos momentos, talvez compilando 10 ou 15 registros por vez. Algumas pessoas fazem o exercício sozinhas, outras com amigos ou parceiros. Partilhar o exercício tem tanta força quanto fazê-lo sozinho.

Gostaria que você seguisse a instrução de incluir um "o que" e "porque" ao lado de cada registro. Veja um exemplo de minha lista pessoal: *O que*: um livro chamado *A Course in Miracles*. *Porque:* este livro é minha bíblia espiritual e minha prática diária. Sou muito grato ao autor. Estudar este livro ajuda a me lembrar de minha verdadeira identidade, a ser uma pessoa mais amorosa e a desfrutar minha vida ainda mais. O "porque" é tão importante quanto "o que", pois o objetivo não é apenas criar uma lista, mas reconhecer aquilo que tem valor para você e o agradecer o fato de estar vivo.

No último dia do curso, revisamos a experiência de preparar uma lista como esta. No início, eu pergunto: "O que você valorizou ao fazer este exercício?". Em seguida, pergunto: "O que aprendeu sobre si mesmo fazendo este exercício?". Caso tenha feito com outra pessoa, o que aprenderam um sobre o outro. E depois: "O que aprendeu sobre a felicidade ao fazer o exercício?". O exercício é uma excelente meditação sobre felicidade. E por último, costumo perguntar se o exercício poderá afetar a maneira como a pessoa vive a partir de agora. Você faria algo de modo diferente?

O exercício "100 formas de gratidão" é sempre classificado como um dos "mais úteis" pelos alunos. Posso dizer honestamente que todos que o fazem, classificam-no como de extremo valor. É um exercício muito profundo. E, no entanto, nem todo mundo escolhe fazê-lo. Muitas pessoas parecem ter uma boa desculpa para isso. Por exemplo, "Estou muito ocupada", "Estou sem tempo", "Não é muito autêntico" e "É simples demais". Acredito que as pessoas que não fazem o exercício são aquelas que nunca realizaram um exercício de gratidão. Elas gostam da teoria da gratidão, mas simplesmente não acreditam que o exercício terá um efeito poderoso.

A alegria da gratidão

O exercício "100 formas de gratidão" é divertido e pode de fato representar uma mudança de vida. Posso até mesmo afirmar que tenho testemunhado efeitos milagrosos nas pessoas que o fizeram. Tal como acontece com todos os exercícios que apresento, garanto que *ele funciona se você o fizer; não vai funcionar se não o fizer*.

Faça um favor a si mesmo e preencha a lista de "100 formas de gratidão". Você ficará muito agradecido por tê-lo feito. Sem desculpas, por favor, elas são apenas resistências.

E qualquer resistência que enfrente ao praticar a gratidão é na verdade o desejo de manter a dor ou o medo da alegria. Quando fizer esse exercício, acredito honestamente que vai sentir vários benefícios incríveis ao longo do caminho. Veja abaixo uma lista dos 7 benefícios mais comuns que você pode procurar, como testemunhado por ex-alunos.

Sentimento de vazio desfeito. "100 formas de gratidão" o ajuda a mudar a percepção do mundo. Alguns comentários de alunos são: "Posso ver agora um padrão em minha vida que vai me ajudar enquanto avalio os próximos passos", "Consegui colocar minha vida inteira em uma visão panorâmica", "Agora sou mais capaz de me concentrar naquilo que é bom e positivo" e "Finalmente, consigo ver a perfeição em minha vida". Um de meus comentários favoritos é o de John, um fotojornalista que disse: "Fazer o exercício mostrou-me que meu passado foi melhor do que achava, que minha vida atual é melhor do que pensei e acho que meu futuro ficou muito melhor também".

Praticar a gratidão é uma decisão de desistir de todas as crenças sobre o vazio. Phoebe escreveu uma carta pessoal endereçada a mim logo depois de fazer o exercício, que dizia: "Durante toda a minha vida, tive um enorme sentimento de vazio, e nada conseguia fazê-lo ir embora. Agora percebo que essa vazio que vivi se devia à minha ausência de gratidão. Vejo agora que não há nada faltando aqui e agora a não ser minhas expectativas daquilo que deveria estar aqui. Nada está faltando, exceto minha aceitação e gratidão por aquilo que sou". As percepções do ego dão espaço à visão real. Por meio da gratidão, você começa a ver não apenas com os olhos, mas com o coração.

Bem-estar crescente. Fazer o exercício nos faz sentir bem. Os alunos relatam que é como "um tônico", um "revigorante", que sorriem mais, que "é a vitamina G" e percebem "mais as coisas boas". Um dos meus comentários favoritos é: "A gratidão é uma psicoterapia grátis, e toda sessão é boa porque sempre me sinto melhor sobre mim mesmo e sobre a vida". Praticar a gratidão regularmente vai mudar sua psicologia. Você notará um grau maior de otimismo, de entusiasmo e de confiança. Além disso, é impossível alguém ser grato e estar deprimido.

Gratidão é energia. Ela energiza e restaura você, alivia seu cansaço. O professor Robert Emmons, da Universidade da Califórnia-Davis, pesquisou, como muitos outros, as propriedades potenciais de cura da gratidão.[2] Em um de seus estudos, feito com um grupo de adultos com doença neuromuscular, concluiu: "Em uma intervenção de 21 dias de gratidão, tivemos como resultado uma quantidade maior de humor com energia positiva, uma sensação maior de sentir-se ligado aos outros, uma classificação mais otimista sobre a vida e maior duração do sono, assim como da qualidade desse em relação ao grupo de controle".[3] A gratidão funciona quando você a pratica.

Assimilação de valores reais. Caroline, uma parteira mais velha, disse que fazer o exercício foi "um verdadeiro choque" que a obrigou a reconsiderar sua atitude em relação ao trabalho: "Percebi que as coisas pelas quais sou mais grata na vida são aquelas das quais mais reclamo e lamento". Estimulei Caroline a analisar suas queixas e lamúrias: "Qual é a verdadeira mensagem aqui?", perguntei. Caroline concluiu que sua verdadeira vocação era ser parteira, mas que precisava dedicar menos tempo à burocracia e mais ao verdadeiro propósito de seu trabalho. Percebeu também que precisava ter pausas regulares e parar de fazer tantas horas-extras.

Quando você domina a fundo a prática da gratidão, distingue o importante do que não é. Você para de se queixar sobre as pequenas coisas com a mesma convicção. Não se incomoda mais com as pequenas coisas, e se lembra do panorama geral. A verdadeira gratidão o ajuda a sintonizar com seus valores eternos. Amplifica seu sentido consciente de propósito e revela o verdadeiro sentido da vida. As pesquisas científicas também mostram que quanto mais você agradece, menor a probabilidade de ser materialista, possessivo e invejoso, e de sentir que falta alguma coisa quando se compara aos outros.[4]

Perspectiva de cura. A maioria das listas de quem faz esse exercício se mostra um franco e completo inventário dos momentos mais importantes. A gratidão não se concentra apenas naquilo que é positivo, mas no que é significativo. Por esse motivo, muitas pessoas incluem nas listas erros anteriores, decepções, doenças, divórcios, fracassos, perdas e noites escuras do ego. "A gratidão me ajudou a encontrar alguns presentes nos lugares mais inesperados", escreveu Claire, "como na minha experiência de síndrome de fadiga crônica e em meu divórcio no ano passado, do qual, na época, pensei que nunca me recuperaria".

A gratidão ajuda a se concentrar nas coisas "positivas". E o incentiva a olhar novamente para tudo que considerou negativo, ruim e errado, olhar além dos julgamentos e das aparências e enxergar a verdade, o aprendizado, a cura e o amor. O poder da gratidão incondicional é lindamente expresso na canção *Thank U*, de Alanis Morrissette, em que ela canta sua gratidão pela desilusão, fragilidade e pelo terror — por terem lhe ensinado a ser corajosa, forte, a parar de se culpar e a "desfrutar o momento".[5]

Centrado no coração. Todos os exercícios que compartilho foram feitos primeiro por mim. Na primeira vez em que fiz o "100 formas de gratidão", fiquei surpreso ao perceber quantos registros se relacionavam com pessoas e relacionamentos. Eu agradeço às pessoas de minha vida, mas não sabia o quanto até fazer a lista. Somente dois dos 100 itens eram sobre posses. Eu amo as "coisas", certamente não sou antimaterialista, mas fiquei de fato surpreso ao ver que não gostava tanto das coisas quanto pensava. Com o exercício, entrei de novo em contato com meu coração.

Minha lista de agradecimentos foi um grito de alerta que me lembrou de manter as relações em primeiro lugar. Percebi o quanto sou amado e o quanto sou abençoado por conhecer as pessoas de minha família, meus amigos e todos aqueles que fazem parte do The Happiness Project. Também notei uma coisa interessante — *quanto mais sou grato pelas pessoas em minha vida, mais atraentes, maravilhosas, interessantes e talentosas elas se tornam!* Praticar a gratidão também me fez lembrar de dizer "obrigado" com mais frequência para as pessoas que amo. Em suma, a gratidão é uma boa desculpa para mostrar mais amor, para receber mais amor e para ser você mesmo com todo mundo.

Conexão consciente. Praticar a gratidão o ajuda a sentir um senso maior de conexão com as pessoas, os lugares e o presente. Quem faz o exercício "100 formas de gratidão" diz coisas como: "Estou menos egoísta hoje em dia", "Eu me restabeleci comigo mesmo" e "Sinto-me menos independente e afastado da vida". Anna escreveu: "Meu exercício me ensinou que não estou tão sozinha quanto pensava. Estar sozinha é apenas minha história, não a verdade". O isolamento e a solidão são muitas vezes agravados pela falta de gratidão consciente. É impossível ser grato e se sentir sozinho.

A gratidão também promove um maior sentido de conexão espiritual consigo, com os outros e com a vida como um todo. Em outro estudo científico sobre a gratidão, os pesquisadores concluíram: "As pessoas que são gratas têm maior probabilidade de reconhecer a crença na interconexão de todas as coisas vivas e de ter mais compromisso e responsabilidade com os outros".⁶ A gratidão é uma das mais elevadas formas de oração. Praticar a gratidão diariamente o ajuda a se lembrar de sua herança divina e de sua natureza original e feliz.

Felicidade JÁ. No início, a maioria das pessoas fica um pouco assustada com a tarefa de encontrar 100 coisas para agradecer. Mas no final, todos acabam achando impossível se limitar a apenas esse número. A gratidão trabalha em perfeita harmonia com a Lei da Atração, que afirma que *você atrai aquilo em que se concentra*. Elizabeth, uma pintora, preencheu sua lista de agradecimentos sentada em sua cadeira de jardim favorita. Ela escreveu: "Um dos efeitos deste exercício de gratidão foi deixar meu jardim cada vez mais bonito para mim". A gratidão o ajuda a prestar atenção, e à medida que sua atenção aumenta, cresce seu sentimento de admiração e reverência.

Para mim, o verdadeiro presente da gratidão é *você se tornar cada vez mais presente quanto mais agradece*. A gratidão o recebe de volta em sua vida. Ela o faz estar aqui e agora. E quanto mais presente estiver, mais vida e abundância vai sentir. Terry, uma *designer* de joias que fez o curso em 2002, escreveu: "O exercício me mostrou que eu atrasei, com persistência, minha verdadeira gratidão pela vida. Nunca era agora, era sempre mais tarde. Hoje percebo que esse atraso foi totalmente desnecessário. Minha vida está acontecendo agora, e quanto mais eu estiver disposta a ser grata enquanto vivo, mais minha vida se torna melhor de forma natural". A gratidão é um anjo que restaura a visão daqueles que se deixaram enganar uma vez ao acreditar nas histórias egoístas sobre isolamento e falta.

Existem muitas versões do exercício "100 formas de gratidão". Não precisa ser uma lista do passado ao presente, nem precisa ser feita sozinho. No primeiro aniversário de meu casamento, tradicionalmente comemorado com um presente de papel, presenteei minha esposa, Hollie, com uma carta contendo meus 100 agradecimentos por ela e nossa vida juntos. E fiz a mesma coisa no aniversário de um ano de nossa querida filha, Bo. Também fiz uma lista para meu irmão, David, por ocasião de seu aniversário de 40 anos. Durante o jantar com ele, compartilhei vários dos itens que destacavam por que me sinto tão abençoado por ele ser meu irmão.

**A gratidão é felicidade em dobro,
porque ela abençoa tanto quem doa
quanto quem recebe.**

PARTE IV

A abundância diária

Capítulo 13 - O inconsciente diário

Capítulo 14 - Pronto, firme, *agora!*

Capítulo 15 - O verdadeiro *plus*

Capítulo 16 - A meditação do receber

Capítulo 13

O inconsciente diário

O exercício "dez bênçãos" foi a abertura do primeiro curso de felicidade em 1992. Ele é muito simples e desafiador. Começo por convidar a todos da sala que fiquem em pé. Depois explico que nos próximos dez minutos eles devem passear pela sala e se apresentar para dez pessoas e compartilhar uma bênção que tenham recebido na semana anterior — uma bênção diferente por vez. Cada uma se refere a alguma coisa pela qual você agradece por um momento precioso, algo que recebeu ou alguma coisa que o fez sorrir.

Gostaria que você revisse a última semana de sua vida e que escrevesse uma lista de bênçãos. Dez bênçãos nos últimos sete dias. Não estou pedindo muita coisa, estou? Tudo o que você precisa fazer é encontrar uma bênção a cada 16,8 horas de vida. E isso será ainda mais fácil se tiver um sono leve. A matemática sugere que mais horas acordadas equivalem a mais consciência, o que equivale a mais bênçãos. Reflita sobre aquilo que mais agradeceu, desfrutou, recebeu e observou. Identifique o que mais valorizou e que tenha sido mais significativo. Observe também suas reações ao fazer esse exercício.

Uma delas pode ser não fazê-lo, mas peço que dê uma chance pelo bem de sua investigação pessoal.

Eu acho a reação das pessoas muito interessantes. De início, poucas parecem felizes. No mínimo, parecem incomodadas e envergonhadas. Fisicamente, todos param de respirar. O que não é uma coisa muito boa de fazer durante muito tempo. O rosto das pessoas fica inexpressivo. E às vezes acho que vejo um pouco de ideia sendo soprada pelos espaços vazios da mente delas. Talvez seja apenas minha imaginação, ou minha projeção! Em seguida, surge um sentimento crescente de pânico. Depois, ouço diversos murmúrios: "É difícil!", "Impossível!", "Podemos usar a mesma bênção dez vezes seguidas?", "Que absurdo! Uma *bênção diferente* a cada vez?" e "Você me empresta uma das suas bênçãos?"

O problema que a maioria das pessoas tem com esse exercício é que não consegue se lembrar de nada que aconteceu na semana anterior. É como se eu lhes tivesse passado uma prova sobre história antiga. Mesmo ontem pode parecer uma memória distante. Será que o ontem aconteceu mesmo? Ou foi um sonho? Quando avaliamos o exercício das "dez bênçãos", as pessoas muitas vezes dizem: "No começo, eu nem tinha ideia do que havia feito na semana passada" ou "Não consegui me lembrar de nada de bom". A maioria das pessoas se debate durante as dez bênçãos, mas a primeira reação mais comum é: "O que aconteceu?" ou "Onde eu estava?".

Recentemente, realizei um seminário sobre felicidade com 150 voluntários de um dos patrocinadores do The Happiness Project. Comecei com o exercício das "dez bênçãos". Todo mundo se levantou, andou pela sala e começou a compartilhar as bênçãos. Exceto Joan, que estava sentada na primeira fileira e parecia absolutamente perdida. Eu me dirigi até ela e me sentei a seu lado. Nós nos apresentamos e conversamos:

— Então, Joan, cite uma bênção da semana passada.

— Não consigo pensar em nenhuma.
— Só uma bênção, Joan.
— Minha mente está vazia.
— Lembre-se de continuar respirando, Joan!
— Tudo bem — concordou Joan, enquanto deixava sair um sorriso.
— Foi uma semana ruim?
— Não, foi uma semana normal.
— Então, o que você fez na semana passada?
— Não consigo me lembrar.

Joan sentiu-se mal por não poder participar, e cheguei a pensar em desistir, mas algo me fez continuar.

— Joan, fale de uma bênção pequena.
— Puxa, é mesmo! — disse Joan com o rosto iluminado. — Foi o aniversário de um ano de minha neta, terça-feira passada. Foi um dia maravilhoso. Ela é minha alegria.
— Muito bem, Joan — disse eu. — Agora, você pode me contar outra bênção?
— Ah, sim — disse Joan, agora claramente recuperada. — Meu marido estava afastado do trabalho havia um ano por causa de uma grave lesão, e na semana passada, ele recebeu alta do médico para voltar a trabalhar.
— Meu Deus! Parabéns! — disse eu.

A semana anterior de Joan estava melhorando a cada minuto, então achei que poderia pedir uma terceira bênção.

— Acho que não consigo pensar em mais nada — disse Joan, balançando a cabeça.

Eu estava prestes a terminar a conversa, quando Joan continuou:
— Na segunda-feira passada, ganhei um prêmio por ter sido a voluntária do ano. Será que isso conta?
— Bem, você está feliz com isso? — perguntei.
— Bem, estou aguardando um encontro com a rainha porque é um prêmio nacional — respondeu Joan.

O exercício das "dez bênçãos" se mostra uma inspiração para muitas pessoas que acabam descobrindo que sua vida é muito melhor do que pensavam. De início, a mente delas fica em branco. Elas não têm consciência de nenhuma bênção. E depois, como milagre, elas aparecem: aniversários, jantares, tempo com a família, reunião com os amigos, momentos divertidos, boas notícias, conversas importantes, um bom livro, o pôr do sol, as estrelas no céu noturno — tudo isso aparece. Uma extrema falta de consciência e um ato de negação são substituídos por um renovado senso da abundância cotidiana.

A névoa diária

Todos os dias, a grande maioria das pessoas participa de uma dança diária hipnótica e estranha que chamo de "a inconsciência diária". Acordamos de manhã, acionamos o piloto automático, prendemos-nos à agenda e vamos em frente. É uma rotina com a qual as massas se acostumam: a correria da escola, as viagens diárias de casa para o trabalho e de volta para a casa, a checagem dos *e-mails*, as reuniões, os recados, o almoço no escritório, mais reuniões, mais recados, buscar os filhos na escola. Isso não é exatamente sua vida, é apenas como você ocupa seu tempo. E a maioria dessas coisas é feita de modo inconsciente.

Certa quantidade de atividades automáticas é prática e conveniente. Por exemplo, é bom você não ter de iniciar manualmente seu sistema nervoso autônomo a cada novo dia. É bom saber que o corpo pode monitorar automaticamente a rotação da Terra, da Lua, do Sol e das estrelas, assim como trabalhar seu ritmo circadiano — sem nenhuma ajuda consciente de sua parte. Sua mente inconsciente também pode cuidar de uma porção de burocracias mentais e dos detalhes que entram em funcionamento no cérebro. Isso poupa tempo, o libera para fazer mais coisas. Você pode receber um salário e seguir adiante com seu dia.

Embora seu sistema automático possa ajudá-lo a passar o dia, ele não consegue ajudá-lo a *desfrutar esse dia*. Se você enviar muita coisa de sua vida para o inconsciente, acaba ficando pouco consciente das coisas. E como resultado, a vida passa despercebida. Você perde os detalhes e perde a vida. Só consegue enxergar seus pré-julgamentos, que é outra palavra para definir *preconceitos*. O precioso presente se perde na névoa diária dos processos inconscientes. Cada novo dia é enfrentado como um "outro ontem". Seu ego bloqueia rotineiramente o milagre da existência, para que você permaneça na trilha de seu cronograma.

A inconsciência diária é, pela própria natureza, difícil de delinear. Se você não tomar cuidado, pode acabar como um sonâmbulo através dos dias, dos meses e anos da vida. "Nossa vida não passa de sono e esquecimento", escreveu o poeta Wordsworth.[1] E aqui estão alguns sinais de que a inconsciência diária está funcionando em sua vida:

Você vai preencher um cheque — e percebe de repente que não tem ideia de que dia é hoje. Além disso, não tem certeza de qual dia da semana é. Hoje é terça-feira ou quinta-feira? Você nem sabe o mês. Já estamos em junho? E talvez precise até pensar duas vezes para saber em que ano está.

Logo vem outro aniversário — e os dias se transformam em semanas, as semanas em meses e assim por diante. Parece que seus filhos têm pelo menos dois aniversários por ano. Você não consegue deixar de pensar que o Natal poderia ser comemorado a cada dois anos, seria muito mais prático. Cada ano está mais curto do que o anterior. Você nem percebe o tempo passar, só que tem tanto tempo quanto todas as outras pessoas, mas não é assim que sente.

Os fins de semana são uma névoa — e quando um amigo ou um colega pergunta como foi seu final de semana, você pode dizer "Ótimo!", mas na verdade não tem nem ideia do que fez, com quem esteve ou o que gostou de fazer. A segunda-feira de manhã chega tão rápido que parece que perdeu o domingo inteiro. Não há parada, sua vida parece um jogo rápido.

Mais uma semana de vagos negócios — e a expressão "Graças a Deus é sexta-feira!" se torna a oração do trabalhador cansado. Você sabe que passou a semana inteira muito ocupado e percebe o quanto está cansado, mas não tem ideia de com que se ocupou. Se lhe perguntassem cinco coisas bem-sucedidas que realizou na semana passada, apenas um sucesso por dia, sua mente ficaria em branco e você teria dificuldade para se lembrar de um único sucesso.

Você está perdido em papéis e funções, e, se não tiver cuidado, esquece de apreciar e desfrutar suas mais íntimas relações. Por exemplo, fica tão ocupado cuidando dos financiamentos e das despesas que não atenta para o crescimento e desenvolvimento de seus filhos. Num minuto, eles estavam no jardim de infância; no minuto seguinte, já querem morar sozinhos. Os relacionamentos precisam de atenção consciente.

Você abre a fatura do cartão de crédito — e fica imaginando quem está gastando todo o seu dinheiro. Seu primeiro pensamento é: "Roubaram meu cartão de crédito e estão torrando meu dinheiro". Mas à medida que examina a fatura com mais cuidado, pouco a pouco identifica a maioria dos gastos. Mas alguns ainda permanecem um mistério. Você literalmente não sabe para onde foi o seu dinheiro.

Exige que falem quem comeu a fatia do bolo — e depois descobre que foi você mesmo. Você mastiga inconscientemente. Está convencido de que só come 1.500 calorias por dia, isto é, até que comece a manter uma dieta diária. Em geral, não temos consciência sobre nossa relação com o alimento. Se começar a ler o rótulo dos alimentos, será um bom ponto de partida para desfrutar o prazer de se alimentar com consciência.

O verdadeiro problema com a inconsciência diária é que você para de olhar para si. Muito em breve, não terá ideia do que pensa, de como realmente se sente e daquilo que deseja de verdade. Não há uma consciência interior. Não tem ideia daquilo que é real para si mesmo. Você se sente vazio por dentro, mas isso acontece apenas porque não estava prestando atenção. Sabe que seria bom parar e despertar, mas o medo de parar o estimula a continuar em frente e o mantém inconsciente. Seu ego, o controlador inconsciente, tem medo daquilo que você possa vir a enxergar, sentir e ter de enfrentar.

A felicidade retorna quando você desperta da rotina de sua vida e começa a viver novamente. A consciência retorna quando começar a ouvir a si mesmo de novo. Você passa a ler os memorandos internos e percebe os sussurros de seu coração. Começa a sentir-se vivo de novo, depois de um longo e inconsciente inverno. Agora, está disponível mais uma vez para as pessoas de sua vida. Reencontra sua vida a cada novo momento. O que acontece é que a verdade não estava se escondendo, você é que estava se escondendo dela. Estava inconsciente e agora despertou. Aquilo que antes era névoa se torna claro. Você se lembra de quem é e daquilo que realmente importa.

Uma prática diária

Eu recomendo a todos que fazem o curso que mantenham uma prática espiritual diária. Não precisa ser um longo e extravagante ritual religioso. Basta que seja simples e sincero. O objetivo dessa prática diária é ajudá-lo a despertar. Ela deve fazê-lo sentir-se firme, forte e centrado. Deve ajudá-lo a concentrar-se. E deve permitir que se torne aberto e receptivo. A prática espiritual diária o ajuda a se conectar à sua alegria, a negociar com seu ego e a mostrar-se ainda mais em sua vida.

Essa prática é muito pessoal. Escolha uma prática que lhe seja adequada, de que realmente goste. Além disso, o benefício deveria ser implícito e instantâneo. Em outras palavras, você não deve fazer isso esperando receber uma recompensa algum dia. *Fazer a prática é a recompensa.* Ela melhora sua vida *agora*, faz diferença *hoje*, ajuda você a estar mais *aqui*. Existem muitas práticas excelentes a escolher. A seguir, detalho quatro práticas que já foram testadas no curso.

Saudação ao dia. "Por favor, não diga 'É de manhã', rejeitando-o com a identidade de ontem. Veja-o pela primeira vez com um recém-nascido sem nome", escreveu o poeta indiano Rabindranath Tagore.[2] Uma prática espiritual o ajuda a saudar o novo dia da mesma forma que saudaria uma nova vida ou uma nova pessoa. A saudação ao novo dia pode assumir muitas formas. Por exemplo, orar de manhã, meditar, acender uma vela, fazer uma afirmação diária, ler um trecho de um livro inspirador ou fazer uma postura da ioga, como saudação ao sol.

Quando participei de um programa do *The Oprah Winfrey Show*, com o tema "O quanto você é feliz?", Oprah apresentou cinco pessoas, filmadas por um minuto, e pediu à plateia que adivinhasse quem tinha recebido a pontuação mais alta em um teste bastante conhecido de felicidade. O vencedor foi David, um diretor de funerais de 53 anos. "Mas você vê pessoas mortas o dia inteiro!", gracejou Oprah. David e eu tínhamos conversado um pouco, e ele dissera que uma de suas chaves para a felicidade era "dar um nome para cada dia". Ele falou sobre suas "maravilhosas segundas-feiras", "fantásticas terças-feiras" e "magníficas quartas-feiras", e era sincero e positivo ao dizê-lo. Então tentei o mesmo procedimento e descobri que realmente funciona.

Tive a oportunidade de conversar com David de novo algumas semanas depois quando o entrevistei para o programa de rádio *Oprah & Friends*. Ele me disse: "Dar um nome ao dia ajuda a estar mais presente. Meu trabalho como diretor de funerais me ensina que a vida é um negócio imediato. Ou você a vive bem ou simplesmente não vive". Mesmo que use apenas um instante para registrar a data do dia, pode ser uma poderosa prática espiritual se isso o ajudar a estar mais presente. Veja o que o personagem Murray Burns, da peça *A Thousand Clowns*, de Herb Gardner, diz:

> **"É preciso ter seus próprios dias e dar**
> **nomes a eles, a cada um deles,**
> **do contrário, os anos passam**
> **e nenhum deles lhe pertence."**[3]

Definindo uma intenção. Seus dias não acontecem de forma aleatória. Logo que você acorda, toma decisões que afetam o modo como será o dia. Algumas são tomadas de forma consciente, mas a maioria não. Algumas são do tipo "o que fazer", mas as mais importantes são as do tipo "o que ser e estar". *Estar presente, ser gentil ou amoroso*, por exemplo, são decisões que ajudam a engajar seu poder e a participar de forma mais criativa naquele dia. Tente fazer isso. Defina a intenção de ser feliz. *Decida fazer o dia de hoje ainda mais agradável do que achou que poderia ser.*

Uma das práticas favoritas para definir uma intenção é uma breve oração extraída de *A Course in Miracles*. Há muitos anos recito a oração a seguir a cada manhã e acredito que ela me ajuda a ficar mais aberto ao Eu Não Condicionado, que sabe como viver. Primeiro, digo a oração e depois fico em silêncio por alguns minutos. A orientação, a sabedoria e a alegria fluem naturalmente e se estabelecem em meu dia de modo perfeito. A oração é:

> **O que queres que eu faça?**
> **Aonde queres que eu vá?**
> **O que queres que eu diga e a quem?**[4]

A única finalidade. Você só precisa prestar atenção em sua mente durante cinco minutos para perceber o quanto está dispersa e desfocada. Um dos motivos para esse caos interno é a ausência de um propósito unificado. Em meu curso, no início de cada dia de trabalho, você recebe um cartão do sorriso interno.[5] Cada um desses cartões tem apenas uma única palavra impressa, como "generosidade", "receber", "honestidade", "espontaneidade" e "desarmado". A ideia é usar seu cartão do sorriso interior para ajudá-lo definir uma finalidade consciente para seu dia. Se preferir, visite o *site* http://www.behappy.net e escolha o seu.

Você também receberá um *e-mail* diário que lhe ajuda a definir um foco consciente para cada dia. Essas mensagens diárias são escritas especificamente para cada nova classe. São designadas para ajudar as pessoas a tornar cada dia um acontecimento criativo. Elas apresentam provérbios, afirmações, poesias, meditações e orações como esta, uma prece Navajo muito conhecida:

> Que a felicidade esteja no meu caminhar.
> Que a beleza esteja diante de mim.
> Que a beleza esteja atrás a mim.
> Que a beleza esteja abaixo de mim.
> Que a beleza esteja acima de mim.
> Que a beleza esteja ao redor de mim.
> Na beleza tudo isso se completa.[6]

Praticando a prontidão. O essencial da prática diária espiritual é ajudá-lo a *estar pronto agora* para mais amor, sucesso, felicidade e mais de tudo aquilo que realmente deseja. Em *A Course in Miracles*, lê-se a frase: "Prepare-se para os milagres de hoje".[7] Eu adoro o som dessas palavras. Acho que cada página de *A Course in Miracles* me ajuda a ficar mais aberto e disponível para aquilo que é oferecido agora. Mais adiante no texto, lê-se esta passagem:

A cada dia, mil tesouros vêm a mim com cada momento que passa. Sou abençoado com dádivas ao longo do dia, cujo valor está muito além de todas as coisas que posso conceber. Um irmão sorri para outro e meu coração se alegra. Alguém diz uma palavra de gratidão e misericórdia e minha mente recebe essa dádiva e a aceita como sua. E cada um que encontra o caminho para Deus vem a ser meu salvador, indicando-me o caminho e dando-me sua certeza de que aquilo que aprendeu é meu.[8]

Para ser feliz, tudo o que é preciso fazer *é estar preparado para receber mais felicidade do que achava ser possível*. A felicidade o espera, logo que esteja pronto para recebê-la. Esteja disposto, portanto, a renunciar à sua teoria de como o universo funciona e simplesmente esteja pronto. Proclame: "Estou pronto para apreciar minha vida hoje". Esteja pronto para ser feliz agora. Permita-se ser feliz sem nenhum motivo. Esteja pronto para ser tão feliz que quase fique se sentindo culpado, mas não tanto. Esteja pronto para perdoar o passado. Esteja pronto para dar mais de si. Esteja pronto para receber. E esteja pronto para um milagre.

Capítulo 14

Preparar, apontar, *já!*

Agora é oficial: a busca da felicidade acelerou! Estamos atrás dela mais depressa do que nunca. Como consequência, trabalhamos mais rápido, aceleramos os encontros, compramos *on-line* e geralmente vivemos a vida correndo. Os últimos avanços da ciência, a nova era global de comerciantes velozes, de banqueiros em tempo real e das infovias contribuíram para a aceleração de tudo. Podemos viajar agora sem interrupções, em direção a uma terra chamada "lá" que parece melhor que "aqui". Estamos tão rápidos que poderíamos achar que já teríamos chegado. Mas tudo indica que ainda estamos tentando *chegar lá*.

"A busca da felicidade" é o princípio central da Declaração de Independência dos Estados Unidos. Os antepassados dos norte-americanos a descreveram como um direito inalienável da humanidade, e hoje muitas pessoas em todo o mundo defendem a mesma ideia. Também foi descrita como uma verdade "evidente", o que indica seu significado óbvio, mas não é bem assim. É de Thomas Jefferson o mote "Vida, liberdade e busca da felicidade", baseado nos escritos do filósofo inglês John Locke: "Vida, liberdade e propriedade".[1] Jefferson nunca explicou publicamente sua alteração, então só podemos especular sobre o que ele queria dizer com ela.

A palavra *busca* tem dois significados distintos. O primeiro é o ato "atingir" ou "esforçar-se". Esse significado transforma a expressão "a busca da felicidade" em uma tentativa de atingir a felicidade. Como tal, a felicidade é vista como uma linha de chegada, um destino a ser atingido. E você, por isso, se relaciona com a felicidade como algo que existe do lado de fora, em algum lugar no futuro. Além disso, não há qualquer indício de que a corrida pela felicidade algum dia termine. Você vai mais rápido, mas nunca chega mais perto.

O segundo significado da palavra é "investigação, pesquisa, com a qual você se envolve". Esse segundo significado transforma a frase "busca da felicidade" em algo que você foca e se envolve, como uma *pesquisa literária*, por exemplo. Se é a isso que Thomas Jefferson se referia por "busca", certamente ele defendia o direito de desfrutar a vida, a liberdade e a felicidade como qualquer outra pessoa no planeta. A felicidade é seu direito constante, *agora*. Não há nenhuma indicação no segundo significado da palavra que exista alguma distância entre você e a felicidade.

Em última análise, não tem muita importância o que Jefferson queria dizer com "Vida, liberdade e busca da felicidade". O importante está no significado que *você* atribui. A Declaração de Independência dos Estados Unidos é tanto uma contemplação quanto um conjunto de regras. Desse modo, *a busca da felicidade* é para sua autoinvestigação. O significado que atribuir a ela influenciará sua relação com a felicidade, com a vida atual e a vida em geral. Portanto, esteja consciente do significado que lhe atribuir.

Pensão da felicidade

Jennifer participou do curso em 2006. Na época, ela estava com 39 anos, era casada, mãe de dois filhos, e diretora de recursos humanos de uma conhecida multinacional. Jennifer concordou em fazer comigo o exercício chamado "ensaio da felicidade" depois que seu nome foi sorteado em meu "chapéu mágico dos voluntários". Ela caminhou até a frente da sala e se posicionou diante de uma linha de números de 0 a 10 colocada no chão. Comecei pedindo-lhe que ficasse ao lado do número que fosse sua resposta para a pergunta: *De 0 a 10, quanto estou feliz com minha vida neste momento?*

Jennifer imediatamente se posicionou perto do número 6. Notei a rapidez com que se deslocou, então perguntei: "Com que frequência você se sente 60% feliz com sua vida?". Jennifer respondeu: "Eu diria que na maior parte do tempo". Tínhamos descoberto o "ponto familiar" dela, que é o valor com o qual se identifica mais facilmente. Depois de mais algumas perguntas, pudemos identificar que sua "variação familiar" está entre 5 e 7. "Algumas vezes eu caio para cinco, mas quase nunca abaixo disso. Se alguma coisa boa acontece, eu diria que subo até 7", Jennifer disse.

Em seguida, pedi-lhe que parasse ao lado do número 7, fechasse os olhos, respirasse fundo e respondesse à seguinte pergunta: "Para que eu seja 70% feliz, o que teria de acontecer?". Ainda de olhos fechados, ela respondeu: "Um aumento de salário ou término do financiamento. Mais segurança financeira".

Anotei sua resposta, pedi que ficasse ao lado do número 8 e refletisse sobre esta pergunta: "E para eu que fosse 80% feliz, o que teria de acontecer?". Uma felicidade ao nível de 80% estava fora da variação familiar de Jennifer, por isso levou mais tempo para responder. Por fim, disse: "Que minhas duas filhas fizessem uma faculdade e fossem felizes".

Novamente, anotei a resposta, pedi-lhe que fosse até o número 9 e fiz que refletisse sobre a pergunta: "Para que eu seja 90% feliz, o que deveria acontecer?". Depois de mais ou menos um minuto, Jennifer respondeu: "Que eu tivesse uma casa na praia, onde pintasse minhas telas a óleo o dia todo, lesse livros fantásticos e curtisse *todos os dias* o pôr do sol com meu marido".

A essa altura, encerrei o ensaio da felicidade com Jennifer. E lhe perguntei: "Você tem conhecimento de que todas as suas respostas estão baseadas em algo muito longe no futuro?". Ela respondeu: "Não tinha percebido isso até agora". Jennifer obviamente gostava de uma forte sensação de antecipação sobre um futuro feliz. A antecipação pode ser uma coisa positiva. Por exemplo, antecipar que suas férias serão ótimas é parte da diversão de fazer uma reserva com antecedência. O prazer da antecipação duplica o prazer de cada coisa boa que acontece.

Assim, existe também a "antecipação obstrutiva", que ocorre quando seu sentido de antecipação se torna tão constante e excessivo que obscurece suas chances de ser feliz agora. A antecipação obstrutiva é tão focada no futuro que você acaba planejando a felicidade em vez de ser feliz. A felicidade nunca é agora; é sempre "se", "quando" ou "depois" que alguma coisa aconteça. Assim, você acaba simultaneamente se preparando para a felicidade e *retardando-a*. O filósofo francês Blaise Pascal nos adverte:

> Que cada um examine seus pensamentos. Vai encontrá-los todos ocupados com o passado e o futuro. Nós raramente pensamos no presente. E se alguma vez pensarmos sobre isso, é apenas para ter uma luz do que organizarmos para o futuro (...) Então nunca vivemos, apenas temos esperança de viver; e como sempre estamos nos preparando para ser felizes, é inevitável que nunca o sejamos.[2]

Curiosamente, as investigações científicas mostram que quando as pessoas sonham sobre o futuro, tendem a imaginar a si próprias mais felizes e mais bem-sucedidas.[3] Assim como

Jennifer, elas se colocam com maior pontuação na escala de felicidade quando refletem sobre o futuro. Por exemplo, agora a pontuação é 6, e no futuro é 8. A realidade, porém, é que quando chegar lá, sua realidade mental será aquele "ponto familiar", ou seja, sua posição na escala será mesmo o número 6. Então, o que fazer? Bem, ou você muda o modo de pensar e aproveita o "agora", ou continua a criar mais sonhos de um futuro feliz e se envolve nessa interminável busca da felicidade.

Pedi a Jennifer que fizesse o "ensaio de felicidade" mais uma vez. E dessa vez, quando ela parou ao lado do número 7, pedi que respondesse a esta pergunta: *Para que eu possa ser 70% feliz, o que teria de acontecer* agora? No número 8, perguntei *Para que eu possa ser 80% feliz, o que teria de acontecer* agora? E quando chegou ao número 9, a pergunta foi *Para que eu possa ser 90% feliz, o que teria de acontecer agora*? Curiosamente, nenhuma das respostas de Jennifer foi sobre o mundo ser diferente, foi sobre ela ser diferente.

Jennifer disse coisas como: "Será ótimo ver minhas filhas crescer", "Prometo tirar todos os meus dias de férias neste ano", "Vou voltar a pintar" e "Amanhã à noite vou sair com meu marido para ver o pôr do sol juntos". Ao final deste breve exercício de vinte minutos, Jennifer estava de volta à vida novamente. Ela já não estava tentando atingir a felicidade, mas simplesmente fazendo escolhas conscientes e criativas, que a ajudariam a gostar mais da felicidade agora.

Alguns dias mais tarde, Jennifer me enviou um belo cartão com a citação: "A felicidade não é um destino, é uma forma de viajar". Ela também escreveu estas palavras na parte interna: "Robert, você acabou de salvar vinte anos de minha vida. Lá estava eu, preocupada em economizar para aquela imaginária pensão de felicidade e sonhando com minha vida nesse meio-tempo. O ensaio da felicidade mostrou-me que para ter um futuro feliz, preciso começar agora. A felicidade não é uma pensão para a qual se economiza, é uma herança a ser desfrutada agora!".

Bilhete da felicidade

Se você vê *a busca da felicidade* como "tentativa de atingir" ou "esforço", é bem provável que relacione felicidade a uma "coisa", "recompensa", ou um "lugar" a ser conquistado ou atingido. Se for assim, começará a procurar o "bilhete premiado". Com o passar do tempo, esquecerá que a felicidade é uma forma de ser, é algo que se pode escolher, e vai acabar se convencendo de que ela só pode ser vivida "se", "quando" e "depois" que algo acontecer.

Então, o que é preciso fazer para ganhar o prêmio? Durante o curso, dou aos alunos um pedaço de papel chamado "bilhete da felicidade". Esse bilhete tem três colunas e a meta é completar a frase no alto de cada coluna. A frase da primeira coluna é "Eu ficaria feliz se...". Na segunda coluna, a frase é "Serei feliz quando..." E, na terceira coluna, está escrito "Serei feliz depois que...". Concedo ao grupo dez minutos para preencher o bilhete. O objetivo é descobrir *o que cada um disse a si mesmo que deveria acontecer antes de ser feliz.*

Em média, eu diria que a maioria das pessoas completa um total de 10 itens nas três colunas. Gostaria que você dedicasse um tempo agora para identificar suas próprias condições para a felicidade acontecer "se", "quando" e "depois". Aqui estão alguns exemplos do que as pessoas escrevem:

"Serei feliz quando tiver um namorado."
"Serei feliz depois de mudar de emprego."
"Serei feliz se meu talento for mais reconhecido."
"Serei feliz quando tiver mais dinheiro."
"Serei feliz depois que acertar minha vida."
"Serei feliz quando perder 30 quilos."

Quando você entra em uma competição qualquer, provavelmente observa as regras e verifica a data de cerimônia de entrega do prêmio. O problema em transformar a felicidade em uma espécie de grande bilhete premiado é que, assim que tiver criado uma lista das condições de felicidade ("se", "depois" e "quando"), ela nunca diminui. Por quê? Porque assim que apagar uma das condições da lista, adicionará outra no lugar. Você entrou em uma atitude mental condicionada. Desse modo, nunca haverá o sorteio do grande prêmio. O que significa que nunca ganhará.

Isso não é apenas conjectura de minha parte. Em um conhecido estudo longitudinal, realizado com intervalo de dezesseis anos pela Roper-Starch Organization, uma parcela da população norte-americana completou uma pesquisa sobre felicidade em 1978 e novamente em 1994.[4] Os participantes receberam uma lista de 24 grandes prêmios comumente associados à "boa vida", como casa, carro, piscina, viagens internacionais e uma casa de veraneio. Depois, deveriam responder às seguintes questões:

1. Quando você pensa na vida boa, na vida que gostaria de ter, existe algum item da lista que faria parte de uma vida boa na sua opinião?

2. Se você olhar a lista toda, existem itens que cancelaria por já possuí-los?

A pesquisa constatou que em 1978, o número médio de itens que as pessoas já possuíam foi de 1,7, mas a média do número de itens desejados foi de 4,4 — uma diferença de 2,7 pontos. Em 1994, a média do número de itens já possuídos foi de 3,1, mas a média do número de itens desejados tinha crescido para 5,6 — uma diferença de 2,5 pontos. Assim, após

205

dezesseis anos de busca de felicidade, a linha de chegada ainda continuava distante. O psicólogo Daniel Nettle resumiu bem o resultado da pesquisa:

> Durante a primeira parte da vida adulta, as pessoas passam de uma condição de ter poucos itens da lista à situação de possuir vários deles. O problema é que seu ideal do que seria necessário para uma boa vida aumenta quase na mesma proporção que os itens adquiridos. Quando as pessoas são jovens, parece suficiente para levar uma boa vida ter casa, carro e TV. Quando ficam mais velhos, uma casa de veraneio parece igualmente essencial.[5]

Felicidade presente

Algumas pessoas perseguem a felicidade e outras a escolhem. Tudo depende de quanto tempo você quer economizar.

Perseguir a felicidade é uma atitude mental, é ter uma interpretação equivocada de quem você é e do que é felicidade. Você só persegue aquilo que acredita não existir aqui. Seja qual for sua busca — paz, felicidade, amor, abundância ou Deus —, ela é aquilo que ainda não aceitou. Você persegue o que teme não ser digno de ter. Essa atitude o mantém afastado daquilo que não se permitirá receber. Em algum momento, se realmente deseja ser feliz, terá de estar disposto a desistir dessa perseguição. E terá de deixar a felicidade persegui-lo.

Quanto mais a persegue, mais distante se coloca do *aqui e agora*, e mais se sente alienado de si mesmo. O ato de perseguir é tanto causa quanto efeito da autoalienação. Quando você perde a âncora consciente do Eu Não Condicionado, vai perseguir tudo aquilo que pareça fazê-lo feliz novamente. Mas, quanto mais persegue, mais "fora de sincronia" se sente consigo mesmo. E quanto mais rápido correr, mais longa se torna a corrida. O ato de perseguir é uma disposição mental sem fim.

E a constante perseguição não é um estilo de vida feliz. Há muitos séculos, Santo Agostinho escreveu: "O homem deseja ser feliz mesmo quando vive de forma que torne a felicidade impossível".[6] Isso não poderia ser mais verdadeiro nos dias atuais. O mundo moderno é uma sociedade sem fôlego. Somos maníacos, hiper e patologicamente rápidos. Vivemos tão distraídos pela busca que raramente estamos presentes. Cada dia é uma nova corrida, outra aventura inconsciente que não nos toca. Deixamos escapar a alegria do movimento lento. Não nos integramos a nada, e nunca paramos para *ser felizes*.

> **"Tento viver um dia de cada vez, mas, às vezes, vários dias me atacam de uma vez."**
> Ashleigh Brilliant.[7]

Somos uma geração ocupada, que corre o risco de ficar ocupada demais para ser verdadeiramente feliz. Os estudiosos da felicidade mostram que acreditamos ter um estilo de vida ocupado demais, que trabalhamos demais e que vivemos à beira da exaustão. Nós estamos, literalmente, nos *perdendo em combate*. Nossa vida é supercomplicada e superplanejada. E isso se aplica também às crianças. Um recente relatório da Children's Society do Reino Unido adverte que as crianças têm uma agenda tão cheia hoje em dia que não têm tempo para brincar, descansar e se divertir.

Quando a busca da felicidade se torna vício, você fica tão ocupado tentando tornar a vida melhor que se esquece de desfrutá-la. Fica tão preocupado com a busca que não há um período de tempo conveniente para ser feliz. Você realmente se programa para um dia desfrutar a vida, mas há chances de que morra antes que isso aconteça. Está tão ocupado que se retirou da vida. Seus horários e sua agenda têm mais importância do que viver. Porque você está vivendo no agora-não. E diz a si mesmo que ainda não pode parar, que ainda não pode descansar e que ainda não pode se sentir bem.

À medida que se torna mais fortemente dependente da busca da felicidade, torna-se menos preparado para quando ela chegar. Você a perde porque está psicologicamente ausente. A felicidade chegou, está aqui, mas você não. Em algum momento da jornada, terá de abrir mão da busca da felicidade em favor de se sentir feliz. Vai parar de usar o momento presente como mero meio de alcançar o futuro e só então vai realmente começar a desfrutar o presente. Algum dia, ficará presente em sua vida. A qualquer momento, começará a se divertir.

Pare! A vida muda quando você para de buscar a felicidade e decide ser feliz. A mestre espiritual Gangaji escreveu um belo livro chamado *The Diamond in Your Pocket*, que recomendo a todos que fazem meu curso. Seus ensinamentos são um convite para encerrar a busca e desistir da perseguição: "Se você cessar todas as atividades, apenas por um instante, mesmo que por um décimo de segundo, e permanecer em total quietude, reconhecerá a amplitude de espaço inerente a seu ser, que já está feliz e em paz consigo mesmo".[8]

A menos que você pare e se mantenha presente, não conseguirá reconhecer o que já está aqui. Mas existe o medo de parar. O ego tem receio de que se parar, perderá a base no futuro. Ele lhe diz: "Você será ultrapassado", "Você não vai chegar lá" e "Você vai perder". Tais medos são verdadeiros ou simples receios? Eu acredito que eles se baseiam na convicção errada de que o futuro o fará feliz. A verdade é que ele não vai mudá-lo, o futuro não vai alterar sua psicologia nem mudar sua vida. Por quê? Porque o futuro é apenas outro agora.

Outro receio de parar é precisamente porque isso o fará mais presente. E estar presente significa enfrentar toda a sua vida, incluindo esperanças e medos, dádivas e mágoas, erros e acertos, seu ego e seu Eu Não Condicionado. Às vezes, perseguir a felicidade se mostra apenas uma operação sigilosa, uma tentativa oculta de fugir da infelicidade. Em algum ponto, você precisa parar de viver em fuga. Você terá de estar presente. E quando isso acontecer, vai encontrar mais apoio do que tinha imaginado. E não conseguia ver isso porque não estava presente.

"A iluminação é apenas um reconhecimento, não uma mudança." Essa é uma das minhas citações favoritas de *A Course in Miracles*. Substitua a palavra *iluminação* por *felicidade* e terá descoberto um dos mais simples e profundos segredos para a felicidade. Quando você decide estar presente, reconhece o quanto realmente tem, e isso muda sua vida. Quanto mais presente estiver, mais abundância sentirá. Quanto mais presente estiver, mais rico será seu dia. Quanto mais presente estiver, mais desfrutará o futuro.[9]

O verdadeiro objetivo da vida então é ser feliz agora *e* no futuro. E a chave para a felicidade futura é a felicidade presente. Ao dar o melhor de si para sua vida agora, você melhora suas chances de sucesso futuro em tudo o que fizer. Novamente, isso não é uma conjectura fantasiosa. Os estudos sobre a felicidade não param de demonstrar que a *felicidade presente é a melhor forma de prever a felicidade futura*. Em outras palavras, sua atitude agora é o que determina sua capacidade de gostar de seu futuro.

O psicólogo Daniel Nettle, já citado, resume muito bem o relacionamento entre felicidade presente e felicidade futura, corroborado por estudos científicos:

> Se você deseja saber se Bob vai ser feliz daqui a dez anos, não se incomode com o fato de que ele estará com 40 anos ou de que é homem. Não pense no fato de que é um dentista que estará entre os 5% mais bem pagos e terá

uma casa de campo enorme. Nem mesmo pense na linda mulher com quem ele se casará nem em seus três futuros filhos maravilhosos. Em vez disso, faça um inventário da personalidade dele. Para melhor avaliar o quanto ele será feliz, basta perguntar o quanto está feliz hoje.[10]

CAPÍTULO 15

O verdadeiro *plus*

Eu só tinha 21 anos, e era minha primeira vez em Nova York. E o que aconteceu não foi minha culpa, pelo menos, foi assim que eu vi a situação. Veja o que aconteceu:

Eram 9 da noite. Eu estava sozinho em meu apartamento. Depois de um dia atarefado na metrópole, precisava relaxar e desligar. Então liguei a TV, que era enorme, muito maior do que a minha na Inglaterra. Essa TV também tinha muito mais canais, acho que mais de 250. Então comecei a zapear a cada cinco segundos, tomando decisões instantâneas: "Não", "Não", "Não", "Talvez". Um dos problemas de zapear é que acabamos assistindo a *todos* os comerciais de *todos* os canais. E foi num desses momentos que descobri de repente o canal de compras QVC.

O máximo no QVC é que não tem comerciais. Foi isso que chamou minha atenção imediatamente e parei de zapear. O item que estava em oferta naquele momento era um conjunto de cozinha profissional com 11 peças de aço inoxidável. Eu não cozinhava, mas fiquei muito impressionado com o que vi. O conjunto de cozinha estava sendo apresentado por uma mulher muito atraente e com dentes muito brancos. O aço inoxidável brilhava maravilhosamente sob as luzes do estúdio. A mulher de dentes brancos disse que os *chefs* de cozinha profissionais recomendavam aquele conjunto, sem mencionar o nome deles. Eu não precisava de panelas nem de frigideiras, mas pareciam lindas.

Custava 199 dólares, o que estava fora de meu alcance. Mas, então, de repente, a mulher anunciou uma oferta especial com validade para as próximas 24 horas. Ela disse que naquele dia, o conjunto de panelas poderia ser meu não por 179, nem por 159, nem por 99 dólares. Fui fisgado e pensei que eu poderia economizar 100 dólares se comprasse aquilo. Aí me lembrei que voltaria em breve para a Inglaterra, que não precisava daquilo porque nem sabia cozinhar. De repente, a mulher de dentes brancos disse: "Hoje posso oferecer este item por 29,99 dólares". Meu Deus! Era uma economia de 170 dólares! Isso era realmente incrível! A barganha do século!

Finalmente, a mulher de dentes brancos disse que se eu comprasse o item dentro de uma hora, receberia "totalmente grátis" um fabuloso conjunto de facas de cozinha no valor de 99 dólares. "Minha nossa, na verdade estou ganhando dinheiro com este acordo". Então disquei o número que aparecia na tela. Tive uma rápida conversa com a telefonista que era gentil, mas não tão amistosa quanto a mulher de dentes brancos. Fiz a compra na hora no cartão de crédito. Aquele conjunto de cozinha e as facas agora eram meus e seriam entregues em 28 dias, aproximadamente uma semana antes de eu voltar para a Inglaterra.

Avançamos vinte anos: estou em Manhattan de novo, em um quarto de hotel. É quase meia-noite, acabei de fazer uma palestra e jantei com amigos. Precisava espairecer antes de dormir, então comecei a zapear na TV. Encontrei o canal QVC novamente. Por incrível que pareça, o item em oferta era um conjunto de cozinha. Sorri ao me lembrar do que tinha acontecido antes. Continuei assistindo e disse a mim mesmo, "tudo bem". Sou mais velho, mais esperto e medito todos os dias. Mas agora eu adoro cozinhar e precisava admitir que o conjunto de cozinha parecia terrivelmente bonito.

Como naquele dia, o conjunto de cozinha foi apresentado profissionalmente por uma atraente mulher de dentes brancos. E era definitivamente superior ao primeiro que comprei. A diferença é que tinha 17 peças. O *design* era sofisticado e arrojado. Parecia que tinha sido desenhado pelo cientista da Apollo. O material parecia mais leve e mais resistente, à prova de balas. O acabamento de diamante era fantástico. Não era apenas um conjunto de panelas; era uma joia. Podia-se praticamente vestir aquilo. Eu tive de concordar com a mulher de dentes brancos quando disse que aquele maravilhoso item valorizaria qualquer residência.

O preço inicial era 299 dólares. Naquele dia, eu podia pagar aquilo, mas também sabia que o preço cairia, por isso fiquei calmo. E foi o que aconteceu. Mas quando ele chegou a 39,99 dólares, devo admitir que fiquei bastante tentado. "Eu poderia comprar outra mala para levá-lo para casa", pensei. Uma voz em minha mente disse: "Você pode ser parado na alfândega", "Basta pagar a taxa". Respondi a mim mesmo: "Ainda assim é um bom negócio". A mulher de dentes brancos então anunciou que a oferta para *as primeiras 500 chamadas* seria um conjunto de três peças para cozinhar a vapor. Meu Deus, eu podia sentir que estava perdendo a consciência. Não por causa do sono, mas por causa do desejo.

Tenho vergonha de dizer que fui buscar meu cartão de crédito de novo. E quase cheguei a fazer a compra, mas recobrei os sentidos bem na hora. Minha voz interior me salvou. Vinte anos de meditação diária, quinze anos de prática de *A Course in Miracles*, inúmeras repetições das afirmações de Louise Hay e muitas outras práticas espirituais conseguiram me salvar de outra compra desatenta. Mas em cima da hora.

Em "A entrevista da felicidade", que faz parte de um trabalho prévio, uma das tarefas é: "Reflita sobre sua vida, e faça uma lista de suas posses, realizações, relacionamentos e eventos que esperava que lhe trouxessem felicidade, mas não trouxeram. O que você aprendeu com isso?". Assim como todo mundo, você se convenceu muitas vezes de que "deveria ter" e "necessitava com certeza" de uma coisa ou de um relacionamento para fazê-lo feliz, e descobriu que quando conseguiu, a felicidade não estava lá. Isso acontece, e com todo mundo.

Uma vida breve, e tantos desejos. O que fazer? O mundo é um mercado repleto de influências e persuasões. Sua tarefa é distinguir entre desejo ardente, que só traz o prazer fugaz, e desejo sincero, que o leva à verdadeira alegria. Você precisa aprender a ouvir seus *pensamentos reais*, a pensar em Deus, a ouvir sua voz interior e não se deixar influenciar por coisas que nem sabe se gosta ou precisa. Afinal, você precisa distinguir o que tem valor do que não tem. Por quê? Porque quando perde de vista aquilo que é realmente valioso, começa a suspirar por todo o resto. Uma das chaves da felicidade, então, é passar algum tempo pensando em uma boa pergunta como esta:

O que eu realmente valorizo?

Ataque diário

Todos os dias, vemos o lançamento de um novo produto, uma nova campanha publicitária e o nascimento de um novo objeto de desejo. Em qualquer grande cidade do mundo, mesmo enquanto você dorme, eles estão trabalhando duro — magos do *marketing*, astutos artesãos das palavras, gurus de relações públicas e doutores do desejo. Esses construtores e desenvolvedores de marcas são mestres na arte de saber como fazer você querer mais. Juntos, criam um ataque diário de mensagens: maior, melhor. Maior, mais rápido. Menor, discreto. Mais fino, superior.

As revistas mensais de todas as categorias trabalham duro para trazer as últimas notícias de moda, novos estilos, acessórios, artigos de beleza, e outros itens que você "precisa ter". De tempos em tempos, apenas para me divertir um pouco, realizo uma pesquisa informal em revistas selecionadas aleatoriamente para ver o que está sendo oferecido no mês como "a bola da vez". Aqui estão os resultados que apresentei no último curso:[1]

Sexto lugar: *Company* — 235 itens
O mantra da *Company* é: "Mais diversão para seu dinheiro". Na edição deste mês mostraram "235 compras com atitude". Também há um especial sobre as "As bolsas mais cobiçadas".

Quinto lugar: *Cosmopolitan* — 302 itens
O mantra da *Cosmopolitan* é: "Para mulheres divertidas e sem medo". Na edição do mês oferecem "302 dicas de moda para você não se arrepender". Também prometem ajudar a leitora a "Comprar como um *gênio*".

Quarto lugar: *Lucky* — 794 itens
"794 itens que queremos agora!" A edição do mês incluía uma sessão extra sobre Nova York. E o "I Prêmio Anual de Compras da *Lucky*". E mais 150 prêmios em compras a serem distribuídos num concurso.

Terceiro lugar: *Marie Claire* — 827 itens
Marie Claire acredita em "Moda com coração". No mês oferecem "827 dicas de compra de moda e beleza". Uma das chamadas era: "Adeus, quinquilharias, olá, felicidade. Por que a simplicidade é o novo luxo".

Segundo lugar: *New Woman* — 867 itens

O mantra da *New Woman*: "Esperta e divertida como você". Na edição do mês mostravam "867 novos *looks* incríveis". O título em rosa dizia: "Diga adeus a seu guarda-roupa de 2007!".

Primeiro lugar: *Glamour* — 1.083 itens

Era uma edição 100% de moda de rua. Naquele mês, os editores apresentavam uma pesquisa apontando "1.083 dicas de compras — gaste pouco e pareça uma milionária".

A publicidade é onipresente. Todo espaço disponível é um potencial espaço publicitário. Em painéis, adesivos de para-choques, caixas eletrônicos, camisetas, páginas no Facebook, todo mundo tenta vender alguma coisa para você. Um dia, até as árvores do parque estarão carimbadas com adesivos da Nike ou com grandes "Ms" amarelos do McDonald's. O objetivo constante é fazê-lo querer mais e comprar mais do que nunca. Uma recente campanha da empresa de cosméticos Molton Brown resume tudo isso: "Tudo nunca é suficiente!".

O real valor do curso de felicidade é que oferece um retiro temporário desse ataque diário. É sua chance de parar o mundo e lembrar a si mesmo o que é mais importante. O curso é como se fosse um *spa* espiritual em que se pode lavar todos os anexos maléficos das mensagens de "desejar", "dever" e "mais". Essas mensagens não surgem apenas dos anunciantes, elas vêm também dos pais, dos professores, dos políticos, da cultura e de seus pares. É essencial reservar um tempo para compreender qual o sentido real dessas mensagens.

Ao longo dos anos, descobri que é possível deter qualquer pessoa em sua rotina diária fazendo uma pergunta simples: "O que você deseja?". A resposta é essencial para seu relacionamento com a felicidade e especialmente com seu relacionamento com a vida. Uma passagem de *A Course in Miracles* diz:

Essa é a razão pela qual a questão "O que é que você quer?" tem de ser respondida. Você a está respondendo a cada minuto e a cada segundo, e cada momento de decisão é um julgamento que pode ser tudo, menos sem efeito. Seus efeitos seguir-se-ão automaticamente até que a decisão seja mudada.²

Ao contrário das mensagens populares, o objetivo de sua vida não é *ter tudo*. Como o comediante Steven Wright observou certa vez: "Você não pode ter tudo. Onde guardaria?".³ Além disso, terá de devolver todas essas coisas em algum momento. Seu objetivo não é apenas acumular. Você não é um consumidor. Não está aqui na Terra apenas para "ter". Se você pensa apenas em termos de "fazer" ou "ter", estará constantemente com medo e será assombrado por uma sensação equivocada de falta interna.

Compartilhei um dos princípios fundamentais de meu trabalho: *a maioria das pessoas não precisa de mais terapia; precisa de maior clareza*. E isso se aplica especialmente à investigação dos desejos e objetivos pessoais. Um extraordinário *exercício de objetivos* que fazemos no curso chama-se "Os três envelopes". A ideia é você receber três envelopes, cada um com uma pergunta. Você tem dez minutos para responder às questões. Esse exercício pode ser feito tanto em dupla quanto sozinho, com papel e caneta.

No envelope 1, a pergunta é: *o que eu quero?*; no envelope 2: *o que eu realmente quero?*; no envelope 3: *o que eu quero mesmo, de verdade?* Sei que parece música das Spice Girls, mas não pense que se trata de brincadeira. O objetivo desse exercício é ajudá-lo a ser honesto consigo mesmo e a deixar claro aquilo que realmente importa para você. Na seção de revisão, convido os alunos a refletir, por exemplo, sobre quantas das respostas tratam de "ter", "conseguir" e "ser". Também peço para refletirem sobre o equilíbrio das respostas entre "coisas" e "relacionamentos".

217

E o convido a avaliar o quanto daquilo que você realmente deseja de verdade já existe em sua vida.

Existe uma grande liberdade e felicidade quando fica claro aquilo que você realmente deseja. Brian, um cineasta de 40 e poucos anos, participou do curso em 1998. No final, ele me entregou uma carta e disse: "Este é o meu 'muito obrigado'". Aqui está um pequeno trecho da carta:

> Quando me inscrevi no curso de felicidade, esperava que funcionasse. Eu estava pronto e desejava ser feliz. E estou. Me sinto livre de novo, jovem de novo e mais vivo de novo. O que eu não esperava, no entanto, foi o jeito como aconteceu. Honestamente, imaginava que minha descoberta fosse mais esotérica. Um facho de luz, uma meditação cósmica. Anjos cantando, e eu ouvindo a voz de Deus. Em vez disso, você sorteou meu nome no chapéu mágico e, na frente de todo mundo, atingiu-me de repente com a pergunta: "O que você quer?".
>
> Eu não tinha resposta a princípio. Pensava que aquilo que queria era o que todo mundo quer, talvez um pouquinho mais. Durante toda a minha vida, segui o fluxo. Mas realmente posso ver agora que eu não tinha consciência e não vivia minha vida de verdade. Eu me tornei um cineasta, e minha vida passou a ser assistir à vida dos outros. Meu foco estava fora de mim, não dentro. E, agora, graças a sua ajuda, estou apontando a câmera para mim, estou percebendo quem sou na verdade, o que realmente penso e desejo. E, por isso, serei eternamente grato.

Caindo na real

De tempos em tempos, você será chamado a refletir sobre a verdade essencial da vida. Para cunhar uma frase, você tem de *cair na real*. É preciso avaliar qual é a verdadeira moeda de sua vida, o que está comprando e o que deseja que sua vida seja.

Descrevo meu trabalho no The Happiness Project como uma meditação sobre "O que é a felicidade?". Descrevo também meu trabalho com Success Intelligence como uma meditação sobre "O que é o sucesso?". E descrevo os dois projetos como uma meditação sobre a pergunta: "O que é real?".

O problema não está em não termos o suficiente; o problema é não aproveitarmos o que temos. Aqui eu me refiro especificamente àqueles de grande poder aquisitivo que vivem nos Estados Unidos, no Reino Unido, no Japão, na Austrália e na Europa, por exemplo. Os economistas e os estudiosos da felicidade são unânimes em apontar que 1% das pessoas mais ricas dessas nações apresenta altos níveis de depressão, ansiedade e solidão. Fica claro que estamos provando com êxito para nós mesmos e para o mundo que a felicidade não pode ser comprada. A felicidade não é uma mercadoria, não está à venda por preço nenhum.

As pessoas ricas raramente *se sentem* ricas. Elas não se percebem *ricas*. Em uma pesquisa do Instituto Gallup, realizada nos Estados Unidos, a média da população considerou que 21% das pessoas, aproximadamente uma em cinco, estão no grupo dos ricos. Nem sequer 0,5% das pessoas se coloca nesse grupo.[4] Em outras palavras, menos de uma pessoa em cem se identifica com a frase "Eu sou uma pessoa rica". A maioria se refere a termos como "rico", "riqueza" e "abundância" como algo que poderá acontecer quando finalmente se aproveita mais do que se tem hoje.

Com frequência, as pessoas ricas sentem-se pobres. "Quando se pergunta às pessoas ricas quanto de rendimento elas precisam, sempre respondem que precisam mais do que os pobres", escreve Lorde Richard Layard, economista britânico.[5] Em seu livro *Happiness: Lessons from a New Science*, Lorde Layard cotejou pesquisas sobre a economia da felicidade desde o início dos anos 1970. Ele diz: "Embora o rendimento real *per capita* (corrigido pela inflação) tenha quase duplicado, a proporção de pessoas que se dizem muito satisfeitas com sua situação financeira caiu".[6]

Obviamente, alguma coisa está faltando. "Não consigo comprar tudo aquilo de que realmente preciso", dizem 40% dos americanos que ganham um salário anual entre 75 mil e 100 mil dólares. Imagine como isso deve soar para os 3 bilhões de pessoas em nosso planeta que recebem menos de 2 dólares por dia. Não acrescenta nada. Muito mais dinheiro é preciso para o Terceiro Mundo; mas, nos países do Primeiro Mundo, ter mais dinheiro não se mostra a resposta para a felicidade. De fato, as pesquisas confirmam que as pessoas que valorizam mais o dinheiro do que outras metas de vida mostram-se menos satisfeitas não apenas com a situação financeira mas também com a vida no geral.[7]

Então, o que é o verdadeiro plus? Esta é uma das questões centrais. Uma das metas do curso é identificar aquilo que você realmente almeja. É identificar seu *anseio sagrado*, por assim dizer. Em outras palavras, o objetivo é identificar a *verdadeira fome* da humanidade. Esta importante investigação leva, acredito, a uma profunda revelação que pode mudar a vida. Mas, para apreciar essa revelação, é preciso primeiro alterar sua investigação do foco extrínseco e externo para o foco mais intrínseco e do eu. Por quê? Porque descobrir o verdadeiro *plus* não se trata de conseguir mais, mas de cair na real.

A verdadeira felicidade requer uma autorreflexão honesta. Quanto mais honesto for, maior felicidade viverá. Finalmente! No início, mais honestidade pode ser algo doloroso, sobretudo se estiver fora de contato consigo mesmo durante algum tempo. Essa maior honestidade consigo pode significar a necessidade de revisar antigos erros, enganos, negligências e mágoas. Como disse Werner Erhard: "A verdade vai libertá-lo, mas primeiro vai irritá-lo".[8] Mas você não deve desistir da honestidade porque sem ela não se pode viver a autêntica felicidade.

Eu incentivo as pessoas a *cair na real* consigo mesmas, focalizando a pesquisa sobre auto-honestidade em três partes principais.

Parte 1: Autoconsciência. É essencial saber disso: *você sempre se sentirá inadequado, como se algo estivesse faltando, até que aprenda a se conhecer melhor*. Para ser feliz, é preciso saber a diferença entre seu ego e seu Eu Não Condicionado real. O ego é um eu separado, baseado nos ossos e na biologia, na personalidade e na psicologia. É um eu aprendido, envolvido por condicionamentos, medo e culpa. Seu Eu Não Condicionado real é o *espírito de quem você é*. E quanto mais se identificar com sua plenitude espiritual, menos sentirá que alguma coisa está faltando.

A vida não é *obter mais*, mas sim *ser mais* quem você é. Ser mais honesto é ameaçador para as defesas do ego, mas o fato é que você não pode ficar na defensiva e ser feliz. A maior autenticidade é a chave para ser mais feliz consigo e com os demais. Ela também é o perfeito antídoto para desejos divididos, inveja alheia e comparação negativa. Quanto mais real você se mostrar a si mesmo, mais vai compreender o que realmente deseja. Isso é importante, pois nas palavras de Eric Hoffer: "Você nunca terá o suficiente daquilo que não precisa para fazê-lo feliz".[9]

Parte 2: Autoaceitação. *Enquanto não aceitar a si mesmo, sempre vai querer mais do que já tem*. Caso não aceite que a felicidade é sua verdadeira natureza, continuará a procurá-la pelo resto da vida. E se por acaso descobrir a felicidade, não se permitirá apreciá-la a menos que tenha aprendido a aceitar-se. Que tal esse paradoxo? O fato é que *mais de qualquer coisa ou de tudo não será suficiente até que escolha ser feliz*. Escolher ser feliz é o que abre seus olhos para a felicidade de sua real natureza.

Parte 3: Autorresponsabilidade. Tudo bem, chegou o momento daquela profunda e transformadora revelação à qual me referi anteriormente. Esta revelação é a chave de qualquer experiência de falta ou ausência em sua vida agora:

Se você acredita que alguma coisa está faltando em sua vida, provavelmente é você quem está faltando.

Entendeu? É bastante real? A ideia de que algo está faltando em sua vida, no seu relacionamento, no seu trabalho ou em qualquer situação é uma projeção que se baseia no fato de que você não está totalmente presente. Em outras palavras, *acredita que está faltando alguma coisa aqui porque você não está aqui*. De alguma maneira, não está sendo verdadeiro, honesto ou autêntico o suficiente.

A verdadeira felicidade requer que você participe plenamente de sua vida *agora*. Portanto, caso pense que algo esteja faltando, seria bom parar de investigar fora de si mesmo e fazer o levantamento a seguir. É um levantamento baseado em três questões fundamentais:

O que não estou sendo? Se você deseja ser feliz e ainda não se sente assim, deveria refletir sobre aquilo que não está sendo. Por exemplo, não está sendo honesto, carinhoso, gentil, não está perdoando nem sendo grato. Identifique *o que você poderia ser mais ou poderia ser menos*. Este não é um exercício de bom comportamento, mas sim de ser mais incondicional, aberto e fiel à sua natureza real.

O que não estou oferecendo? Quando você sente que alguma coisa está faltando, a busca mais comum é procurar aquilo que não está recebendo, porém a verdadeira procura deveria ser aquilo que você não está oferecendo. Uma frase em *A Course in Miracles* diz: "Somente aquilo que *você* não deu pode estar faltando em".[10] Isso inclui tanto o que tem deixado de oferecer a si mesmo quanto aos outros.

O que não estou recebendo? Talvez a única coisa que esteja faltando é que não está se permitindo receber. Um de meus mantras favoritos é: "Não há escassez, apenas falta de vontade de receber".[11] Talvez isso não seja sempre assim, mas é bom verificar só para o caso de seu apego ao orgulho, ao cinismo, à independência ou ao desmerecimento estar em seu caminho. Tornar-se um receptor melhor com certeza vai ajudá-lo a dissipar as ilusões da falta.

Capítulo 16

A meditação do receber

"A meditação do receber" acontece na metade do curso de felicidade. Este exercício extraordinário revelou-se um momento de definição para muitos dos alunos. Funciona como um catalisador que ajuda a transformar as intenções honestas em resultados reais e palpáveis. A meditação do receber é o momento da graça. Ela ativa novas possibilidades e oferece um caminho melhor. Eu adoro esta meditação porque para muitas pessoas, inclusive eu, é o momento em que *acontece a mudança*.

Tudo que vimos até agora foi em parte uma preparação para esta meditação. A sessão "Siga sua alegria", por exemplo, é preparada para ajudá-lo a entender o que é a felicidade e quem você realmente é. A sessão "O medo da infelicidade" destina-se a ajudá-lo a abandonar antigas mágoas e bloqueios. A sessão "O contrato de felicidade" é feita para ajudá-lo a abrir a mente para a graça e a alegria. E "A inconsciência diária" ajuda-o a se tornar mais presente em sua vida.

Agora você está pronto
— mais pronto do que nunca —
para receber e ser feliz.

"A meditação do receber" ocupa uma sessão inteira. Na pausa para o café, antes da sessão, todos são convidados a deixar a sala para que a equipe do The Happiness Project possa prepará-la. As cadeiras são retiradas, a sala é decorada com flores, perfumes e velas. Robert Norton, nosso músico, começa a tocar. Existe uma paz que envolve a sala e é maravilhosa. Estamos prontos para receber os alunos.

Fora da sala, eles estão reunidos. Explico que o ambiente foi preparado para o deleite deles. A sala agora é o símbolo de um mundo que está cheio de dádivas para serem desfrutadas. O chão está coberto com mais de cem sinais lindamente decorados — como folhas douradas, flores de cerejeira, corações vermelhos —, cada um dos quais leva um tema. Os temas principais são: aceitação, amor, sucesso, criatividade, sabedoria, graça, alegria, liberdade e paz. Outros temas são: milagres, cura, dinheiro, Deus, abundância, inspiração, ajuda e algumas telas em branco.

A meditação em si leva uma hora. Explico que, ao entrar na sala, o aluno deve se dirigir ao tema que o atraia. Pode sentar-se sobre ele, ficar em pé ou se deitar. Se nenhum deles o atrair, eu o encorajo a seguir até um dos sinais em branco e escrever o próprio tema. Explico também que ele é livre para se deslocar pela sala durante qualquer ponto de "A meditação do receber". Por exemplo, pode desejar permanecer vinte minutos na "alegria", vinte minutos na "abundância" e outros vinte em "Deus". Ou pode querer visitar quantos temas forem possíveis durante os sessenta minutos.

De todos os temas que mencionei, qual deles *você escolheria primeiro?* Mantenha esse tema em sua mente enquanto continua lendo. Transporte-o em seu coração enquanto compartilho com você o que fazemos em seguida. Logo que todos os alunos se decidem pelo tema, a meditação começa. Convido-os a começar fazendo uma longa e profunda inspiração. Respirações profundas são simbólicas. A inspiração representa a vontade de insuflar a vida em si mesmo. Nós somos uma geração que respira sem profundidade, o que reflete a consciência da falta. Ao respirar mais profundamente, você se torna mais consciente, presente e receptivo.

Na inspiração seguinte, imagine que está inalando as qualidades essenciais do tema escolhido. Imagine que a alegria, por exemplo, toca cada célula de seu corpo, ilumina cada parte de sua mente e abençoa seu coração. A expiração representa o deixar ir. Na próxima expiração, imagine-se deixando ir embora qualquer antiga resistência à alegria. A expiração também representa radiância e partilha. Imagine-se, então, inspirando e expirando alegria, oferecendo e recebendo na mesma medida. Enquanto faz isso, eu o encorajo a se *conectar* conscientemente com seu tema, a se *visualizar* com ele e o *saudar* calorosamente em sua vida.

O restante das instruções de "A meditação do receber" continua a ser muito simples, porque a arte de receber não é dominar uma técnica, mas sim de intenção. Receber não é um trabalho árduo, é disposição. Não se trata de *fazer acontecer*, mas de *permitir que aconteça*. Receber não é trabalho, esforço e suor, mas entrega.

Histórias do receber

A melhor maneira para descrever "A meditação do receber" é compartilhar algumas histórias de pessoas que a vivenciaram ao longo dos anos. A mais difícil decisão que tive de tomar ao escrever este livro foi qual das histórias selecionar. Eu poderia compartilhar uma centena de histórias transformadoras, que com certeza seriam profundamente inspiradoras. No entanto, escolhi apenas cinco, cada uma das quais ilustra uma lição importante, tanto sobre o real significado de receber quanto de como ser o melhor receptor.

Desistindo da luta. Ben Bartle, um consultor imobiliário de quase 50 anos, escolheu "dinheiro" como seu tema de meditação. Ele ficou no mesmo lugar durante todo o tempo. Dois dias mais tarde, inscreveu-se no programa de TV *Quem Quer Ser Milionário?* Foi aceito, ganhou a rodada e recebeu 250 mil dólares.

Ben levou seu cheque em nosso próximo encontro. Quando eu pedi-lhe que identificasse qual tinha sido a verdadeira chave para o sucesso, ele respondeu: "Desisti conscientemente de meu velho vício de lutar". Ben nos contou como tinha usado sua "história de lutas" durante a maior parte da vida para reforçar autoconceitos de desmerecimento: "Foi durante a meditação que percebi que ninguém se beneficia de meus sentimentos de luta e falta. Visualizei a mim mesmo me libertando das lutas e me colocando como pessoa realmente generosa que desejo ser neste mundo".

Ben descobriu em "A meditação do receber" que *receber é estar disposto a desistir de todas as lutas e faltas desnecessárias*. Ben foi muito generoso ao agradecer publicamente o papel que o curso exerceu em sua boa sorte. Sua generosidade nos causou um belo problema porque as linhas telefônicas de nosso escritório não pararam de tocar durante dias. Ben concluiu que o curso de felicidade funciona! E vem colaborando como membro da equipe em vários cursos.

Desistindo do sacrifício. Julia, enfermeira em um hospital de Londres, concentrou-se em "abundância" e "milagres" para sua meditação. Dois dias antes, Julia fora obrigada a vender alguns objetos pessoais, incluindo um par de brincos de prata, para ajudar a pagar o tratamento de câncer da mãe. Depois de fazer a meditação, Julia cruzou a cidade para ir a um baile de gala das enfermeiras. Ela entrou em um sorteio e ganhou o segundo prêmio. O prêmio foi um par de brincos de prata da Tiffany & Co.

Quando pedi a Julia que identificasse o verdadeiro milagre de sua experiência, ela falou de dois. O primeiro milagre foi participar do sorteio: "Não costumo fazer porque sempre acho que vou perder. Mas como tinha acabado de fazer a meditação, decidi participar". O segundo milagre foi sobre desistir do sacrifício. Julia disse: "Na minha vida pessoal e profissional, sempre assumo o papel de 'ajudante' e negligencio a mim mesma, aí não sou de nenhuma ajuda para ninguém. Durante minha meditação, eu me vi livre do autossacrifício e isso me fez sentir tão bem que quase me senti culpada, mas não tanto assim".

Desistindo do ressentimento. Tanya, uma pianista, escolheu os temas "perdão" e "amor" em "A meditação do receber". O foco principal de sua meditação era o relacionamento com o pai distante, com quem não tinha contato havia dezoito anos. Naquela noite, enquanto abria a porta de seu apartamento, o telefone começou a tocar. Ela atendeu. "Alô", ela disse. "Oi, querida, quem fala é seu pai". Era a primeira vez que o pai ligava em dezoito anos.

Quando Tanya contou sua história, ela admitiu que teve de decidir se o telefonema do pai era uma sincronicidade aleatória ou o efeito milagroso da meditação. Tanya nos disse: "Durante a meditação, testemunhei com total clareza como certas partes de minha vida continuariam em suspenso até que eu perdoasse meu pai. Foi quando orei pelo perdão e me convenci de que deveria ter contato com ele. Também orei por ajuda para superar o medo do contato e acredito que minhas orações foram respondidas porque ele fez contato primeiro". Tanya aprendeu que receber às vezes começa com o deixar ir. Ela também descobriu que as *mudanças acontecem quando se deixa ir!*

Desistindo do medo. Andrea recebeu uma vaga gratuita no curso após vencer o concurso de uma revista. Ela exibia claramente uma saudável capacidade de receber. Durante a meditação, ela se focou em "propósito", "sucesso" e "alegria". Uma semana mais tarde, Andrea viu um anúncio de emprego para uma posição de editor sênior em uma revista de circulação nacional. Ela se candidatou ao emprego. "Quase não me candidatei", disse. Para sua enorme surpresa, foi chamada para a entrevista. Depois foi para a segunda e terceira entrevistas. Andrea conseguiu o emprego, com um aumento salarial de 300%.

Ela identificou que a verdadeira dádiva da meditação foi "desistir do medo da rejeição". "Eu tinha tanto medo da rejeição que só fiz três entrevistas de emprego em toda a minha vida", disse. Andrea tinha conseguido todos os empregos para os quais foi entrevistada, mas também reconheceu que não tinha muitas expectativas por causa desse medo da rejeição. Durante a meditação, percebeu o quanto esse medo estava bloqueando suas chances de receber. "Este curso de felicidade me deu forças para parar de me rejeitar, de me esconder e para me tornar mais presente em minha vida", disse. Ela decidira mostrar-se mais para a vida, e o mundo tinha manifestado seu agradecimento.

Desistindo do orgulho. Louise focou na "cura" e na "ajuda" durante sua meditação, o que salvou sua vida.

Quando convidei a classe a compartilhar quaisquer histórias de receber, Louise foi a primeira a levantar a mão. Ela compartilhou conosco que vinha suspeitando durante um tempo que estava com problemas de saúde. "Mas continuei ignorando as mensagens, até que fiz 'A meditação do receber', e aí percebi uma forte mensagem interna para que eu agendasse uma consulta imediatamente". Louise foi diagnosticada com câncer de mama. O médico lhe disse que por muito pouco tempo ela quase havia perdido a oportunidade de um tratamento eficaz.

Quando pedi a Louise para identificar quaisquer lições que tivesse aprendido ao fazer "A meditação do receber", ela citou duas. A primeira lição foi "desistir de qualquer independência de forma doentia". Ela disse: "Eu sempre fui independente demais para meu próprio bem. E sei agora que isso foi o que me impediu de ser uma melhor receptora". A segunda lição foi "abrir mão do orgulho doentio". Louise explicou que era orgulhosa demais para pedir ajuda. Seu orgulho era relacionado ao desejo de se sentir forte, mas de fato aquilo era uma fraqueza.

O tratamento do câncer de mama de Louise foi um sucesso. Ela se permitiu receber a melhor ajuda possível a cada passo do caminho. Por ocasião do décimo aniversário do The Happiness Project, recebi um cartão de Louise:

> O curso de felicidade ensinou-me a desistir da separação em troca de maior felicidade. Eu sempre me lembro de seu mantra: "Se está vivo, precisa de ajuda". Obrigada por me ajudar a aprender a receber. Obrigada por me ajudar a viver com maior plenitude — e por mais tempo!

O receber incondicional

O objetivo da "meditação do receber" é ajudá-lo a viver a vida de coração aberto e a saudar calorosamente o que mais deseja experimentar na vida. Quanto mais estiver realmente disposto a receber, mais feliz vai se sentir, e mais desfrutará a vida.

Na introdução da "meditação do receber" desejo explorar o real significado de receber. Faço a meus alunos a simples pergunta: "O que realmente significa receber?". A arte da investigação é o *óbvio ululante*, como o sentido de receber, e explorá-lo como se fosse a primeira vez. Sua meta é descobrir aquela joia escondida, um tesouro enterrado, que lhe dá um novo sentido de clareza e apreciação. E a alegria dessa investigação é saber que pode se conectar a qualquer momento com uma inteligência inata que deseja fazê-lo enxergar a verdade e a beleza em cada situação.

A minha pesquisa sobre a arte do *receber incondicional* revelou aquilo que chamo de "três níveis de recebimento":

Aquisição. Neste *nível de ação*, "receber" parece um verbo, uma ação, algo que você faz para "conseguir" alguma coisa. É um nível transacional. Trata-se de um ganho, em oposição a uma perda. Algo lhe é oferecido, dado ou enviado. Deve recebê-lo, aceitá-lo e pegá-lo. Quando as pessoas fazem a meditação pela primeira vez, ocorre uma experiência muito comum de começarem a receber, por exemplo, mais cumprimentos, brindes, prêmios, estacionamento gratuito, sinal verde no tráfego, ofertas de emprego, recompensas financeiras e outras coisas boas.

Para conseguir mais "coisas boas" você tem de estar disposto a ser um melhor receptor e a deixar para trás papéis e comportamentos inúteis. Por exemplo, devolver cumprimentos: quando alguém tenta agradecer-lhe por alguma coisa que você fez, não rejeite com um comentário do tipo: "Ah, não foi nada". Outros bloqueios que impedem o receber são ocupado demais ou hiperativo demais. Apegos pouco saudáveis a papéis como "o independente" ou insistir em sempre ser "o líder" e "o ajudante" vão bloquear sua capacidade de receber.

Reconhecimento. Neste *nível mental*, "receber" é uma mudança na percepção. Este nível não tem nada que ver com receber um pacote pelo Sedex vindo de algum lugar. Trata-se de estar presente e mentalmente receptivo a todas as coisas que *já* estão aqui e que *sempre estiveram*. Quando você toma a decisão de ser um melhor receptor, é como se sua visão tivesse sido restaurada e subitamente reconhecesse todos os tipos de presente que estão aguardando sua saudação e satisfação. Curiosamente, a palavra latina para "receber" é *recipere*, que significa "recuperar ou tomar de volta".

Você é um bom receptor? Tome a decisão hoje de estar mais aberto e receptivo às pessoas que encontrar, aos lugares aonde for e às coisas que acontecerem. *Observe que quanto mais receptivo estiver, mais maravilhosa sua vida parece.* Decida abrir sua mente para a possibilidade de que a felicidade está aqui, assim como a abundância e o paraíso. Admire e agradeça este dia como se fosse o melhor dia de sua vida. Se fizer isso, nem que seja por apenas uma hora, vai "recuperar" e "pegar de volta" todos os presentes que poderia facilmente ter deixado passar. Lembre-se da frase de *A Course in Miracles*: "A iluminação é apenas um reconhecimento, não uma mudança".[1]

Identificação. Neste *nível do ser*, "receber" tem que ver com a sintonia com o verdadeiro eu. Este nível é mais do que apenas *ter* e *ver*; ele lhe permite sentir as dádivas de sua natureza real. Trata-se de desfrutar o amor no coração, a leveza do ser, a sabedoria natural e o milagre da própria existência. Este nível não se relaciona com aquilo que está "fora", mas sim com quem você é. É sobre a sintonia com seu verdadeiro eu, que vai durar mais tempo que o ego, o personalidade, a autoimagem e com todos os outros conceitos aprendidos. Assim, para receber é preciso abrir mão de todos os pensamentos do ego ligados ao desmerecimento.

Este nível é como um ponto de encontro com o Eu Não Condicionado. *Receber significa saber quem você é.* O ato de ver a si mesmo como *receptáculo* que saúda todas as dádivas de Deus. O ato de ver a si mesmo como um *receptor* permite que toda a criação flua através de você. *Receber é o começo da criação em todas as suas formas.* Receptividade é um ato de criação. Em última análise, o ato de receber é compreender que o mundo não só está pleno de dádivas para você, mas que você também está pleno de dádivas para o mundo.

Uma investigação sobre a verdadeira natureza do ato de receber também revela que *receber é um prelúdio ao ato de oferecer*. Receber e oferecer são os dois lados da mesma moeda. São o *yin* e o *yang* da variação. São o *vice-versa* da abundância. Em outras palavras, a capacidade de receber vai determinar a capacidade de oferecer, e quanto mais livremente você oferece, mais livremente recebe.

Enquanto você não receber, continuará com medo de que oferecer seja equivalente a perder.

Se você não for bom em receber, não se doará plenamente a um relacionamento ou emprego, por exemplo, porque terá medo de que essa doação possa esgotá-lo. A única forma de continuar se doando e não receber nada é estar em sacrifício, que persiste enquanto sentir que não há mais nada a doar. Além disso, na verdade, ninguém pode doar o que não recebe. Então, o que fazer? Bem, se você não recebe nem está doando, está quase morrendo. O prognóstico não é dos melhores. A não ser que tome a decisão de receber. É uma decisão simples, feita várias vezes ao dia, e é o meio perfeito de recuperar a felicidade de sua verdadeira natureza.

O diário da felicidade

Quando você se inscreve, entra numa jornada de 7 dias, 24 horas e 8 semanas. Sua vida inteira se torna seu mestre. E o que acontece fora da sala é tão importante e valioso quanto o que viver dentro da sala. A cada dia você experimenta uma nova lição, uma nova dádiva, uma adorável conversa, uma profunda realização. Você se torna um aluno em tempo integral. No primeiro dia, recebe o diário da felicidade para ajudá-lo a receber inteiramente todas as lições e presentes que encontrar.

A ideia de um diário da felicidade é dedicar quinze minutos todos os dias, durante as oito semanas, ao registro de suas observações pessoais, reflexões, rabiscos, pesquisas e epifanias. Eu mesmo começo um novo diário cada vez que dirijo um novo curso. Gosto de meditar todos os dias ao longo do ano, mas prefiro usar o diário de modo mais intermitente, durante oito semanas, em meses alternados. Por quê? Acho mais divertido dessa maneira e menos parecido com uma obrigação rotineira e infindável. A cada vez que volto ao diário depois do curto intervalo, a experiência parece mais rica.

O diário da felicidade é um presente que você se deu. Se alguma vez manteve um diário, saberá muito bem como este processo pode ser recompensador. Estudos científicos sobre a manutenção de um diário resultaram em várias evidências de que escrever regularmente sobre as experiências pessoais pode gerar muitos efeitos benéficos no bem-estar e na saúde mental.[2] Essa atividade pode deixar a vida mais rica, especialmente quando se definem metas específicas para ela. Por exemplo, manter um diário da felicidade enquanto faz o curso ou escrever de manhã enquanto lê um livro do tipo *The Artist's Way*.[3]

O diário da felicidade o ajuda a parar o mundo durante quinze minutos por dia e fazer uma verificação de si mesmo. É a chance de colocar em dia suas próprias novidades, uma preciosa oportunidade de rever sua vida e de dar a si mesmo o presente de sua atenção. Seu diário é uma "carta para o eu" na qual ouve como está se sentindo e escuta aquilo que pensa em relação ao que está acontecendo agora. Escrever um diário ajuda a manter-se em contato consigo mesmo. Sempre que perder esse contato, sentirá que falta alguma coisa. Você sente como se não estivesse completo e começa a almejar alguma coisa a mais. O ato de escrever um diário o traz de volta ao contato consigo mesmo.

O diário da felicidade o ajuda a ouvir seus pensamentos reais. É a chance de dialogar com sua sabedoria natural. É a oportunidade de ser mais honesto consigo mesmo. Uma forma de fazer um diário é perguntar a si mesmo questões específicas como: *O que minha vida está me ensinando no momento sobre a felicidade?* ou *O que minha infelicidade está tentando me ensinar?* Os estudos mostram que escrever sobre felicidade e tristeza, dor e alegria, ou amor e medo pode ajudar a melhorar os níveis de saúde física e mental.[4] A chave para isso é expressar-se livremente, sem censura nem revisão. Ser honesto consigo mesmo leva à felicidade maior.

O diário da felicidade também pode ajudá-lo a se tornar um melhor receptor. Por exemplo, você pode usá-lo para focar nas bênçãos diárias que vive em seu trabalho e em seus relacionamentos. Ou ainda pode usar o diário para registrar uma grande gratidão por dia. Quanto mais usá-lo, mais transformará sua psicologia e a forma como vive a vida. Seu diário literalmente ajuda a escrever e reescrever a história de sua vida e de uma forma mais significativa e agradável para você. A cada dia, pode escrever sobre mais felicidade de volta em sua vida.

Eu gosto de usar meu diário da felicidade para definir intenções positivas. As três perguntas seguintes oferecem um ótimo foco para cada novo registro: *como estou indo?* Por exemplo, você está sendo o parceiro, o pai, o colega que pretende ser? Se não, o quanto pode ser mais e quanto pode ser menos?; *o que estou oferecendo?* Por exemplo, você está usando neste momento todos os seus pontos fortes e talentos? Você poderia oferecer mais de si mesmo para determinada pessoa ou situação?; *o que estou recebendo?* Por exemplo, você está tão aberto quanto gostaria de estar? Observe o quanto está presente e sua receptividade à vida.

O diário da felicidade ainda pode ajudá-lo a fazer pedidos e orações. Por exemplo: "Querido Deus, me ajude hoje a ser um melhor receptor" e "Querido Deus, por favor, me ajude a desfrutar o dia de hoje". Esses pedidos simples e honestos podem produzir resultados fabulosos. Uma de minhas orações favoritas é a de Nancy Spiegelberg: "Oh, Deus das segundas chances e novos começos, estou aqui de volta".[5] O diário da felicidade pode ser seu companheiro mais útil. O diálogo que registrar pode ajudá-lo a compreender a verdadeira felicidade. Pode ajudá-lo a criar uma vida que você ame.

PARTE V
Amor e felicidade

❀

Capítulo 17 - A história da família

Capítulo 18 - O questionário dos relacionamentos

Capítulo 19 - Fazendo a conexão

Capítulo 20 - A alegria do perdão

Capítulo 17

A história da família

A família em que você nasceu é seu primeiro ponto de referência neste mundo. E como tal, é sua primeira sala de aula. É onde você aprendeu, e continua a aprender, muitas das grandes lições de vida. Sua família é seu primeiro romance. É o lugar onde vivenciou seu primeiro amor e vivenciou seu primeiro desejo por mais amor. É sua primeira felicidade. É o lugar do primeiro sorriso, da primeira gargalhada e da primeira conexão, mesmo que por apenas um momento fugaz. Sua família também é sua primeira grande decepção. É o lugar em que teve sua primeira briga, seu primeiro desapontamento e sua primeira experiência de infelicidade.

Sua relação com a felicidade é fortemente influenciada pela história de sua família com a felicidade. Por esse motivo, eu dedico uma grande parte do curso a uma profunda reflexão sobre "A história da família". Esta é a parte em que muitas pessoas encontram os maiores bloqueios em relação à felicidade e os maiores avanços. É onde você encontra sua criança interior e Eu Não Condicionado. É onde pode descobrir sua resistência primal contra a felicidade bem como a chance dourada de ser feliz do modo que um dia esperava ser.

Quando você está disposto a compreender melhor sua família, a curar uma velha mágoa ou simplesmente expressar mais gratidão e amor por ela, literalmente *cresce* e *evolui* para outro nível de liberdade e de abundância na vida. Sua vontade de entender a família o ajuda a perceber quem é na verdade e para que serve sua vida. Sua coragem de curar velhas mágoas o ajuda a desfazer os últimos bloqueios que o afastam de sua própria felicidade. E, quando você deseja a real felicidade a cada membro da família, pode marchar com confiança (e sem restrições) em direção aos seus sonhos.

Então, considere esta pergunta: *Em termos gerais, qual é a história de minha família em relação à felicidade?* Essa pergunta aberta permite que você responda o que desejar. Uma questão ampla como essa é muito útil no início de uma investigação, já que você começa a sentir e a entrar em sintonia com a verdade. O objetivo é esclarecer a sua história em relação à história de felicidade de sua família. Então, gostaria que ouvisse seus pensamentos, sentisse as mais profundas sensações e seguisse seu instinto. Ao ter bem clara a sua história em relação à história de sua família, você poderá ter uma vida mais autêntica e poderosa.

Mas o que é exatamente uma história familiar? Bem, você poderia substituir a palavra "história" por experiência. E a pergunta seria: "Qual é a experiência de sua família com a felicidade?". Veio de uma "família feliz"? Sim ou não? Se um produtor de cinema fosse fazer um filme sobre sua família, seria uma comédia, um drama, uma história de amor, um filme de terror? Qual é o destaque da felicidade em sua história familiar? Ela é um dos principais objetivos? É o tema central da história? Ou há outros temas e objetivos que são mais importantes — por exemplo, trabalho, segurança financeira, sucesso acadêmico ou posição social?

A história familiar também trata de sua filosofia de vida. Por exemplo, você descreveria a filosofia de sua família como "aproveite o dia" ou "economize para dias difíceis"? Descreveria a atitude familiar em relação à vida como otimista ou pessimista, amorosa ou temerosa, abundante ou insuficiente? Se tivesse de resumir a filosofia familiar sobre a felicidade em uma frase — como se fosse o lema da família —, qual seria? Dedique algum tempo para chegar a uma frase que melhor descreva a crença familiar sobre a felicidade.

A história da família também se relaciona ao modo como ela expressa alegria. Para algumas famílias, a alegria é mais comumente associada a almoços em família, conversas, risadas e compartilhamento. Naquelas famílias mais musicais, a alegria se expressa por meio de música, dança e brincadeiras improvisadas. Nas famílias mais artísticas, a alegria está associada a pinturas, *hobbies* e histórias mágicas na hora de dormir. Nas famílias esportivas, alegria é futebol, andar a cavalo e férias com atividades esportivas. Em famílias com forte espiritualidade, a alegria é a dádiva da refeição, orações de gratidão à noite e uma infusão de profundo amor que se expressa nos momentos mais normais. Como sua família exterioriza a alegria?

Uma investigação sobre a história familiar também deveria estudar os papéis familiares. Um papel familiar é a posição que uma pessoa ocupa dentro do sistema familiar. Por exemplo, existe alguém que seja o animador ou a estrela da família? Você cresceu em uma família em que alguém fazia o papel de mártir? Existe alguém solitário em sua família? Em muitas famílias, os papéis são polarizados. Por exemplo, um dos pais faz o papel do "bom policial" e o outro desempenha o do "mau policial". Ou um dos irmãos faz o papel de mascote feliz ou outro faz de gótico desajustado. Ou ainda uma das irmãs é a *socialite* extrovertida e a outra é a estudiosa introvertida. Que papel você exerceu em sua família e como isso afetou sua relação com a felicidade?

A história de sua família — e sua interpretação sobre ela — pode ser encontrada na biblioteca de seu subconsciente. Está em uma prateleira ao lado de diversos outros símbolos, histórias, metáforas e mitos que também influenciam a forma como você experiencia o mundo. A história familiar e a história que você conta sobre si mesmo estão profundamente ligadas. Qual das duas veio primeiro? A história familiar ou a história sobre você? Seja como for, quando curar uma delas, pode curar a outra. Quando for mais honesto sobre uma delas, poderá chegar à verdade sobre tudo. *A verdadeira felicidade o aguarda para além da história.*

Lições de família

Sua história familiar é única e, por conseguinte, tem seu próprio currículo de lições específicas. A história é única porque o conjunto é único. Além disso, cada narrador tem sua própria percepção sobre como a história se desenrola. Com efeito, membros de uma mesma família podem ter visões tão divergentes sobre a história familiar que muitas vezes têm sérias dúvidas de que cresceram na mesma família. Além disso, o sistema familiar tem seu próprio formato especial com pais ausentes, pais adotivos, lutos, doenças, dinâmicas entre irmãos, segredos e muito mais. Tudo isso deve ser levado em conta quando se investiga a história familiar.

E à medida que começamos a mergulhar mais profundamente nessa história, a pergunta que gostaria de fazer é: "Qual foi a definição de sua mãe (ou a influência materna) sobre a felicidade?". A mesma pergunta serve com relação ao pai (ou para a influência paterna). Como já mencionei no Capítulo 3, sua definição de felicidade é importante porque influencia sua vida de muitas maneiras. E essa definição por parte de seus pais é especialmente significativa porque não apenas influenciou sua vida, mas também a vida deles. Você tem plena consciência do quanto a definição de felicidade de seus pais influenciou sua própria definição?

Algumas pessoas vivem a vida de acordo com a definição de felicidade dos pais e nunca descobrem o que é a verdadeira felicidade para si mesmos.

Outra pergunta importante é: "Quando seu pai (ou sua influência paterna) está mais feliz?". Essa mesma pergunta serve para sua mãe. Essas duas perguntas sempre causam um silêncio na classe. A maioria das pessoas tem pouca ou nenhuma ideia de como os pais definem a felicidade ou quando estão mais felizes. Analisar essas perguntas pode lhe trazer uma reflexão preciosa de quem são seus pais. Você começa a conhecê-los do ponto de vista de um adulto para outro adulto e de alma para alma. Vê o papel que desempenharam para você e entende melhor a natureza original deles. Ao fazer isso, passa da história de seu relacionamento a uma experiência de amor ainda maior.

Francis, produtora de TV, 30 e poucos anos, fez o curso em 2002. Ela me escreveu uma carta logo após ter participado de "A história de família". Contou-me o quanto a pergunta sobre a definição paterna de felicidade a deixou perplexa. Ela escreveu: "Eu sabia que meu pai queria que eu fosse feliz. Mas nunca falamos sobre isso. Era uma meta comum que buscávamos sem que um soubesse do outro". Em sua carta comovente, contou-me uma história que, com a permissão dela, conto em minhas aulas:

> A investigação sobre a história de minha família ensinou-me que ainda sei muito pouco sobre meu pai. Nem bem sabia o nome dele direito até fazer 16 anos. Eu apenas o chamava de "pai", e só o via à noite e nos finais de semana, quando na maior parte do tempo ficava quieto, cansado e triste. Um dia, quando eu tinha 13 anos, ele me chamou para ir junto a seu trabalho. Eu não tinha ideia do que meu pai fazia ou onde trabalhava. Concordei em ir, mas só porque podia faltar um dia na escola.

Para minha surpresa, meu pai fazia uma festa no trabalho. Ele cumprimentava todos pelo nome. Era amigão do funcionário do estacionamento; as recepcionistas se iluminavam quando ele cruzava a porta. Até abraçou Hilda, a senhora do café, ao chegar. Meu pai era popular. As pessoas realmente gostavam dele. Ele era legal e divertido. Mas, quando voltava para casa, ficava quieto, cansado e triste.

Aquilo foi um choque. Fiquei com raiva dele. Eu me perguntava por que ele era tão amistoso com "eles" e não conosco, sua verdadeira família. Mas nunca perguntei. Quando fiz 19 anos, minha mãe me disse que meu pai tinha um irmão mais novo que morrera num acidente de carro. Eu não sabia, nunca haviam mencionado o fato. Seria esse o motivo pelo qual meu pai era tão distante da família? Sabia que ele me amava, mas o fato é que não nos conhecíamos. Pode-se dizer que era um "amor estranho".

Uma das grandes queixas de minha vida foi que meu pai realmente não me conhecia, mas o que o curso de felicidade me mostrou é que eu não conheço meu pai. Acredito que já é tempo de crescer e ter uma conversa que gostaria de ter tido há muito tempo. Não só com papai, mas também com minha mãe e minha irmã. Robert, ouvi você dizer muitas vezes *nunca é tarde para um novo começo*. E isso tem muito que ver com minha família e eu. Melhor tarde do que nunca. Melhor agora do que nunca. Em nome de toda a minha família, obrigada!

Toda história familiar tem lições que duram uma vida inteira. Aqui está outra pergunta a considerar: *Durante minha infância e adolescência, o que minha mãe (ou a influência materna) me ensinou sobre felicidade, ou seja, por meio de seu exemplo e sua atitude?* Uma vez mais, a mesma questão serve para seu pai ou para a influência paterna. Sua mãe e seu pai são seus primeiros professores. Em geral, são eles que oferecem as primeiras grandes mensagens sobre felicidade. Se você se identifica com elas, elas se internalizam, e você as escreve em seu contrato da felicidade. É claro que é possível reescrever esse contrato a qualquer momento, mas, até que o faça, essas mensagens paternas vão moldar e influenciar sua relação com a felicidade.

Por exemplo, caso sua mãe tenha feito o papel de mártir, você pode ter acreditado que a felicidade é egoísta. Se seu pai se fixou na ética de trabalho, ele pode ter lhe ensinado que *fácil vem, fácil vai*. Seus pais podem também ter ensinado que *a cegonha lhe trouxe*. E que fazer *a lição de casa é divertido*. E se *você continuar brincando, vai cair*. E que *todos os artistas morrem de fome*. E que haverá *lágrimas antes de se deitar*. Por outro lado, eles também podem ter lhe ensinado que *você tem direito de ser feliz*. E que *a felicidade é ser fiel a si mesmo*. E que *a felicidade é seu presente para o mundo*.

Aqui estão mais duas perguntas que podem ajudá-lo a identificar o que sua história de família lhe ensinou sobre felicidade. A primeira pergunta é: *Quem é (ou quem foi) o membro mais feliz de minha família? E o que essa pessoa me ensinou?* Muitas pessoas dizem que seus pais trabalharam tão duro para criá-las que não lhes restou nenhuma energia para a felicidade. As necessidades materiais vieram antes das necessidades emocionais e espirituais. Curiosamente, muitas pessoas citam um avô ou avó como a pessoa mais feliz da família. Outra resposta muito comum é "meu gato" ou "meu cachorro". E de vez em quando alguém diz "eu mesmo".

A segunda pergunta é: *Quem é (ou quem foi) a pessoa mais infeliz de minha família? E o que ela me ensinou?* Todos podem lhe ensinar algo sobre a verdadeira natureza da felicidade, seja através da dor, seja da alegria. Quando você respeita isso, permite-se viver um maior sentimento de admiração e compaixão com as pessoas de sua vida. Sua família pode lhe ensinar que "esta é a maneira de fazer isso" ou que "esta não é a maneira de fazer as coisas". Seja como for, sua família lhe ensina algo. Quando aprender as lições, vai se elevar a um novo nível de alegria e possibilidades.

Presentes familiares

A pesquisa sobre a história de sua família inclui uma meditação chamada "Presentes familiares". Acredito que essa meditação seja uma verdadeira dádiva porque tem ajudado muitas pessoas, inclusive eu, a viver a cura e a felicidade nos relacionamentos familiares.

"Presentes familiares" é uma meditação que se destina a ajudá-lo a distinguir entre *história* e verdadeiro *propósito* de um relacionamento. A história é aquilo que acontece na superfície de um relacionamento, no "nível de visão" e trata dos papéis que você desempenhou, de sua história pessoal, de suas interações e do quanto se relaciona bem (ou não) com as pessoas. O propósito de uma relação é muito mais profundo do que a história. Trata-se do verdadeiro motivo pelo qual você está na vida do outro. Compreender o propósito deste "nível da alma" pode tornar mais doce e mais amorosa a história de um relacionamento.

Todo relacionamento tem um propósito, e uma das maiores alegrias do relacionamento é identificar e avaliar exatamente qual é. Em geral, envolve uma troca de presentes, que podem ser diversos e variados, sem um formato em particular. Por exemplo, pode ser presente do amor incondicional, do companheirismo, do riso, do romance, do perdão, da autoaceitação, da entrega confiante, de um objetivo compartilhado e assim por diante. Esses presentes abençoam tanto o doador quanto o receptor.

A meditação "Presentes familiares" tem tanto poder de cura porque, em essência, trata-se de gostar das pessoas como são, não como você deseja que elas sejam. Os dramas nos relacionamentos são geralmente causados por lutas de poder e tentativas infrutíferas de mudar o outro. A alegria do relacionamento encontra-se na profunda aceitação, no amor incondicional, em entender realmente o outro, em valorizá-lo, em oferecer apoio mútuo, em mostrar admiração, em confiar e estar presente um para o outro. Independente de sua história pessoal, *encontra-se a felicidade ao se amar a verdade nas pessoas*.

A meditação pode ser feita de duas maneiras. A primeira é uma contemplação geral baseada no seguinte convite:

Imagine que você escolheu sua família. E imagine que escolheu esta família por ter três grandes presentes de felicidade para lhe oferecer. Cite estes três presentes.

A ênfase está nos presentes positivos, ou seja, coisas pelas quais você realmente está grato. Pode perceber que associa cada presente a determinado familiar ou a toda a família. Não importa, as duas maneiras são boas. Além disso, poderá descobrir que os presentes mais valiosos vieram dos relacionamentos mais difíceis da família, o que é muito comum.

Por exemplo, Rachel fez o curso em 2008. O pai e a mãe dela cometeram suicídio quando ela era adolescente. Rachel tem 50 e poucos anos e há dois anos, seu marido se suicidou. Durante sua meditação "Presentes familiares", Rachel descobriu que um dos presentes de sua história familiar era ter certeza de que, nas suas próprias palavras, "Enfrento meus demônios com coragem, supero minhas tentações de morte, e estou tão perto quanto possível de permanecer completamente viva em minha vida". Acredito que todos aqueles que conheceram Rachel naquele curso se viram muito inspirados por sua honestidade, coragem em suportar o sofrimento e compromisso de viver uma vida plena.

A segunda forma de fazer a meditação é visualizar seu foco em cada membro da família. Por exemplo, você pode começar visualizando sua mãe (ou sua influência materna) diante de você. Primeiro, no nível do ego, você reconhece a história de seu relacionamento e sua história pessoal em conjunto. Então, no nível da alma, pergunta: *Qual é o verdadeiro presente que minha mãe me ofereceu?* E você ouve e recebe. Depois, pergunta: *Qual é o verdadeiro presente que ofereci à minha mãe?* Novamente, você escuta e visualiza entregando esse presente a ela.

As experiências das pessoas que fizeram a meditação dessa forma variam bastante. Algumas são boas visualizadoras e tiveram uma experiência visceral e viva. Outras são mais sinestésicas e têm a tendência de sentir e viver a meditação de forma mais energética. E outras são mais auditivas, de modo que sentem a meditação como um diálogo, em que ocorre uma troca significativa. Muitas pessoas também incluíram familiares que já morreram. Isso é perfeitamente compreensível, pois os relacionamentos vivem na mente e no coração. A morte altera a forma, mas não termina o relacionamento.

A vontade de ir para além da história em direção ao maior senso de verdade e de propósito é o que faz os relacionamentos serem mais alegres e significativos. É uma chave valiosa para a cura e a felicidade.

Felicidade é a vontade de escolher a verdade em vez de permanecer em uma história.

A cura da família

Em uma pesquisa realizada em 67 países, foram entrevistados pais de diversas culturas, religiões e renda familiar. Uma das perguntas era o que eles mais desejavam para os filhos. A resposta número um, disparada, foi *felicidade*.[1]

Todos os pais querem ver os filhos felizes. Quando você se torna pai ou mãe, sabe o quanto isso é verdade. O amor incondicional só está interessado na felicidade. No entanto, a paternidade e a maternidade podem ser um desafio, bem como os relacionamentos, as personalidades e a vida estão repletos de desafios. Em meio a todos eles, podem-se perder de vista suas melhores intenções e pode-se esquecer o verdadeiro propósito dos relacionamentos mais importantes. Uma história de amor se transforma em drama. Literalmente, *perdemos o enredo*, e a felicidade é abandonada em favor de outra meta.

A maioria das histórias familiares está repleta de presentes e dramas. Geralmente há muito que merece gratidão e muito que perdoar. Cada um de nós encontra ressentimentos e perturbações no mais amoroso dos relacionamentos. A comunicação em geral é um problema, *mas também a solução*. Algo dito, algum mal-entendido — ou a falta total de comunicação — desempenham papel importante na maioria das situações infelizes. Algumas vezes, será sua vez de pedir desculpas por alguma transgressão ou mágoa que causou. E, é claro, vai querer se desculpar se valorizar mais a felicidade do que qualquer drama ou defesa egoica.

A parte final da "História familiar" é o foco na comunicação e na cura. Em geral, assume a forma de tarefa, que é uma conversa sobre felicidade com alguém de sua família. Costumo recomendar pelo menos duas conversas. Uma delas é com um membro da família com o qual você cresceu — por exemplo, mãe, pai, avô, avó, irmão, irmã, tia. A outra conversa é com o parceiro, filhos, cunhada ou, se preferir, com o melhor amigo.

Nessa investigação, quando peço às pessoas para refletir sobre a melhor conversa sobre felicidade que já tiveram com um familiar, a resposta mais comum é: "Nunca tive". Como disse Francis sobre seu relacionamento com o pai: "Nunca falamos sobre felicidade. Era uma meta comum que buscávamos sem que um soubesse do outro". Um dos motivos pelos quais os familiares não começam uma conversa sobre felicidade é que *nunca* conversaram sobre o tema. Outra razão é uma velha mágoa ou ressentimento. A comunicação *cura*. Quando você está disposto a se comunicar de forma honesta e carinhosa, algo maravilhoso acontece.

Sua vida evolui pela conversa, evolui tanto pelas conversas que tem quanto pelas que não tem. Uma única conversa pode abrir um mundo de possibilidades imediatas, e isso se aplica particularmente às conversas sobre felicidade. Portanto, marque um horário com seu pai, sua mãe ou alguém que você ama e comece a conversar sobre felicidade. No início, é provável que sinta certo estranhamento, mas ele vai passar se você se lembrar do que de fato importa.

Mark é um advogado que participou do curso em 2000. Aqui estão os dois últimos parágrafos do *e-mail* que me mandou na manhã seguinte ao seu encontro com o pai. O local foi um restaurante em Nova York. O objetivo do encontro foi falar pela primeira vez sobre felicidade:

> Lá estávamos nós: um *gay* de 40 anos e seu pai heterossexual de 70 anos. Nunca ficamos tão nervosos. A felicidade era um assunto totalmente novo para nós. Eu estava convencido de que seria ainda mais difícil do que "sair do armário". Papai começou pedindo uma garrafa de vinho tinto. À medida que o vinho fluía, a conversa prosseguiu. Ao longo da noite, falamos sobre como definimos a felicidade, sobre nossas crenças, nossos medos, nossas decepções e esperanças.
>
> Robert, devo dizer honestamente que nunca senti que eu tinha um pai — até a noite passada. O que aconteceu nessa noite foi um milagre entre dois estranhos que tinham vivido na mesma família por quatro décadas. Descobrimos que nós dois queremos felicidade, não apenas para nós mesmos, mas um para o outro. Somos diferentes e iguais. Eu amo meu pai e meu pai me ama.

CAPÍTULO 18

O questionário dos relacionamentos

Todos os dias, no The Happiness Project, recebemos pedidos para participar de pesquisas, documentários ou entrevistas sobre felicidade. O pedido mais comum é sobre felicidade e relacionamentos. Desfrutar um relacionamento feliz e amoroso é uma das maiores metas da vida e assim representa nosso trabalho mais importante. O relacionamento é o coração da felicidade e o cerne da vida. Os relacionamentos ajudam a pessoa a crescer e se transformar em quem deseja ser.

É dolorosamente óbvio que um dos maiores desafios que a família humana (também conhecida como humanidade) ainda enfrenta é aprender a ser feliz um com o outro. O fato é que ainda não somos muito bons nisso. Instintivamente, sabemos que os relacionamentos representam nossa melhor oportunidade para vivenciar o amor e a felicidade, mas mesmo assim e com muita frequência, nossa experiência em relacionamentos é que termina como uma pira funerária para nossas esperanças perdidas. Alguns relacionamentos ajudam a descobrir algo mais sobre a verdadeira felicidade; outros podem tentá-lo a desistir da felicidade total.

Ao longo dos anos, a equipe do The Happiness Project é a que mais tem pesquisado sobre *felicidade e relacionamentos*. Toda a equipe e especialmente o codiretor Ben Renshaw têm participado de estudos nacionais sobre bem-estar familiar, congressos sobre relacionamentos e saúde mental, documentários de TV sobre relacionamentos e felicidade, e até mesmo de uma campanha para criar um Ministério da Paz, por exemplo. Nossas pesquisas se concentram em dois temas principais: como as relações positivas podem aumentar a felicidade pessoal e como a felicidade pessoal pode atrair e reforçar as relações positivas.

A primeira grande revisão científica sobre felicidade foi conduzida por Warner Wilson em 1967. Em sua pesquisa, Wilson fez a pergunta: *O que realmente determina a felicidade?* Sua exaustiva revisão acabou por identificar 16 "itens dicotômicos" que incluíam boa renda, boa saúde, alto moral no trabalho e educação. Acima de tudo, ele concluiu: "O mais impressionante achado reside na relação entre felicidade e envolvimento bem-sucedido com as pessoas".[1] Uma geração de cientistas baseou-se nessa observação para realizar uma série de testes que comprovassem que os *relacionamentos podem fazer uma pessoa feliz*.

Realizaram-se incontáveis estudos de relacionamentos e felicidade nas décadas seguintes. Os mais importantes focaram nas diferenças principais entre "pessoas felizes" e "pessoas muito felizes"; em outras palavras, entre pessoas que consistentemente relataram que estavam *felizes* ou *muito felizes*. Esses estudos identificaram um elemento externo principal que distinguia os dois grupos, que era o prazer de "relações sociais ricas e satisfatórias".[2] E, assim, extraíram-se mais conclusões de que casamento, amizades e relacionamentos fazem uma pessoa feliz.

Essas conclusões, contudo, são apenas parcialmente verdade, por duas razões:

Primeira: é muito determinista e demasiado simplista dizer, por exemplo, que "o casamento faz uma pessoa feliz". Os estudos sobre felicidade descobriram de fato que é mais provável que uma pessoa que diz: "Tenho um casamento feliz" (e fala sério!) tenha mais felicidade do que solteiros, divorciados ou viúvos.[3] No entanto, se o casamento é tão bom, por que mais pessoas decidem se casar tarde, ou nem mesmo se casar?[4] E por que as taxas de divórcio cresceram vertiginosamente nos anos recentes?[5] Nem tudo é alegria no casamento; ele pode ser estressante e se romper. Dizer que "o casamento faz uma pessoa feliz" é pintar meio quadro. O que realmente precisa ser estudado é *o que faz um casamento feliz*.

Segunda: é também parcial demais ter a conclusão única da correlação positiva entre felicidade e relacionamentos, de que *as relações positivas fazem uma pessoa feliz*. Certamente, o outro lado da moeda, por assim dizer, é: *a felicidade resulta em relações positivas*. Em outras palavras, a verdade é que

os relacionamentos com amor podem aumentar as chances de ser feliz; mas estar feliz pode também aumentar as chances de desfrutar relações com amor.

No curso de felicidade, fazemos uma análise profunda sobre a reciprocidade entre a felicidade pessoal e os relacionamentos positivos. Para isso, usamos um método chamado "questionário dos relacionamentos". Esse questionário não é um exercício para usar papel e caneta, no qual você simplesmente escolhe as opções. É uma experiência dinâmica com perguntas, conversas e exercícios preparados para ajudá-lo a desfrutar relacionamentos ainda mais felizes e amorosos com a família, os amigos, os colegas e as outras pessoas de sua vida. No restante do capítulo, vou apresentar os seis temas mais importantes que abordamos no questionário.

Previsão de felicidade

Qual seria a chave mais poderosa para desfrutar um relacionamento feliz e com amor?

Enquanto pensa sobre a resposta, por favor, considere todos os tipos de relacionamentos, como casamento, amizade, família, colegas e vizinhos. Liste todas as experiências de sua vida até hoje, e cite uma, duas ou três das mais poderosas chaves que você saiba, de coração, que contribuem para criar relacionamentos ricos e gratificantes. As respostas comuns falam de interesses partilhados, respeito mútuo, comunicação honesta e investimento conjunto no relacionamento. É muito importante que tenha clareza em suas respostas. Por quê? Porque se você entender o que realmente faz funcionar uma relação, pode mantê-la funcionando.

É por isso que uma das melhores formas de prever a felicidade no relacionamento é a *própria felicidade*. Os pesquisadores descobriram uma forte correlação entre satisfação com a vida e relacionamentos felizes. Assim, se você concorda com a frase "estou muito feliz com minha vida", é provável que seja capaz de dizer "desfruto relacionamentos felizes e com amor". Em um dos maiores estudos sobre felicidade, seis de dez casais que classificaram o casamento como "muito felizes" também classificaram a vida como "muito feliz". No entanto, aqueles que declararam não estar em relacionamentos muito felizes também não estavam felizes com a vida.[6]

Várias pesquisas sobre felicidade e casamento também concluíram que *a melhor forma de fazer um casamento funcionar é já estar feliz*. Um estudo alemão feito com 24 mil pessoas durante 15 anos descobriu que aqueles que se casaram e ficaram casados estavam mais felizes no início.[7] Em outras palavras, eles já estavam felizes e não foi o casamento que os deixou felizes; em vez disso, o casamento se adicionou à sua felicidade. Além disso, há evidências que indicam que já estar feliz é o que realmente atrai uma relação amorosa e duradoura para a vida.

Sua relação com a felicidade influencia todos os outros relacionamentos da vida. Como assim? Por exemplo, se você define a felicidade como uma "coisa" que "procura atingir" e tenta "perseguir", é provável que seja susceptível a "procurar o amor" fora de si mesmo. E se acredita que a felicidade está fora, então certamente vai acreditar que o amor existe fora também. Essa definição de felicidade "fora" deve inevitavelmente conduzir a relacionamentos que se tornam transacionais, carentes, manipuladores, não autênticos e insatisfatórios.

Quando esclarecer sua relação com a felicidade, vai aumentar automaticamente as chances de atrair e manter relacionamentos saudáveis, felizes e amorosos.

Amor incondicional

Na sua opinião, qual o segredo do amor incondicional?

Nessa pergunta, a palavra *segredo* se refere à *verdade essencial* que você descobriu sobre o amor incondicional. Esta *verdade essencial* é aquilo que em última análise você objetiva colocar em prática no dia a dia. Claramente, sua resposta a uma grande questão como esta terá um enorme efeito sobre sua vivência em relação ao amor e à felicidade. Sua vontade de aprender sobre o amor, e não apenas buscá-lo ou esperar ser amado, é o que, sem dúvida, o ajuda a ser uma pessoa verdadeiramente amorosa.

No exercício "O gênio da felicidade" (Capítulo 1), quando se pede às pessoas que escolham entre a felicidade e o amor, a maioria deseja as duas coisas. Mas, pressionadas, 70% escolhem o amor. Como um aluno comentou: "Quando você escolhe o amor ou a felicidade, está na verdade escolhendo a mesma coisa". O amor é felicidade, e felicidade é amor. Por essa razão, todas as principais tradições, religiões e filosofias concordam que

**quanto mais amoroso for,
mais felicidade viverá.**

Suas crenças sobre felicidade também influenciam aquilo que acha ser possível ou não no amor. Por exemplo, se não acredita em felicidade incondicional, não achará fácil acreditar no amor incondicional. Caso pense que a felicidade deva ser merecida, provavelmente não se permitirá receber incondicionalmente todo o amor que está disponível para você. E se não acreditar que a felicidade pode durar, achará impossível crer que o amor também possa durar. Felizmente, no entanto, quando você muda de ideia sobre a felicidade, também poderá ter uma experiência completamente diferente de amor. A felicidade é a chave para o amor tanto quanto o amor é a chave da felicidade.

Meu trabalho no The Happiness Project ensinou-me que *as pessoas que são boas em felicidade também são boas em amar*. O necessário para ser feliz é aquilo que o ajuda a ser mais amoroso. Por exemplo, para ser mais feliz, é preciso se atrever a ser ainda mais autêntico e estar mais presente em sua vida. Se fizer isso, também viverá mais amor. Do mesmo modo, a felicidade aumenta quando você está menos obcecado por si mesmo e se apresenta de modo mais sociável; isso também acontece com as chances de amor. E a felicidade aumenta à medida que você se doa incondicionalmente e se torna mais carinhoso e generoso; da mesma forma, ocorre com a capacidade de amar.

Para ser feliz, é preciso estar disposto a receber incondicionalmente, e ser um bom receptor é o que ajuda a desfrutar intimidade e melhor apreciação em todos os relacionamentos. Quanto mais feliz estiver, menor a propensão a sofrer comparações negativas, inveja e ciúme. Você também terá mais capacidade de gerir conflitos e perdoar. Claramente, sua capacidade de ser feliz é o que o ajuda a atrair e a participar de relacionamentos mais amorosos. Quanto mais for capaz de ser feliz, mais será capaz de amar e vice-versa.

A verdadeira alegria

Faça uma lista das cinco relações mais importantes de sua vida, e, ao lado de cada pessoa que você citou, escreva uma frase que melhor descreva a verdadeira alegria desse relacionamento.

Permita a si mesmo interpretar a expressão "verdadeira alegria" da maneira que desejar. Por exemplo, com uma pessoa a *verdadeira alegria* do relacionamento pode ser uma profunda simpatia por uma qualidade definida ou característica. Com outra, essa *verdadeira alegria* pode ser um sentido de conexão e unidade. Já com outra, a *verdadeira alegria* se refere a um sentido de propósito e significado. E com outra, essa *verdadeira alegria* pode vir de tudo aquilo que passaram juntos, os altos e baixos e as lições aprendidas.

Além do prazer. Se o relacionamento não tem outra finalidade senão "prazer", jamais poderá florescer além de certo ponto. E talvez não seja esse o objetivo. Mas naquelas relações mais preciosas e íntimas, torna-se vital estar disposto a ir "para além do prazer", de forma que se descubram os verdadeiros tesouros e dádivas desse relacionamento. Dar a ele um maior propósito do que apenas "prazer" é o que contribui para criar maior sentido de intimidade, comunhão e amor verdadeiro. Além do prazer, um novo nível de alegria e conexão espera por você.

Além da personalidade. Quando você procura a "verdadeira alegria" de um relacionamento, olha além do ego da pessoa, além de sua personalidade e diretamente no cerne de quem ela é. Apreciar a "verdadeira alegria" o ajuda a testemunhar a essência da pessoa. Você descobre sua eterna graciosidade, sua beleza secreta e seu Eu Não Condicionado. A "verdadeira alegria" ajuda a entender que as pessoas não são apenas egos, personalidades e modo de agir. Essa perspectiva de cura é útil para aqueles momentos em que os egos e as personalidades são difíceis de amar.

Além da dor. Assim como a expressão "pessoas felizes" é enganosa quando você a entende como "pessoas que nunca sentiram dor nem tristeza", a expressão "relacionamentos felizes" pode ser enganosa se entendê-la como "uma relação que nunca passou por conflitos ou desafios". Todo relacionamento que dura mais de um final de semana vai encontrar tristeza e felicidade, amor e medo, gratidão e mágoa. Identificar a "verdadeira alegria" de um relacionamento pode ajudá-lo a se manter no curso, a se lembrar daquilo que for realmente importante e a se manter comprometido com o verdadeiro motivo pelo qual estão juntos. A alegria aumenta a resistência e pode ajudar seu relacionamento a florescer.

Os pontos fortes do relacionamento

O que o leva a ser tão bom nos relacionamentos? Cite os cinco pontos fortes mais importantes nos relacionamentos. Identifique qual deles você está usando mais atualmente e com quem.

Todos reconhecem que as relações podem ser uma fonte abundante de felicidade compartilhada, de amor e propósito. Mas poucas pessoas parecem trabalhar conscientemente nesses talentos essenciais e pontos fortes que ajudam os relacionamentos a funcionar. A maioria das pessoas adota uma atitude passiva na esperança de que um relacionamento seja satisfatório e que sua próxima alma gêmea saiba fazer uma relação funcionar. Por essa razão, muitas consideram esse exercício difícil no começo. Recomendo que tente fazê-lo. Repare no quanto é fácil ou difícil para você identificar os pontos fortes nos relacionamentos.

É divertido estar com você? Diversão é definitivamente um ponto forte. Quando se pergunta a uma pessoa o que primeiro a atraiu em seu parceiro ou amigo de longa data, raramente menciona "ceticismo abjeto", "ser *workaholic*" ou "olhar misterioso". Não, a resposta é geralmente "o sorriso", "o senso de humor" e "o entusiasmo pela vida". Os relacionamentos não se resumem a diversão constante, tampouco são apenas "passar o dia" ou simplesmente "ficar junto". Lembrar-se de ter diversão ajuda a trazer energia, criatividade e renovação a um relacionamento. A felicidade é atraente, e a diversão abre caminho para o amor.

Ter uma intenção consciente de desfrutar a companhia do outro ajuda a prosperar uma relação. Ajuda também a quebrar o feitiço da rotina melancólica, a despertar diariamente da inconsciência e fazer nascer a tão necessária espontaneidade e vivacidade. A psicóloga Janet Reibstein entrevistou centenas de casais para sua pesquisa sobre relacionamentos felizes. Em um dos estudos, ela identificou que ter espaço para o prazer (ou seja, brincar, ter humor, jogar, fazer piadas, tocar, abraçar e ficar relaxado na presença do outro) é um dos "fatores que definem e reforçam as parcerias bem-sucedidas".[8]

Lições dos relacionamentos

Qual é a lição mais importante no momento de seu relacionamento?
Sempre que você faz um novo amigo ou inicia um novo relacionamento afetivo, parte para novas lições de como ser uma pessoa feliz e amorosa. Todo relacionamento é um mestre, todo relacionamento tem seu currículo especial e lhe dará uma oportunidade de aprender algo sobre felicidade ou cura.

Então, você cresce e evolui por meio de seus relacionamentos. Não podemos fazer isso sozinhos, precisamos uns dos outros, pois é para isso que servem os relacionamentos. A finalidade principal do relacionamento é você se tornar a pessoa mais amorosa possível.

Ao revisar seus relacionamentos mais importantes, observe se uma lição especial sobressai neste momento. Outra maneira é escolher dois relacionamentos: um que pareça saudável e feliz e outro que pareça emperrado ou doloroso. Agora, com cada um deles, tente identificar qual lição deve ser aprendida. No relacionamento feliz, observe o que está fazendo direito; e no infeliz, procure os erros que possa ter cometido, busque maneiras de se comunicar melhor ou defesas que possa abandonar.

Uma das mais importantes lições a aprender sobre os relacionamentos é que *não é função da outra pessoa fazê-lo feliz*. Sua felicidade não é função de ninguém, a não ser sua. Enquanto não perceber isso, estará sempre insatisfeito com os relacionamentos. As pesquisas sobre felicidade mostram que embora o romance, o casamento e até mesmo a maternidade ou paternidade possam aumentar a felicidade a curto prazo, isso não faz a felicidade de ninguém para sempre. O hábito assume o lugar e aquele ponto familiar se restaura. Em última análise, o relacionamento com os outros espelha sua relação com a felicidade. A longo prazo, ninguém pode *fazê*-lo feliz; mas todos podem *incentivá-lo* a ser feliz.

O sucesso dos relacionamentos

A partir de hoje, como você poderia fazer todos os seus relacionamentos tornarem-se mais doces e amorosos? Identifique uma, duas ou três maneiras práticas pelas quais poderia desfrutar relacionamentos mais felizes e bem-sucedidos.

Pense em como você está. Lembre-se de suas intenções. Pense sobre o que realmente deseja e seja o que quiser. Em outras palavras, se deseja mais amor em seus relacionamentos, seja mais amoroso. Se quiser uma comunicação mais rica e profunda, seja mais aberto e honesto. Você quer ser mais feliz ou estar no controle? Ser mais feliz ou sentir-se seguro? Ser mais feliz ou ficar na defensiva? Ser mais feliz ou pretende se prender a sua reclamação favorita sobre as relações? *Para ser feliz, precisa se dispor a ser o objetivo que mais deseja realizar.*

Pense sobre aquilo que você está *oferecendo*. A alegria do compromisso é que quanto mais doar de si mesmo em um relacionamento, melhor ele se torna. A verdadeira entrega não é um sacrifício. Ao contrário, quando você decide se entregar totalmente em um relacionamento, descobre mais sobre o que tem a oferecer. Por meio da entrega, você se envolve totalmente. Por meio dela, encontra a si mesmo. Pela entrega, cresce e evolui. Quando se compromete a doar a um relacionamento o máximo de sua melhor atenção e energia, ele se torna de imediato mais atraente e gratificante.

Pense em quem está *recebendo*. Às vezes, o motivo pelo qual um relacionamento oscila é porque você não lhe dá todas as oportunidades para que cresça e prospere. Talvez você esteja muito ocupado, muito cansado, com medo, muito independente ou cético demais. As relações se tornam mais maravilhosas e atraentes quando permite que as pessoas entrem, quando você se abre e se permite receber. Então, você quer ser feliz ou independente? Feliz ou superior? Feliz ou orgulhoso? Quanto mais se permitir receber, mais dádivas encontrará em todos os seus relacionamentos.

Capítulo 19

Fazendo a conexão

Esta é a história de um clérigo e de um místico. Eles se conheceram em uma palestra sobre Michelangelo e gostaram da companhia um do outro. Então o clérigo convidou o místico para ir à sua casa tomar uma xícara de chá e conversar sobre teologia. O místico ficou feliz pelo convite.

O clérigo morava em uma casa magnífica no meio da cidade. Cada quarto era adornado com belíssimas mobílias. O clérigo e o místico tomaram chá na biblioteca, que estava abarrotada de fileiras de textos espirituais encadernados em couro. No teto, havia uma belíssima réplica de *A criação de Adão*, pintura que Michelangelo fizera no século XVI para a Capela Sistina.

Quando o clérigo e o místico começaram a conversa sobre teologia, este reparou o telefone dourado sobre a mesa no canto da sala. O místico perguntou:

— É o que estou pensando?

— Sim — sorriu o clérigo.

— É uma linha direta com Deus?

— Sim — confirmou o clérigo.

— Que maravilha! — exclamou o místico.

— Você gostaria de fazer uma chamada?
— Sim, por favor.
O místico pegou o telefone e disse:
— Alô!
— Olá — respondeu Deus.
O místico e Deus tiveram uma ótima conversa como velhos amigos. Foi uma bela conexão. Depois, o místico agradeceu ao clérigo profusamente.
— O prazer foi todo meu — disse o clérigo.
— Quanto eu devo pela chamada?
— Dez mil dólares, por favor.
— Caramba — disse o místico, que não esperava que fosse custar tanto.
— Bem, foi uma chamada de longa distância — explicou o clérigo.
O místico perguntou se o clérigo aceitaria cartão de crédito. Mas este respondeu que preferia dinheiro. E concordaram que o pagamento seria feito quando o clérigo fosse visitar o místico para tomar uma xícara de chá e conversar sobre teologia.
O clérigo e o místico encontram-se uma semana mais tarde. A casa do místico ficava bem no centro de uma área rural. Era também muito bonita. Curiosamente, não havia livros em lugar nenhum. Mas cada quarto estava decorado com as mais inspiradoras obras de arte religiosas de todas as crenças. O clérigo e o místico tomaram chá na sala de meditação. E por coincidência, no teto também havia uma linda réplica de *A criação de Adão*, de Michelangelo. E também, no canto da sala, havia um telefone dourado sobre a mesa. O clérigo perguntou:
— É o que estou pensando?
— Sim — sorriu o místico.
— É uma linha direta com Deus?
— Sim — confirmou o místico.
— Que maravilha! — exclamou o clérigo.

— Gostaria de fazer uma chamada?
— Sim, por favor.
O clérigo pegou o telefone e disse:
— Alô?
— Olá! — respondeu Deus.
O clérigo e Deus tiveram uma ótima conversa, como velhos amigos. Foi uma linda conexão. Depois, o clérigo agradeceu o místico profusamente.
— A alegria foi minha — disse o místico.
— Quanto devo pela chamada?
— Um dólar, por favor — disse o místico.
— Caramba! — exclamou o clérigo que não imaginava que custasse tão pouco.
— Bem, é uma chamada local — explicou o místico.

Nessa história, o clérigo representa a parte de sua mente que tem aprendido a acreditar em uma teologia da separação. Assim, o céu está fora de você, Deus é distante e a felicidade está em outro lugar. O místico representa aquela parte de sua mente que acredita na teologia da conexão. Logo, não existe separação, e não existe distância entre o céu e você, a criação e você e os outros e você. Tudo, inclusive a alegria, a sabedoria e a inspiração são realmente uma chamada local.

Tanto o clérigo quanto o místico têm em casa uma réplica de *A criação de Adão*, de Michelangelo, que é minha obra de arte favorita. É a pintura em que uma pequena distância separa o dedo de Adão do dedo de Deus. Uma hipótese é que tal separação seja literal; outra é que seja puramente artística, uma vez que Adão está ao fácil alcance de Deus. Assim, separação e conexão são escolhas que Adão pode fazer. Curiosamente, alguns estudiosos veem que Deus é transportado pelo ar, já que está sentado em uma nuvem; outros enxergam que a nuvem é uma réplica exata do cérebro humano. Desse modo, Deus não está longe no céu, está em você. Tudo depende de como você O vê.

No curso de felicidade, investigamos em profundidade a relação entre o eu e a felicidade, assim como a dança entre a separação percebida e a conexão. Uma das principais causas da infelicidade é o sentimento de separação, o isolamento ansioso que sentimos de nosso verdadeiro eu, de nossa verdadeira essência, de nosso verdadeiro coração e o restante da criação. Nesses momentos, a distância entre a felicidade e nós parece insuperável. E, no entanto, tal isolamento pode desaparecer em um piscar de olhos. Conexão é uma escolha consciente, é fácil e já existe. É apenas sua resistência quem cria a ilusão de distância e demora.

A felicidade está nas conexões que fazemos conosco e com os outros.

Autoconexão

O princípio central de meu trabalho com o The Happiness Project é chamado o autoprincípio.[1] Esse princípio afirma que *a qualidade de seu relacionamento consigo mesmo determina a qualidade de seu relacionamento com tudo e todos.* Quem você acha que é e aquilo que acha que merece são os fatores a criar a dinâmica feliz ou infeliz que você experimenta em suas relações com família, amigos, colegas, Deus, o coletor de impostos, e todas as outras pessoas. Sua relação com você mesmo é a chave para fazê-lo se conectar com os demais.

Essa qualidade também determina a qualidade de seus relacionamentos com as metas importantes da vida como amor, sucesso e felicidade. Ela influencia, por exemplo, o quanto sua relação com dinheiro será abundante ou ausente. Molda também sua relação com o tempo, inclusive o quanto de "seu tempo" você se permite, ou porque está sempre atrasado e sua habilidade de criar tempo para o que é mais importante. O autoprincípio é tão preciso que afeta até sua relação com a sorte. Quando você está consciente dessa conexão, pode começar a mudar sua experiência com o mundo, alterando seu relacionamento consigo mesmo.

No começo da cada curso, convido as pessoas a falar por um minuto sobre os motivos pelos quais se matricularam. No último curso, Sandy, uma mulher de quase 40 anos, levantou-se e proclamou com um sorriso estranho: "Estou aqui para encontrar alguém especial". Evidentemente, ela achava que o curso fosse um serviço de encontros. Aplausos eclodiram ao redor da sala. Sorri para mim mesmo, porque é sem dúvida muito comum as pessoas fazerem conexões profundas e duradouras amizades neste curso. Mas Sandy ainda não tinha acabado. Ainda restavam cinquenta segundos.

Sandy continuou: "Desde que me conheço por gente, tenho a esperança de encontrar alguém especial. Ficou pior quando fui adolescente e depois de assistir a Olivia Newton-John e John Travolta em *Grease*. O desejo de conhecer alguém especial tem sido uma obsessão em minha vida. Há pouco tempo, percebi que a razão pela qual estou tão obcecada com isso é que nunca me conheci. Então, estou aqui neste curso para me conhecer. Quero saber mais sobre quem eu sou, o que realmente penso e o que realmente me faria feliz".

O curso é uma oportunidade de se conectar consigo mesmo. Ele o faz deixar para trás seu ego, sua personalidade, seus antigos autoconceitos e os papéis que desempenha, reconectando-o a quem você realmente é. Essa reconexão consciente com seu Eu Não Condicionado é a chave da felicidade. O motivo pelo qual você a procura é que temporariamente perdeu sua conexão consciente com sua verdadeira natureza. O motivo pelo qual está entediado com sua vida é que se afastou de si, e a razão pela qual se sente tão perdido no mundo é que ainda não se encontrou de forma consciente. Faça essa conexão e leve uma vida mais feliz.

Um dos objetivos é ajudá-lo a se conectar com a parte de sua mente que está em constante comunicação com a alegria de sua natureza original. Existe uma parte em sua mente na qual a verdade permanece e onde reina a paz, esteja ou não consciente disso. Essa parte está em constante comunicação com Deus e com a sabedoria da criação. A felicidade é uma chamada local. Assim como a sabedoria e a paz de espírito. Quando você desliga a estática neurótica de sua mente egoica e faz uma conexão consciente com sua verdadeira natureza, acaba redescobrindo a alegria original que nunca abandonou sua fonte.

Conexão social

Vivemos na era da comunicação. A tecnologia e as invenções transformaram o modo como experienciamos o mundo. Em 1930, um telefonema de três minutos de Londres para Nova York custava 300 dólares em valores atuais. Em 2000, este custo caiu para 1 dólar.[2] Logo, será gratuito. A distância morreu, não importa onde você esteja. Podemos nos conectar o tempo todo. Leva apenas um instante passar um fax, enviar um *e-mail*, uma mensagem de texto, chamar pelo Skype, *chat* ou "conversar" com qualquer lugar do mundo. As telecomunicações espelham aquilo que sabemos, que fazer conexões é nossa verdadeira realidade.

Podemos nos conectar com os outros de um modo muito mais fácil do que antes, e ainda assim cada vez mais pessoas relatam se sentirem distantes do mundo e sozinhas. Ironicamente, as principais doenças do século XXI serão isolamento e solidão.[3] De acordo com a Organização Mundial de Saúde, a maior epidemia que afeta o mundo hoje não é a fome, a Aids, ou mesmo as doenças cardíacas, mas sim a depressão.[4] A raiz da depressão é um torturante sentimento de isolamento e abandono. Todo o sentido de conexão com o eu e com a criação está perdido. A felicidade parece distante e impossível.

As pesquisas sobre felicidade revelam que a felicidade pessoal floresce quando você investe em uma vida social rica e duradoura.[5] Do outro lado de seu ego, uma vida de excitantes conexões o espera. A chave para isso é fazer os relacionamentos se tornarem prioridade. Todo mundo concorda com isso, mas poucos agem de acordo com essa afirmação. Na pesquisa, quando perguntaram: "Você investe todo o tempo, energia e atenção que gostaria em seus relacionamentos mais importantes?", um espantoso índice de 90% respondeu que não. Então, qual é o bloqueio? Aqui estão três considerações:

Mais mobilidade. Vivemos em uma sociedade cada vez mais móvel, na qual desfrutamos maior liberdade pessoal, mas de conexões cada vez menos duradouras. Isso se reflete nos resultados de uma pesquisa sobre relacionamentos que realizo a cada curso. Por exemplo, no último, apenas 10% das pessoas do grupo ainda viviam na mesma cidade onde nasceram. E apenas 30% viviam na mesma residência nos últimos dez anos. E só 40% das pessoas trabalhavam no emprego atual havia mais de cinco anos. A liberdade pessoal, quando não é acompanhada por profundas e significativas conexões sociais, pode nos deixar menos felizes e mais solitários.

Mais independência. Hoje em dia, mais de $1/4$ das residências é ocupada por uma única pessoa. Esse número cresceu pelo crescente aumento da quantidade de divórcios e separações. Aqui estão mais alguns resultados da última pesquisa que realizei: apenas 30% das pessoas do grupo sabiam o nome do vizinho; só 20% consideravam os vizinhos amigos; apenas 10% do grupo havia convidado os vizinhos para jantar, almoçar ou tomar café; 25% das pessoas informaram que seus melhores amigos não vivem na mesma cidade que eles. Cuidado com a independência disfuncional — um estado mental que, em nome da liberdade, deixa-o menos aberto e menos conectado com o mundo onde vive.

Mais ocupado. Muitos de nós temos visto cada vez menos os amigos mais próximos. A principal razão que as pessoas atribuem a isso é "estar ocupado demais". Em uma pesquisa recente, 60% dos adultos alegaram que seus relacionamentos eram mais importantes que dinheiro ou carreira.[6] Mesmo assim, nossos relacionamentos mais importantes precisam competir com nosso permanente estado de ocupação, e nossas tarefas sempre ganham. Como resultado, ficamos menos felizes. E isso se aplica sobretudo em relação aos homens. Pessoalmente, penso que o excesso de tarefas e ocupações é uma cortina de fumaça que encobre uma enorme coleção de velhas mágoas, desorientação e falta de verdadeira conexão conosco. É também um sintoma de independência disfuncional.

Em culturas individualistas como a norte-americana e a inglesa, onde vêm aumentando as prescrições para tratamento de depressão, ansiedade e outras doenças associadas à solidão, as pessoas passam mais tempo sozinhas assistindo à TV que se relacionando com os amigos. Hoje, há mais aparelhos de TV numa casa do que pessoas vivendo nela.[7] O professor Robert Putnam, autor de *Bowling Alone*, alerta o mundo sobre os efeitos pouco saudáveis do individualismo excessivo.[8] Na série da BBC, *Happiness Formula*, Putnam afirma: "Se alguém me perguntasse como poderia ser mais feliz, eu diria para desligar a TV e passar mais tempo com os amigos. Você será mais feliz. As provas são esmagadoras".[9]

Hoje, as coisas estão mudando. A geração do "eu" está sendo substituída pela geração do "nós", em que muitas pessoas estão reservando mais tempo para conexões e amizades. E a moderna tecnologia digital, que é mais participativa e menos passiva que a antiga tecnologia analógica, vem exercendo um importante papel nessa mudança. Por exemplo, as novas redes sociais *on-line*, como Facebook, Flickr ou Orkut nos ajudam a manter contato com a família e amigos e compartilhar a vida uns dos outros. Por meio da tecnologia global, podemos pensar juntos, oferecer apoio e nos conectar mesmo há longas distâncias que no passado pareciam nos separar.

Em um estudo social, verificou-se que os participantes capazes de listar cinco ou mais amigos íntimos eram significativamente mais felizes do que aqueles que não conseguiam.[10] No curso, convido o aluno a fazer uma lista das cinco primeiras pessoas que vierem à mente e o incentivo a refletir sobre a qualidade de sua conexão com essas pessoas. Com qual delas gostaria de se conectar mais? Qual delas gostaria de ouvir mais? Qual delas gostaria de conhecer melhor?

Ir além de suas tarefas, independência e defesas o fará mais feliz. A felicidade está nas conexões que fazemos.

Conexão com a natureza

O local dos cursos em Londres contempla o Hyde Park, que abrange 365 hectares de área histórica e de belas paisagens. Os alunos vão ao Hyde Park para o café da manhã, caminhadas na hora do almoço, piqueniques no verão e algum tempo de reflexão pessoal. O Hyde Park é um dos nove maiores parques de Londres descritos como "o espaço pessoal em Londres". Os londrinos desfrutam seus parques da mesma maneira que os nova-iorquinos aproveitam o Central Park, os habitantes de Sidney desfrutam o litoral e a população de Kyoto aprecia o jardim botânico.

Um dos motivos pelos quais tanto aprecio a natureza é que *não existe psicologia na natureza*. Os espaços naturais estão livres e vazios das ansiedades humanas mais comuns. As árvores não pensam como nós. Não existe comparação social entre as flores. As rosas não mostram sinais evidentes de dúvida. Os narcisos raramente parecem céticos ou desamparados. Um jacinto não tem medo de não estar fazendo o máximo de sua vida. Os animais não parecem à procura de propósito ou significado. O rio não está atrasado com sua agenda. E os pássaros cantam, mas não falam, o que mais adoro.

A natureza tem um ritmo diferente. Um dos motivos por ser tão curativa e reparadora é que lhe devolve ao ritmo de sua natureza original. Na natureza, podemos parar e respirar mais profundamente, podemos nos sintonizar a uma quietude que está além do espaço e do tempo. Não há aquela pressa aflita, nenhuma ocupação neurótica, não há prazos ameaçadores nem penalidade por estar atrasado. "A natureza não tem pressa, mas mesmo assim tudo é realizado", disse o místico taoísta Lao-Tzu.[11] Na Natureza, não corremos atrás do futuro como fazemos na cidade.

Conectar-se com a Natureza de alguma forma nos ajuda a nos conectarmos plenamente com a vitalidade natural. A natureza não é mental, é pura energia. Não é emocional, é sinfônica. A natureza nos encoraja a viver plenamente cada momento presente. Quando nos deitamos na grama, ouvindo o canto dos pássaros e olhando as estrelas, lembramos de nosso lugar no grande esquema das coisas. Quando perdemos contato com essa conexão, sentimos os efeitos que o jornalista Richard Louv chama de transtorno do *deficit* da natureza.[12] Esses efeitos incluem a perda de conexão consigo mesmo e com os outros.

Na Natureza, você pode se conectar com algo maior que o ego. Diversos filósofos têm descrito que tanto a Natureza quanto a alma do homem possuem um centro que está em toda parte e uma circunferência que não está em lugar nenhum. Na Natureza, existe uma vida e você faz parte dessa unicidade. Os artistas e os inventores descrevem a Natureza como mestre. Os pensadores espirituais dizem que Deus oferece sermões por meio das flores e árvores. Quando você dialoga com a Natureza, aprende alguma coisa; também se conecta com seu coração, com a alegria natural de seu Eu Não Condicionado.

Conexão espiritual

Os pesquisadores da felicidade descobriram que as pessoas que frequentam a igreja estão mais propensas a ter níveis mais altos de felicidade do que as que não o fazem. Além disso, os frequentadores tendem a viver mais tempo, são menos propensos ao divórcio, têm boa saúde mental e têm menos propensão a usar drogas, cometer crimes, ser violentos e optar pelo suicídio.[13] No entanto, se frequentar a igreja torna uma pessoa feliz, por que cada vez menos pessoas vão à igreja?[14] Da mesma forma como a conclusão de que o *casamento faz uma pessoa feliz*, a afirmação de que *frequentar a igreja faz uma pessoa feliz* é demasiadamente simplista e determinista.

Nos últimos tempos, os pesquisadores refinaram o foco de modo que se pudessem estudar pessoas que têm forte fé espiritual. Essas pessoas podem ser frequentadoras de igrejas, de sinagogas ou mesquitas, mas se identificam como possuidoras de forte compromisso espiritual e de rica vida espiritual. Em um grande estudo realizado pelo Gallup, as pessoas que se descreveram como "muito espirituais" tinham duas vezes mais probabilidade de dizer que eram "muito felizes".[15] Da mesma forma, sociólogos como o professor Christopher Ellison têm demonstrado que as pessoas que rezam e meditam regularmente apresentam boa saúde mental e elevados níveis de bem-estar.[16]

Embora a frequência às igrejas tenha sido baixa nos últimos anos, tem ocorrido um forte aumento da espiritualidade. Em pesquisa recente, o número de norte-americanos que sentem necessidade de "aumento da experiência espiritual" cresceu de 54% para 82% em apenas cinco anos.[17] Cada vez mais pessoas descrevem-se com "interesses espirituais" em oposição a "interesses religiosos". Isso reflete uma crescente insatisfação com a forma como as religiões tradicionais vêm conduzindo seus assuntos, bem como o desejo de falar direto com Deus em oposição a apenas "ter fé".

Então, quais são os principais componentes de uma crença espiritual e feliz? Esse é um assunto que os pesquisadores da felicidade terão de explorar mais no futuro. Acredito que um deles seja a *conexão*. Os líderes religiosos e os filósofos muitas vezes descrevem a principal doença da humanidade como o sentimento de isolamento, que é uma penúria. O místico indiano Sri Anandamayi Ma escreveu: "O único propósito de todos os esforços espirituais é abolir a distinção entre 'você' e 'eu'".[18] Para além do ego, existe a unicidade. A felicidade é a unicidade.

Se você puder dizer honestamente que sua fé espiritual o ajuda a ser uma pessoa mais amorosa, então acredito que sua fé espiritual também aumentará sua experiência de felicidade. Alguns professores religiosos pregam uma teologia do amor; outros pregam a teologia do medo. Minha experiência diz que quanto mais amoroso e menos temeroso você for, mais feliz será. Além disso, se você concorda com a ideia de que "Deus é o amor incondicional", também acredito que você sentirá menos culpa, menos medo e menos neurose em ser feliz. A felicidade é o amor.

Erich Fromm, psicólogo alemão e autor de clássicos como *A arte de amar* e *A análise do homem,* certa vez escreveu: "Seria melhor dizer que alguém está *na* fé do que dizer que *tem* fé".[19] Essa diferença é mais do que semântica, caso se permita senti-la. A fé espiritual *tem você*; você não *a tem*. Ela é maior que seu ego e que sua personalidade. E as palavras tornam-se inadequadas neste ponto. O melhor que posso fazer é dizer-lhe que em algum momento de sua investigação sobre a felicidade vai descobrir que Deus é felicidade.

Portanto, aquele que o criou (Deus, Brama, O Grande Espírito, Alá ou qualquer outro nome) deve naturalmente desejar que você seja feliz também.

CAPÍTULO 20

A alegria do perdão

A verdadeira felicidade não tem nada a ver com perdoar ou ser perdoado. Isto é perfeitamente válido até que você viva sua primeira mágoa. Depois disso, será sua vontade de perdoar e ser perdoado que lhe permitirá lembrar de quem é e do que é a felicidade. O perdão agora é essencial se quiser ser livre e feliz de novo. Para ser feliz, deve estar disposto a escolher o perdão.

Algumas pessoas demonstram uma consistente capacidade de ser muito feliz. O que fica bem claro é que essas pessoas não precisam necessariamente desfrutar melhores circunstâncias do que você, mas exibem certas características de felicidade que as ajudam a ser felizes. No curso de felicidade, examinamos tais características em detalhes, que incluem ser honesto consigo mesmo, estar presente, ter gratidão proativa, ser gentil, receber de modo incondicional, ser amoroso e ter bom humor. Para mim, uma característica proeminente é o *perdão*. Muitas vezes, acho que as pessoas boas em felicidade também são boas em perdoar.[1]

Qualquer pessoa que tenha um passado provavelmente tem motivos suficientes para ser infeliz pelo resto da vida. Qualquer um que tenha uma certidão de nascimento já viveu perdas pessoais, profunda tristeza, expectativas frustradas, desilusões românticas, quedas na carreira e muito mais. Não preciso ser vidente para reconhecer que você sabe o que é ter uma mágoa. Todos cometemos erros, vacilamos, sofremos decepções, nos sentimos amaldiçoados e suportamos muitas noites sombrias do ego. E é por isso que *o perdão é a chave da felicidade*.[2]

Mesmo em uma vida feliz, existem dias tristes. O que meu trabalho tem ensinado é que sob toda tristeza, problema ou conflito há geralmente uma oportunidade de perdoar alguma coisa. Pode ser o autoperdão por um erro, um egoísmo ou uma mágoa que se tenha causado. Ou talvez pode ser perdoar alguém. Seja o que for, aprendi que a *infelicidade é um chamado para o perdão*. Em outras palavras, quando estou triste, estou sendo chamado a praticar o perdão, que é um remédio. Um trecho de *A Course in Miracles* diz:

Não há nenhuma forma de sofrimento que não esconda um pensamento sem perdão. Tampouco existe uma forma de dor que o perdão não cure.[3]

Então, o que é o perdão? Na essência, *perdão é a decisão de ser feliz*. Na prática, significa que quando você se confronta com um desafio na vida, torna a felicidade mais importante do que qualquer outro resultado. Por exemplo, se você está magoado, escolhe a felicidade pessoal sobre qualquer meta menor como a vingança ou a retidão. Aqui está a pergunta: Você quer ser feliz ou ser honrado? Em qualquer situação em que se veja confrontado, é preciso decidir o que é mais importante para você. Por exemplo, vai escolher o passado ou o presente? A história ou a verdade? A dor ou a felicidade? Um ataque ou a liberdade?

O perdão é também compreensão. É a alegre descoberta de que nenhuma pessoa nem circunstância pode levar embora para sempre a felicidade. A vida acontece, e existem momentos em que a dor parece infinita e a escolha da felicidade, impossível. As noites escuras do ego podem durar semanas, meses e anos. Mesmo assim, a possibilidade de felicidade permanece. Ainda assim, existe a escolha do perdão. E quando você escolhe a felicidade ou o perdão, coloca em marcha aquilo que só pode ser descrito como milagre, ato de graça que traz cura e iluminação.

Eu ensino um conjunto de exercícios de perdão no curso, que pode ser usado diariamente. Ao fazer esses exercícios, você descobre por si mesmo como uma atitude de perdão pode ser prática e benéfica. "O perdão não é um ato ocasional, é uma atitude permanente", disse Martin Luther King.[4] Eu dedico o restante deste capítulo a três poderosos exercícios de perdão, que acredito que, *com prática regular,* serão capazes de aumentar sua experiência de amor, paz e alegria.

Sem passado

Quase sempre começo a sessão "A alegria do perdão" com um exercício chamado "A meditação sem passado". A instrução é acomodar-se bem, fechar os olhos, respirar profundamente e imaginar-se sem um passado. Na primeira rodada, você faz a meditação por apenas um minuto. Na segunda, por cinco, e na terceira, por dez. Para os alunos muito curiosos, atribuo uma lição de casa opcional — a meditação de uma hora. Em cada rodada, convido-o a imaginar ainda mais vividamente que o passado não está aqui e que você não tem nenhum passado.

Na discussão em grupo que se segue à meditação, as pessoas compartilham as experiências. Na primeira rodada, as pessoas muitas vezes sentem desorientação e desconforto. Elas podem sentir ansiedade e receio, por exemplo, *Quem sou eu sem meu passado?* Na segunda rodada, a experiência é quase sempre mais agradável. As pessoas descrevem um crescente sentimento de paz, calma, relaxamento, vazio e eternidade. Na terceira rodada, começam a desfrutar a meditação. Os relatos falam de sentirem-se energizados, sem ego, libertados, mais presentes, mais jovens e felizes.

Curiosamente, a "A meditação sem passado" revela como é impossível sentir dor ou medo sem um passado. Você pode sentir isso? É uma revelação e tanto. Faça o teste. Imagine que não tem um passado! Imagine de verdade, e sinta como é impossível ser cético, pessimista, defensivo ou até mesmo se sentir cansado sem um passado. Sem um passado, não existe história. Sem passado, não há nada que perdoar. E sem passado, não existe praticamente nada que bloqueie sua felicidade.

Todos acabam deixando o passado ir embora. Não há escolha. Todo mundo tem algo no passado de que deve desistir, se tiver a intenção de ser verdadeiramente feliz. Você não tem escolha sobre isso também. Não, se realmente quiser ser feliz. O passado de ninguém foi totalmente satisfatório. Todos nós temos ressentimentos, pedimos compensação e reclamamos dos danos. E alguns ainda lutam por um passado mais justo ou melhor. Para ser feliz, é preciso estar disposto a desistir do sofrimento passado. A felicidade é deixar de lado essas coisas. O perdão é desistir dessas coisas. E quando você escolhe um, escolhe o outro.

Para continuar escolhendo a felicidade, deve-se manter a opção de deixar ir embora. Concretamente, isso significa deixar ir suas esperanças do passado, sua história do passado e suas decepções no passado. Com certeza pode homenageá-lo e aprender com ele, mas você não foi feito para viver no passado.

A grande verdade sobre o passado é que não está mais aqui. O passado acabou. O único lugar onde ele existe hoje é em sua mente. Agora, o passado é apenas uma lembrança.

Às vezes, a fim de ser feliz no presente, é preciso estar disposto a desistir de todas as esperanças de um passado melhor.

Aprender a deixar ir e ser feliz de novo pode acontecer em um instante. O instante em que isso acontece pode ser hoje ou daqui a alguns anos. É necessário ter muita coragem e vontade de desistir do passado para ser feliz novamente. No início, você terá de enfrentar toda a força de sua identificação e seu apego a sentimentos como raiva, tristeza e culpa. Vai encontrar sua resistência a deixar ir. Vai até mesmo se ver diante do prazer de se apegar a ressentimentos ou queixas. Na verdade, existe certo prazer em se apegar. Ele nem chega perto da alegria da liberdade, mas seu apego a esse "prazer infeliz" pode muito bem atrasar sua decisão de deixar ir.

É possível até que encontre o medo de que não seja capaz de abandonar seu passado. Sozinho, não será mesmo capaz, mas com ajuda, vai conseguir. Você também pode encontrar o medo de abandonar o passado e o medo do perdão. O medo do perdão normalmente deriva de concepções erradas sobre perdão. Tenha certeza, o perdão nada tem a ver com repressão, com fingir esquecer ou se calar sobre alguma coisa. Você não perdoa a fim de "ser bom" ou "ser espiritual", perdoa para se livrar do ódio e da dor. Perdoar não é encobrir, é deixar ir. Perdão não é submissão, é força. Perdão é a verdade.

Outro medo que pode ser encontrado no processo de deixar ir embora é *o medo das coisas boas*. Por exemplo, você pode temer ser feliz novamente (de repente pode perder a felicidade de novo); pode temer se abrir de novo (de repente, pode ser magoado mais uma vez) e pode ter medo de confiar na vida (apenas no caso de ser traído outra vez). Seus temores sussurram: "Mantenha seu coração partido", "Mantenha suas defesas" e "Mantenha-se afastado da felicidade". Em algum momento, no entanto, vai querer perdoar porque sabe que o futuro não precisa ser igual ao passado. Ao mudar de ideia, você muda seu futuro. Ao deixar o passado para trás, literalmente cria um novo futuro.

A alegria do perdão consiste em perceber que você não tem de ser uma vítima do passado. Por meio do perdão, pode atribuir um significado diferente a ele; pelo perdão, pode aprender suas lições e soltá-lo; pelo perdão, descobre novas formas de reagir e de seguir adiante. As pesquisas sobre a felicidade também revelam que as pessoas dispostas a perdoar têm mais capacidade de criar um futuro feliz em vez de perder tempo e energia ansiando por um passado diferente. Assim, a alegria do perdão é que ele lhe devolve para o presente. Coloca-o de volta em sua vida. Você pode viver novamente agora.

Sem ressentimentos

"A meditação sem ressentimentos" é um convite para imaginar-se totalmente livre de ressentimentos. Sem rancores, lamentações, lamúrias ou lamentos. A instrução é acomodar-se, fechar os olhos, respirar profundamente e imaginar sua mente vazia de todos os ressentimentos. A meditação dura cerca de dez minutos. Durante a meditação, convido-o a prestar atenção em como é abandonar todos os seus mais caros ressentimentos. Acha fácil ou difícil? É agradável ou estranho? Você se sente feliz ou triste, ou ambos?

Meus alunos relatam que muitas vezes sentem duas reações opostas. A primeira é de sentimentos como resistência, estranhamento, desorientação, tédio, chateação e morte. Como um aluno me disse: "Eu quase não me reconheço sem meus ressentimentos". A segunda reação inclui sentimentos como mais leveza, mais brilho, limpeza, purificação e vivacidade. Quando você estiver preparado para deixar todas as suas mágoas irem embora, sem exceção, vai se sentir como se algo morresse e algo nascesse.

O místico armênio G.I. Gurdjieff escreveu: "Um homem vai renunciar a quaisquer prazeres que você quiser, mas não vai desistir de seu sofrimento".[5] A primeira vez que as li, essas palavras não fizeram sentido para mim, mas mesmo assim se mantiveram em minha mente. Não conseguia esquecê-las. Aos poucos, comecei a entender o que Gurdjieff pretendia dizer. Quanto mais você se prende a uma reclamação, mais vai começar a se identificar com ela. Finalmente, a reclamação se torna tão familiar a você que seu ego integra-a em sua autoimagem e em sua história de vida. Se você for desistir desse ressentimento agora, vai sentir como uma morte pessoal e o fim de sua vida.

Quando você se agarra a uma reclamação, cria um "eu" (ou autoconceito) que se sente vítima, que se sente muito magoado, e que é menos daquilo que você realmente é. Agarrar-se a uma reclamação é um sinal de uma identidade equivocada. Você sofre de uma amnésia espiritual em que se esquece de quem realmente é. No fim, seu ego acaba parecendo mais real que seu Eu Não Condicionado. A menos que deixe a reclamação partir, é provável que acabe vivendo sua vida de uma forma menor. Se, no entanto, conseguir perdoar e deixar o "ressentimento especial" ir embora, poderá redescobrir a natureza radiante de seu verdadeiro eu e poderá ser feliz novamente.

Quanto mais se segurar a uma reclamação, menos se sentirá bem em relação a si mesmo. Você pode sentir-se justificado em prender-se a uma reclamação, principalmente porque ainda está com dor, mas o fato é que vai continuar a sentir dor enquanto não abandonar a mágoa. Agarrar-se a ela atrai as mesmas coisas que está tentando repelir: ela atrai medo, acumula culpa e aumenta a dor. Você vai se identificar com "pensamentos mesquinhos" de vingança e punição. E seu apego a essas reflexões do ego machucam ainda mais porque não são amorosas, nem felizes, nem verdadeiras, e não representam quem você realmente é.

Prender-se a uma mágoa não é o propósito de sua vida. Sua finalidade é perdoar, para que possa soltar os pensamentos que o magoam. Por meio do perdão, você pode ser feliz novamente. Assim, a vontade de perdoar ajuda a permanecer com o verdadeiro propósito da vida. Enquanto não estiver disposto a perdoar, continuará preso à repressão emocional. Sua vida, seus relacionamentos e seu trabalho não vão avançar. Tudo será interrompido. Agora você se tornou um dos mortos-vivos, e a única forma de dar um impulso em sua vida é escolher o perdão.

O perdão é uma decisão de parar de se magoar. Carregar uma mágoa machuca mais você que os outros. Os ressentimentos não oferecem nada de valor. Não existe vingança que valha a pena para prender-se a uma mágoa. Você não ganha nada de valor. O perdão é a melhor vingança. O perdão liberta quem perdoa, e a alegria do perdão é que quem perdoa recebe a dádiva da felicidade novamente. Seu passado acabou, mas agora seu futuro está apenas começando. O perdão é um novo começo, é o presente. O perdão é uma nova vida.

Um exercício que passo a meus alunos é identificar o "ressentimento especial" do passado que os impede de viver mais felicidade no presente. Esse "ressentimento especial" é o motivo de estar infeliz. É a desculpa para desistir da felicidade. Ele trai o autoconceito que não acredita que você merece felicidade, e revela uma incompreensão básica sobre quem você é e o que é felicidade. Esse "ressentimento especial" é uma história, não a verdade. Curiosamente, acho que todos podem encontrar um "ressentimento especial".

Abandonar seu "ressentimento especial" é como uma crucificação para o ego. Felizmente, a ressurreição surge logo. O perdão é como uma ressurreição, na medida em que restaura seu Eu Não Condicionado e repõe a felicidade de sua verdadeira natureza. A máxima alegria do perdão é que você percebe que a verdade de quem você é ainda está intacta. Seu ego se machucou, suas esperanças e expectativas foram arruinadas, o retrato de sua vida mudou de forma irrevogável, mas quem você realmente é, seu verdadeiro Eu, não foi diminuído em nada. Mediante a graça do perdão, aquilo que estava perdido foi encontrado de novo.

Perdão é restauração. Ele devolve você a si mesmo.

Sem reclamações

Eu apresento o exercício "Sem reclamações" aos meus alunos um pouco antes da pausa para o almoço. O objetivo desse exercício é não reclamar de nada durante uma hora. O convite é para que se adote uma atitude de completa aceitação em relação a tudo que vier. É para abandonar quaisquer expectativas ou exigências de como as coisas deviam, devem e deveriam ser. Você está convidado a desistir de seu plano de como a temperatura deveria estar, de como o tráfego deveria estar mais rápido, de como as pessoas deveriam tratá-lo e do que deveria ter de opção para o almoço.

O objetivo do exercício é torná-lo mais consciente de sua psicologia e de sua atitude perante a vida. É observar sua mente em ação, perceber como se relaciona com seus pensamentos e verificar com quais deles mais se identifica. Na volta do almoço, minha primeira pergunta é: "Quanto tempo levou até fazer a primeira reclamação?". A resposta mais comum é cerca de cinco segundos. Isso porque a maioria das pessoas entra em um estado de mau humor mental por ter de fazer o exercício. E a reclamação seguinte em geral é muito rápida. Às vezes não paro exatamente na hora do almoço, o que pode causar outra ligeira irritação.

Peço aos alunos que calculem quantas reclamações fizeram durante o exercício. Normalmente espero duas estimativas. A primeira é a quantidade de "reclamações silenciosas", aquelas que você pensa, mas não diz em voz alta; a outra é o número de "reclamações ruidosas", aquelas que você compartilha com os outros. No caso da primeira estimativa, a resposta média é de cerca de dez reclamações, uma a cada seis minutos. E a contagem para as "reclamações ruidosas" também pode ser bastante elevada. Algumas pesquisas indicam que quase metade de todas as conversas começa com uma crítica ou reclamação.

Algumas pessoas fazem objeções ao exercício "Sem reclamações". "Eu tenho o direito de reclamar", dizem. "Ninguém tem o direito de retirar meu direito a reclamar." Eu lembro então que o exercício é um convite e não uma ordem, e que não estou pedindo que parem de reclamar para sempre, mas apenas por uma hora. As pessoas também comentam sobre seus receios de não reclamar, como: "Se eu não reclamar, não vão melhorar", "Se eu não reclamar, as pessoas vão passar por cima de mim" ou "Se eu parar de reclamar, vão se aproveitar de mim". Apesar de esses medos parecerem muito reais, em geral, não são testados. Em outras palavras, ninguém jamais parou de reclamar por tempo suficiente para ver se o mundo realmente vai acabar.

Quando as reclamações se tornam hábito, você acaba ficando incapaz de ver seus julgamentos passados. Está fixo, sua visão está distorcida e não consegue mais enxergar o mundo como de fato é. Quanto mais gosta de reclamar, mais encontrará motivos para reclamar. Por quê? A percepção é projeção. Você sempre vê aquilo que procura. Assim, a primeira regra da percepção é *tome cuidado com aquilo que procura, porque vai encontrá-lo*. Daí, os reclamadores crônicos acabam vivendo em um mundo de sua própria criação. Eles literalmente criam sua própria ilusão, esta simplesmente não é boa o suficiente.

Quando o ato de reclamar torna-se seu padrão mental dominante, você fica cego para a beleza, a perfeição e a realidade daquilo que já está aqui. Como resultado, sua vida não flui direito. Seus dons e talentos naturais ficam bloqueados. Seus relacionamentos sofrem por suas críticas. As pessoas em sua vida não florescem e prosperam em sua presença. Quanto mais você reclama, mais frustrado se sente e mais irritado fica. A reclamação visa fortalecê-lo e fazer as coisas funcionarem melhor, mas chega um momento em que reclamação demais o desconecta de seu verdadeiro poder, e você passa a lutar para desfrutar de tudo.

A reclamação crônica é com frequência causada por um acesso de raiva interior, por uma frustração de que o mundo não se dedica a torná-lo mais feliz. Seu ego exige e espera que o mundo o faça feliz. Mas essa tarefa não é do mundo, é sua. Em última análise, a fim de parar de reclamar, é preciso estar disposto a perdoar o mundo por não fazer aquilo que você não fará para si mesmo. O surpreendente é que quando você decide ser feliz, sua percepção muda e descobre que tem menos do que reclamar. A decisão de ser feliz literalmente torna o mundo um lugar melhor. A felicidade muda a composição das coisas. Uma nova intenção cria novos resultados.

A reclamação crônica é causada, em nível mais profundo, pelo medo de não ter o suficiente daquilo que é preciso para tornar sua vida melhor. Trata-se de medo, não da realidade. Quanto menos reclamar, mais assumirá a responsabilidade por sua própria felicidade. E ao fazer isso, conecta-se de modo mais consciente com seu verdadeiro poder criativo e sente naturalmente mais felicidade. Além disso, quanto mais feliz estiver, mais a vida vai parecer seguir da maneira que deseja. Isto acontece porque há um fluxo natural entre a maneira como se sente e a forma como o mundo é.

O verdadeiro objetivo desse exercício é reconhecer que reclamar não é a solução. Reclamar não torna o mundo um lugar melhor nem o faz feliz. Na melhor das hipóteses, a reclamação é um alarme e um chamado à ação. O professor Eckhart Tolle diz: "Não importa o que o momento lhe apresenta, aceite-o como se tivesse escolhido. Aceite-o, depois entre em ação".[6] Perceba a reclamação e seja a solução. Quando percebe que alguma coisa está faltando, permita que seu amor, sua presença, seu bom humor e sua alegria façam a diferença. Esse é o modo de ser feliz no mundo.

Sinceramente acredito que se você pudesse limpar qualquer ressentimento, reclamação ou juízo de sua mente — por pelo menos sessenta segundos —, teria uma experiência de felicidade tão profunda e deliciosa que se lembraria dela pelo resto da vida. A chave é perdoar e deixar ir. Perdoar é ser feliz.

PARTE VI
Descobrindo o presente

Capítulo 21 - A estrada aberta

Capítulo 22 - A maravilha comum

Capítulo 23 - A última resistência

Capítulo 24 - A dádiva da felicidade

Capítulo 21

A estrada aberta

O curso de felicidade é uma parada em sua jornada pela vida. Ele interrompe sua vida atarefada e oferece uma oportunidade de descanso, repouso e revisão. Você é encorajado a honrar seu passado, a prestar atenção naquilo que está mais presente agora e a se comprometer a dar o próximo passo em direção à verdadeira felicidade. E qual será o próximo passo? Para alguns, trata-se de voltar ao prumo; para outros, é uma pequena correção de rota; para outros ainda, pode ser uma completa mudança de rumo. A chave é manter-se aberto, procurar os sinais e deixar que sua vida lhe mostre o caminho.

"A linha do tempo da felicidade" é um exercício que mapeia seu relacionamento com a felicidade passada, presente e futura. É um exercício de desenhar que utiliza um papel especial com um gráfico. Tem um eixo horizontal e outro vertical. O eixo horizontal fica na parte inferior da folha, da esquerda para a direita, e mede a vida em intervalos de cinco anos. Começa no nascimento, vai para os 5 anos de idade, depois para 10, 15 até o futuro. O eixo vertical fica na parte esquerda da folha e mede a pontuação de felicidade. Começa na parte inferior, no zero, e sobe pela folha em intervalos de 5%: 5%, 10%, 15%, chegando até 100%.

A primeira tarefa do exercício "A linha do tempo da felicidade" é desenhar uma única linha contínua de vida que assinala sua pontuação de felicidade em todo o percurso de sua vida — passado, presente e futuro. A linha de sua vida começa no nascimento, passa pela infância, adolescência, pela juventude, pelo passado recente até sua idade atual, e depois para o futuro próximo e pelo resto de sua vida. A cada ponto de cinco anos, você registra uma pontuação de felicidade de 0 ao 100%. Seus resultados do passado são baseados na memória, a pontuação presente se baseia no que sente agora e a pontuação futura se baseia no que imagina e espera.

É muito raro alguém desenhar uma linha de vida inteiramente reta. A maior parte da vida das pessoas parece uma longa e sinuosa estrada com bifurcações e curvas, curvas sinuosas e voltas, altos e baixos. No Apêndice C, há três exemplos reais de linhas do tempo da felicidade. A linha do tempo de Monica parece uma montanha-russa com muitos altos e baixos. A linha de Karen é mais dramática, parecendo um eletrocardiograma, e a de Jeff é em forma de "U". Os estudos confirmam que a maioria dos relacionamentos das pessoas com a felicidade tem a forma de "U".[1] Ficamos naturalmente felizes no começo, depois vem a queda e perdemos o rumo; no final nos lembramos do que é felicidade e a linha sobe novamente.

A segunda tarefa é marcar a linha do tempo da felicidade com 5 "estrelas da vida". Cada estrela representa um momento em sua vida que teve influência significativa em seu relacionamento com a felicidade. Uma estrela pode significar um evento específico ou o início de alguma coisa. Pode ser o momento em que conheceu alguém ou quando ocorreu uma mudança de vida. Na revisão que se segue, você reflete em profundidade sobre cada uma dessas estrelas de vida. Tal revisão pode ser feita em silêncio ou em uma conversa. As duas maneiras são boas. De qualquer forma, o processo é o mesmo. Primeiro, você atribui um título ou um nome a cada estrela e depois reflete sobre as seguintes questões: O que aconteceu exatamente? Onde você estava? Quem mais estava envolvido? O que você aprendeu? O que decidiu? Qual foi o presente? De modo específico, como isso influenciou sua relação com a felicidade hoje em dia?

Curiosamente, a maioria das estrelas de vida das pessoas não inclui apenas os pontos altos e os tempos felizes. Com certeza, as pessoas muitas vezes citam datas importantes como formaturas na faculdade, sucessos na carreira, dia do casamento, viagens significativas, nascimentos na família, mas também incluem traumas de infância, dissolução de casamentos, desilusões amorosas, colapso nervoso, descidas ao fundo do poço, problemas financeiros, luto e diagnóstico de câncer. "A linha do tempo da felicidade" o ensina a respeitar sua vida inteira, o ajuda a perceber que a felicidade é uma estrada aberta e que *cada momento pode ensinar alguma coisa sobre a felicidade*.

Costumo fechar a aula sobre a "A linha do tempo da felicidade" fazendo a leitura de um poema de Walt Whitman chamado "Song of the Open Road" [Canção da estrada aberta].[2] É um longo e sinuoso poema com cerca de 60 estrofes, 17 versos e 3 mil palavras. Cada linha é um registro da jornada de Whitman pela vida, durante a qual ele encontra tristeza e admiração, dor e paixão, vida e morte. Pelo poema, Whitman proclama: "A felicidade é aqui". Ele percebe que o potencial da alegria (que é a *Alma da felicidade*) o acompanhou em cada passo. As três primeiras estrofes do poema épico de Whitman são:

> A pé, coração alegre, sigo em direção à estrada aberta,
> Sadio, livre, o mundo à minha frente,
> O longo caminho castanho à minha frente conduz-me para onde acho que convém.
>
> Daqui para frente, já não peço boa sorte, pois eu mesmo sou a boa sorte;
> Daqui para frente, não mais me queixarei, não mais adiarei, nada mais necessitarei,
> Forte e contente, sigo em direção à estrada aberta.

A terra — é suficiente;
Não desejo que as constelações estejam próximas;
Sei que elas estão muito bem onde estão;
Sei que elas bastam aos que lhes pertencem.

A jornada de Walt Whitman pela vida é uma "profunda lição de recepção" na qual ele aprende a não ter "nem preferência nem negação". Ele insiste em que o potencial para a felicidade existe em cada etapa e em qualquer lugar ao longo da estrada aberta. Como tal, a felicidade não é nem remota nem misteriosa. É uma imediata possibilidade. Felicidade é a viagem e não apenas o fim. E a estrada aberta não é realmente um caminho físico, é seu espírito e coração abertos. Sua abertura é a chave. Sua abertura revela tudo.

A felicidade se torna disponível quando nos tornamos disponíveis para ela.

Grandes expectativas

De 0 a 100%, quanto estou aberto para a felicidade? Qual é sua resposta honesta? Sua resposta está mais próxima de 25, 50, 75 ou 100%? Sua resposta é importante porque indica o quanto de felicidade é provável que desfrute hoje e o quanto que vai bloquear e rejeitar.

Em "A linha do tempo da felicidade", as pessoas muitas vezes pontuam 100%, como indicação do quanto estão felizes no primeiro dia da vida. A maioria das pessoas começa muito aberta para a felicidade. Como recém-nascidos, não há muita coisa que nos leve a ser céticos. Nada de "mau" aconteceu ainda. Não temos expectativas nem planos. Estamos, portanto, naturalmente otimistas e abertos a desfrutar uma vida feliz. Na pesquisa sobre felicidade, quando perguntam a universitários: "Você acha que terá uma vida feliz?", a resposta é "Sim".

Ninguém espera ter uma vida infeliz. O futuro é brilhante, é positivo. O futuro é imaculado, pelo menos no início.

Quando perguntam a universitários: "Você espera ser mais feliz do que seus pais?", a resposta é um categórico "SIM". Os jovens têm grandes expectativas e esperam ser felizes. Esperam ser bem-sucedidos, ganhar um bom dinheiro, apaixonar-se e ter saúde. E, apesar das estatísticas, das quais podem ou não ter conhecimento, não esperam se divorciar, ser demitidos, fazer um segundo financiamento da casa própria, sofrer um acidente de carro, ter câncer ou depressão, nem sofrer graves reveses na vida. E provavelmente não esperam morrer.

O otimismo dos jovens em relação à felicidade é tão elevado que representa um dilema estatístico que *a maioria dos jovens acredita que vai ser mais feliz do que a média estatística*. Parece que todo mundo espera ser mais feliz que os outros. Os pesquisadores da felicidade acreditam que as pessoas de todas as idades colocam a si mesmas muitas vezes acima da média, quando se trata de avaliar sua felicidade e bem-estar futuros. Mas os jovens de hoje, em particular, mostram elevadas expectativas, pois esperam ser felizes e famosos, ganhar na loteria, ter um filho talentoso, em resumo, ter de tudo.[3]

No início, há uma grande esperança, e depois vem a puberdade. Vem a necessidade de desodorante mais forte, vêm a acne, os exames escolares, as notas para passar de ano, as notas baixas e os primeiros namoros. Ou nenhum namoro. Vêm as multas de estacionamento, as entrevistas de emprego malsucedidas. Você pode ter começado em 100% aberto para a felicidade, mas talvez não seja assim que se sente agora. Então, a verdadeira questão é: *De 0 e 100%, quanto ainda estou aberto à felicidade?* Em tempos difíceis, o otimismo e a abertura serão duramente testados. Sobretudo nos tempos difíceis, você poderá descobrir que toda aquela abertura inicial terá caído a zero, talvez a números negativos.

Durante a jornada de sua vida, você será tentado a se fechar e a desistir. Em todos os momentos da vida, será confrontado com a escolha de contrair-se ou de expandir-se, de separar-se ou conectar-se. Para ser feliz, tem de escolher a abertura a tudo, apesar dos problemas. Pode parecer uma escolha difícil, até mesmo impossível, porque quanto mais se fecha, mais difícil se torna a vida, e fica mais difícil sentir-se feliz novamente. O desafio é enfrentar a tentação de se fechar com coragem e abertura.

A disposição de se abrir e permanecer aberto é a chave tanto para a felicidade quanto para a cura. É o que o ajuda a ficar vivo durante *toda a vida*. Ficar aberto cria possibilidades e convida a ajuda. A abertura lhe dá forças. A disposição de ser mais aberto e permanecer aberto o liberta do passado. Abrir-se de novo o devolve à vida. É o que gera novos começos e uma mudança no destino. Sua abertura permite que outros se conectem plenamente com você, permite que a vida cuide de você e o ajude a dar o próximo passo.

Para ser feliz, você tem de ser aberto. Esse é o grande desafio, porque a natureza da psicologia pessoal é ajudar o ego a sentir-se contido, seguro e no comando. O ego alcança seu senso de identidade por meio do encerramento das opções, ao restringir as escolhas, ao ajustar as ideias sobre as coisas. Se você quiser sentir-se ainda mais feliz do que seu ego está agora, precisa estar disposto a ser ainda mais aberto do que seu ego acha confortável. A felicidade não pode ser contida dentro da zona de conforto do ego. Felicidade é um grande *deixar ir*. A felicidade está desistindo de seu ego. Em termos práticos, significa estar disposto a fazer as três coisas seguintes:

Abrir mão dos planos. Existe um velho ditado que diz: "Se você quiser fazer Deus rir, conte-lhe seus planos". Fazer planos e se manter firme neles pode ser bastante produtivo e gratificante. O planejamento é uma ótima disciplina que pode ajudar a criar resultados bem-sucedidos. Mas a vida nem sempre segue de acordo com um plano. Você pode ter um plano para sua vida, mas a vida também pode ter um plano para você, o que nem sempre é tão ruim. Por exemplo, acho que a maioria das pessoas concorda com estas declarações: "Estou satisfeito pelo fato de nem todos os meus planos terem dado certo" e "Algumas das melhores coisas que aconteceram em minha vida não estavam em meu plano".

Todo mundo faz planos, mas nem todos funcionam. Só porque seu plano de felicidade não foi bem-sucedido não significa que a felicidade é impossível. *Seu* plano simplesmente não é *o* plano. Talvez não tenha sido bem-sucedido porque há um plano melhor esperando por você. Talvez exista de fato uma maneira melhor. Afinal, quem disse que a felicidade precisa de um plano? Ao treinar pessoas, descubro que uma causa comum para a infelicidade é manter-se preso a um antigo plano de felicidade limitado demais, pequeno demais, focado demais no futuro e sem muita imaginação. Para ser feliz, é preciso estar disposto a abrir mão de seus planos para ter algo melhor.

Abandonar as expectativas. Expectativas são comuns. Na verdade, eu acredito que se você tentasse enumerar todas as suas expectativas, perderia a conta antes de terminar. Por exemplo, você espera acordar amanhã; espera que todos os seus entes queridos ainda estejam vivos; espera chegar ao trabalho em segurança; espera que o computador funcione; espera que as pessoas façam o trabalho direito. Como todo mundo, você tem muitas expectativas sobre todas as coisas, e é normal, desde que não tenha esperança de que tudo isso aconteça.

As expectativas criam uma imagem mental de como você deseja que as coisas sejam. Isso é bom, a menos que convença a si mesmo de que não poderá ser feliz se suas expectativas não forem satisfeitas. Quando as expectativas tornam-se exigências, você causa muito dano a si mesmo. Quando elas se tornam exigências, seus relacionamentos muitas vezes são prejudicados. Quando se tornam exigências, sua vida se torna uma luta infinita por poder. Quando abandona suas expectativas, a cura acontece, e você se sente mais em paz e a felicidade volta.

Desistir dos ataques nervosos. Quando seus planos não dão certo e suas expectativas não são satisfeitas, você pode aceitar as coisas como são ou ter um ataque nervoso. Um ataque é uma reclamação. É um incrível chilique de mau humor e uma homenagem ao ressentimento. É o "dedo médio" do ego. Trata-se de uma vingança contra Deus ou contra alguém. Os ataques das crianças sempre são atitudes óbvias, mas nos adultos podem ser mais sutis e sofisticados. Por exemplo, um ataque pode ser a decisão de se retirar de uma situação ou de um relacionamento, nem sempre de modo óbvio ou sutil. Pode ser a decisão de nunca mais abrir totalmente seu coração para ninguém daqui por diante.

Qualquer coisa inferior a 100% de abertura para a felicidade é sinal de um possível chilique do ego, o ceticismo também. A depressão é um ataque nervoso do ego, bem como o pessimismo. Eles tentam bloquear a dor mas também bloqueiam a felicidade. São uma forma de permanecer preso ao passado. Os ataques nervosos são o medo de que sua melhor chance de felicidade tenha acabado de passar. Ficar preso aos ataques do ego não o faz mais feliz. Eles requerem atenção pessoal e autocompaixão. São sinais de que você precisa lamentar o fim de um antigo plano e se lamuriar pelo término de uma expectativa.

Confiança básica

Quando seu plano de felicidade sai errado, fica difícil saber em que mais pode confiar. Confiar de novo em alguma coisa parece inútil, porque a confiança não lhe trouxe os resultados que esperava. Confiar de novo parece assustador, porque você fica com medo de que a confiança o torne alvo fácil. Confiar novamente parece insensato. Você acredita que a confiança é um alçapão que vai derrubá-lo da maneira mais vil possível. Ter confiança novamente parece impraticável. E ainda assim você sabe em seu coração que para ser feliz de novo, é preciso confiar em alguma coisa.

Então, o que fazer agora? No curso, faço uma sessão que se chama "Confiança básica". É particularmente útil para pessoas que estão em um ponto na jornada da vida em que se sentem perdidas, presas, bloqueadas, entediadas, em um beco sem saída, em um buraco, em uma encruzilhada, em transição ou pedindo outra rodada de bebidas no bar da última chance. Nesta sessão, exploro quatro tipos de confiança básica, sendo que cada uma tem o poder de transformar sua vida, melhorar suas chances e ajudá-lo a dar o próximo passo.

Confiança em si mesmo. Quando seus planos saírem errado, e se sentir perdido e infeliz, vai enfrentar a tentação de desistir de tudo. Essa tentação é como uma figura sombria em sua mente, que o convida a desistir da felicidade, da vida e de si mesmo. Esse sinistro ceifador quer que você assine uma declaração em que se lê: "Eu não sou feliz. Eu não posso ser feliz. Eu nunca serei feliz". Este é o derradeiro ataque nervoso do ego, é uma total rejeição de quem você realmente é. Seu ego está em desespero, mas a confiança básica o ajuda a se lembrar de sua verdadeira identidade:

Existe um lugar em você onde há perfeita paz.
Existe um lugar em você onde nada é impossível.
Existe um lugar em você onde reside a força de Deus.[4]

Quando você sofre uma queda pessoal (divórcio, diagnóstico de doença, luto em família, por exemplo), há chance de que seu ego não sobreviva, mas aquele quem você é vai sobreviver. A autoconfiança tem propriedades curativas. Se você permanecer em confiança, ela vai restaurar seu Eu Não

Condicionado. Em "Song of the Open Road", Walt Whitman descobre a alegria da autoconfiança. Ele canta: "Daqui para frente, já não peço boa sorte, pois eu mesmo sou a boa sorte". A confiança dá a coragem de enfrentar a dor, mas não de identificar-se com ela. A confiança o leva além de uma psicologia do medo e do ceticismo. Confiar em si mesmo o coloca em contato com seu verdadeiro poder.

Confiança nos outros. *De 0 a 100%, quanto você confia nos outros?* Os pesquisadores sobre felicidade gostam de fazer perguntas sobre confiança. Eles descobriram uma correlação positiva entre felicidade pessoal e confiança nos outros. Seus achados mostram que quanto mais estiver feliz, maior será a probabilidade de ficar mais aberto, de ser sociável, de confiar em outras pessoas, bem como de desfrutar fortes conexões sociais. A felicidade aumenta a disposição de ter confiança, e a confiança aumenta sua capacidade de ter felicidade. A confiança é fundamental, mas as pesquisas têm demonstrado que a confiança social diminuiu rapidamente nos últimos anos. Isso ocorre sobretudo em culturas individualistas, onde se valorizam a independência e a autoconfiança.

A felicidade é responsabilidade sua, e para ser feliz, é aconselhável obter toda ajuda possível. As pessoas com independência funcional não pedem ajuda, porque isso quebra o juramento da independência. E viola o lema "faça você mesmo". Esse "eu me esforço" é uma grande desvantagem, sobretudo em tempos difíceis. Quando a vida está difícil, quando você se sente cansado, quando quer desistir, tudo isso é um sinal claro de que está confiando apenas em sua própria força. O irônico é que a falta de confiança nos outros é que o leva a pensar que ninguém pode ajudá-lo. A confiança básica nas outras pessoas ajuda a dissipar essa teimosa ilusão. A verdade é que as pessoas em sua vida querem ajudá-lo, e podem fazê-lo. Na verdade, a alegria delas é agir assim.

Confiança na vida. Albert Einstein formulou a pergunta: "Será que o universo é amigável?". Outra forma de expressar a mesma pergunta é: "A vida está a seu favor ou contra você?". As pessoas com independência disfuncional colocam sua psicologia na posição padrão de "eu contra o mundo". Essa é a razão pela qual a confiança básica é difícil para elas. Mas e se a vida for para seu benefício? Adotar a atitude de que todas as coisas, eventos, encontros e circunstâncias são úteis coloca você em uma posição muito poderosa. A confiança básica em um universo amigável o ajuda a ser mais corajoso e autêntico. Imagine como poderia ser feliz se adotasse o credo da confiança básica:

A vida não acontece com você, acontece para você.

A confiança básica na vida convida-o a crer que *você está sempre no lugar certo no momento certo*. Essa confiança básica o ajuda a ser totalmente presente, receptivo e comprometido com a vida. Sem confiança básica, você trava, sutilmente rejeita cada momento e fica à espera de "aqui" e "agora" melhores. Com a confiança básica, você relaxa, abre mão do passado e faz o melhor de cada lugar e momento. A confiança básica mostra que a verdade, a inspiração, o amor, a paz, a ajuda, Deus e a alegria estão todos aqui, porque é onde *você* está. E se uma porta se fecha, outra certamente vai se abrir.

Confiança em Deus. O nome que atribuo a esse tipo de confiança é *dependência espiritual*. É uma fé radical que é o oposto absoluto da independência disfuncional. A dependência espiritual começa com a ideia de que a *vontade de Deus para mim é a perfeita felicidade*. Essa ideia indica que Aquele que o criou o ama, adora-o, está profundamente interessado em você e quer o melhor para você. A ideia de que *a vontade de Deus para mim é a perfeita felicidade* também sugere que Deus fará o possível para ajudá-lo a conhecer a verdadeira felicidade.

A dependência espiritual pode ser um salva-vidas quando estiver enfrentando as sombrias noites do ego. Pode ser muito difícil continuar aberto quando os planos falham, as expectativas são frustradas e seu senso de eu está desequilibrado. Nesses momentos, se conseguir fazer uma oração do tipo "Estou disposto a receber um milagre", poderá ser o suficiente para livrá-lo da psicologia de seu ego, para receber ajuda extra. A dependência espiritual é a crença de que a ajuda está sempre ao alcance, e por esse motivo, você pode pedir a Deus que o ajude com tudo aquilo que definiu em sua mente. Pode até mesmo pedir a Deus que o ajude a ser feliz.

O segredo revelado

O curso de felicidade desfruta da bem merecida reputação de ter muito sucesso em ajudar as pessoas a ser mais felizes e fazer mudanças positivas na vida. Ao longo dos anos, fomos visitados por psicólogos, professores, cientistas, jornalistas, que fizeram e testaram o curso. Os veredictos têm sido sempre positivos. Por causa disso, os entrevistadores sempre me pedem que eu divulgue o "segredo" do curso de felicidade: *O que faz esse curso funcionar tão bem?* A resposta é sempre a mesma: a abertura das pessoas.

O curso pode encorajá-lo a ser mais feliz, mas não pode fazê-lo feliz. Nada pode fazê-lo feliz, a não ser você mesmo. No primeiro dia, digo a meus alunos: "Vou providenciar a diversão se você trouxe a disposição". Explico que quanto mais eles se comprometem com o curso, melhor ele fica. Não é assim para a maioria das coisas na vida? Eu também digo aos alunos: "Não espere o fim do curso para ficar bem". O convite é para que se *coloquem inteiramente nele* desde o início. A abertura pessoal amplia as possibilidades. Se o aluno estiver mais presente, participará mais. Se ele se doar mais, receberá mais.

Ao longo das oito semanas, mantemos um número de "sessões abertas", nas quais os participantes avaliam seu progresso.

Nelas, celebramos os sucessos, compartilhamos os bloqueios que enfrentamos e fazemos pedidos de ajuda. É nessas sessões abertas, em particular, que vivemos uma experiência maravilhosa, a sensação de comunidade e de apoio mútuo. À medida que o tempo passa, ficamos cada vez mais abertos uns com os outros. Estamos aqui para ser vistos e de fato aparecemos um para o outro. Estamos profundamente conscientes de que embora estejamos todos passando por nossa própria jornada na vida, não estamos sozinhos.

Nas sessões abertas, voltamos sempre a uma pergunta: *De 0 a 100%, quanto estou aberto para a felicidade?* Mas que pergunta difícil! Mas tem de ser feita, porque a resposta revela o quanto de felicidade você está propenso a se permitir e o quanto vai rejeitar. A próxima pergunta não é para medrosos, tampouco: *Quanto tempo vai levar para que eu fiquei 100% aberto para a felicidade?* O silêncio na sala é tão alto que queima meus ouvidos. Esse é o momento da verdade, da decisão. Aí está o próximo passo na jornada de sua vida.

Às vezes, essa etapa parece grande demais. Então, como um ato de compaixão, apresento "O jogo dos 10%". Para jogar, escolhe-se um dia em que tenha a intenção de estar 10% mais aberto à vida. A instrução básica é definir sua intenção no início do dia e, em seguida, reiniciar essa intenção de hora em hora. O objetivo do "jogo dos 10%" é detectar o efeito que a intenção exerce sobre você, sobre os outros e sobre o dia. Por que não experimenta? Está aberto? Aqui estão nove sugestões:

10% Mais aceitação
"Hoje vou aceitar mais 10% de mim,
dos outros e da minha vida."

10% Mais receptivo
"Hoje vou ser 10% melhor em receber ajuda,
amor e apoio dos outros."

10% Mais honesto
"Hoje vou ser 10% mais honesto comigo
e com os outros."

10% Mais autêntico
"Hoje vou ser 10% menos modificado e
10% mais real."

10% Mais otimista
"Hoje vou ser 10% mais disposto a
andar do lado ensolarado da rua."

10% Mais confiante
"Hoje vou ser 10% melhor em reconhecer
todas as maneiras em que a vida me apoia."

10% Mais grato
"Hoje vou ser 10% mais grato por
tudo o que está acontecendo em minha vida."

10% Mais aberto
"Hoje vou ser 10% menos independente
e 10% mais aberto em meu coração."

10% Mais presente
"Hoje serei 10% mais aberto à
ideia de que estou no lugar certo na hora certa."

Capítulo 22

A maravilha comum

Um exausto viajante em busca da felicidade aproxima-se das portas de um mosteiro, o Portal sem Portas. É muito antigo, construído antes que existisse qualquer registro de tempo.

Um ancião de expressão feliz, quase tão antigo quanto o mosteiro, está sentado ao lado dos portões. Ele cumprimenta o viajante.

— Será que este mosteiro tem um mestre? — pergunta o viajante.

— Eu sou o mestre — responde o ancião.

— Nesse caso, vou encontrar felicidade aqui?

— De onde você vem? — pergunta o ancião.

— Do mosteiro no alto da colina — responde o viajante.

— Como era lá? — pergunta o ancião.

— Decepcionante. Eu esperava mais. Nada muito místico. A comida não era vegetariana. Os ensinamentos não eram muito profundos. Não houve meditações com os *chakras*. Os alunos não eram muito adiantados.

O ancião escuta com gentil atenção e diz:

— Você é bem-vindo aqui. Mas, respondendo à sua pergunta, não acredito que encontrará felicidade aqui.

Com isso, o viajante vai embora.

Pouco depois, outro viajante em busca da felicidade chega aos portões do mesmo mosteiro. O mosteiro ainda é chamado de Portal sem Portas. Ele continua sendo muito antigo. Realmente não mudou muito de um tempo para cá.

O ancião feliz, quase tão antigo quanto o mosteiro, ainda está sentado junto aos portões. Ele cumprimenta o viajante.

— O mosteiro tem um mestre? — pergunta o viajante.
— Eu sou o mestre — diz o ancião.
— Nesse caso, posso encontrar felicidade aqui?
— De onde vem? — pergunta o ancião.
— Daquele mosteiro no final da estrada — responde o viajante.
— Como era lá? — pergunta o ancião.
— Era lindo. Eu não tive expectativas, aproveitei bastante. A comida era feita com amor. Os ensinamentos foram muito simples. Não houve meditações sobre os *chakras*. Eu realmente gostava das pessoas de lá.

O ancião escuta com gentileza e diz:

— Você é bem-vindo aqui. E em resposta à sua pergunta, acredito que encontrará felicidade aqui.

Com isso, o viajante entrou no Portal sem Portas.

Nessa história, o primeiro viajante está em uma viagem "em busca da felicidade"; o segundo está em uma viagem "de felicidade". A diferença semântica entre "em busca da felicidade" e "de felicidade" pode parecer insignificante, mas, na realidade, faz toda diferença. No início de cada curso, explico que aquilo que ensino não é o *caminho em busca da felicidade*, mas *uma forma de felicidade*. O curso não tem o objetivo de fazer o aluno feliz no final da jornada da vida, visa ajudá-lo a ser feliz agora e ao longo do caminho.

A felicidade é uma jornada, mas é sem uma distância. Sua jornada pode levá-lo a muitos lugares diferentes em todo o mundo, mas o verdadeiro destino é um lugar dentro de você. O caminho *em busca da felicidade* o faz procurar fora de você. Está orientado para o futuro e com a intenção de "chegar lá". Cada "aqui" e "agora" é visto apenas como o próximo conjunto de degraus que o leva ao futuro. Infelizmente, na jornada *em busca da felicidade*, você nunca para, nunca chega e se sente esgotado. Na jornada *de felicidade*, pouco a pouco percebe que o verdadeiro progresso não é uma questão de avançar rapidamente, mas de estar mais presente. A felicidade está aqui porque você está aqui.

A jornada em busca da *felicidade* define a felicidade como uma "coisa". Assim, ela se torna algo que você procura — um objeto externo de desejo que você espera encontrar um dia em outro relacionamento, em outro lugar ou outro emprego. Essa busca da felicidade cria uma "cegueira de viagem", o que significa que você constantemente ignora a possibilidade de a felicidade já estar aqui e sua verdadeira natureza *ser* a felicidade. A jornada *de* felicidade não se trata apenas de diferentes paisagens, mas também de uma forma diferente de ver e olhar. É mais descoberta do que pesquisa, é a compreensão de que a fim de encontrar felicidade, é preciso levar a felicidade com você.

A jornada *em busca da felicidade* implica um tipo de atraso. Como consequência, você acaba vivendo no "agora não" e no "ainda não". A realidade está acontecendo exatamente agora, e a felicidade está à sua frente, mas você não pode vê-la. Isso acontece porque você está à espera de ser feliz. A jornada *de* felicidade é mais imediata. A realidade grita a plenos pulmões: "Escolha a felicidade!". E grita de novo: "Escolha agora!". Quando você finalmente faz essa escolha, descobre a beleza do que chamo *a maravilha comum*. Quanto mais escolhe felicidade, mais verá o potencial de felicidade ao seu lado. Você encontra felicidade porque escolhe felicidade.

Em algum ponto da jornada, vai desistir da busca da felicidade em favor de ser realmente feliz. Vai desistir de todas as esperanças de um futuro feliz e decidirá pela felicidade agora. Um dia, vai fazer isso. A qualquer momento agora, fará a escolha.

O convite 24x7

O curso de felicidade o ajuda a escolhê-la. Durante oito semanas, será solicitado a definir uma intenção diária de ser feliz e de ver como essa escolha afeta o restante de seu dia. Existe uma escolha a cada momento. Algumas vezes, essa escolha o ajuda a ser feliz; em outras ocasiões, bloqueia a felicidade. Mas a cada momento, você pode escolher de novo. Nem sempre a escolha pela felicidade será fácil, mas está sempre aqui. E quanto mais se decidir por ela, mais fácil será o processo.

A meditação "A escolha feliz" é um exercício diário que o ajuda a fazer a passagem da jornada *em busca da felicidade* à jornada *da felicidade*. O ideal é praticar essa meditação nos primeiros cinco minutos do dia ou o mais próximo disso. O objetivo é encontrar um espaço tranquilo, centrar-se em si mesmo e refletir sobre o tipo de dia que gostaria de ter. O foco não é tanto sobre aquilo que deseja que aconteça com você; trata-se mais sobre como deseja ser, sobre o que deseja fazer e sobre como aproveitar melhor seu dia. A pergunta que estabeleço para esta meditação é:

Como posso fazer o dia de hoje ainda mais aproveitável do que achei que seria?

"A escolha feliz" é uma experiência sobre o poder da intenção. A teoria é: *quanto mais estiver disposto a aproveitar o momento, mais belo será cada momento de sua vida.* Em outras palavras, quando se escolhe a felicidade, ela muda a maneira como se vê as coisas. Seu trabalho consiste em testar essa teoria e ver se há algum fundo de verdade nela. Será que escolher a felicidade realmente ajuda a encontrá-la? Este convite constante em sua vida — que chamo de Convite 24x7 — é *aproveitar o momento*. A questão é: Qual momento você escolherá aproveitar? E quantos?

"A escolha feliz" o encoraja a *escolher a vida*. E essa escolha pode ser feita estando-se presente em cada momento. O momento presente está aqui. A pergunta é: *Onde está você?* Essa meditação o coloca bem no meio da vida e lhe pergunta: *O que vai fazer com ela?* Você se sente encorajado a colocar todo o Eu nas menores coisas que fizer. A meta é se mostrar. Estar presente e ser autêntico. A meta é ser VOCÊ. *Você não veio aqui para ser normal, veio aqui para ser VOCÊ.* Esta é a sua vida e sua vez de vivê-la agora. E o prêmio é *felicidade*.

"A escolha feliz" o encoraja a ter intimidade com cada momento da vida. Se seu dia parece chato e entediante, talvez seja um sinal de que precisa colocar mais de si em cada momento. Lembre-se deste princípio: *se você acha que tem alguma coisa faltando na vida, provavelmente esta coisa é você!* O poeta Rainer Maria Rilke disse: "Se sua vida parece ruim, não a culpe; culpe a si mesmo, diga a si mesmo que não é poeta para chamar à tona suas riquezas; pois para o criador não há pobreza nem lugares insignificantes".[1] A meditação "A escolha feliz" é uma decisão que se deve tomar para mostrar-se à vida.

"A escolha feliz" é uma observação a seu Eu: *Lembre-se de aproveitar o milagre da existência hoje.* A escolha da felicidade o ajuda a descobrir os milagres em cada momento. Fazer essa pergunta a si mesmo o ajuda a exercer o pensamento das possibilidades, a fazer escolhas criativas e abrir-se agora para a felicidade. Ajuda-o a dizer SIM para cada momento. E, ao fazê-lo, vai descobrir que *quanto mais doar de si a cada momento, mais lhe dará alguma coisa de volta.* A felicidade está aqui, agora, porque aqui e agora é onde você está.

AGORA a jornada terminou.
AGORA é o final da busca.

AGORA é um novo começo.
AGORA é uma feliz descoberta.

AGORA é o momento em que você se encontra.
AGORA é uma residência feliz.

AGORA é um lugar em sua mente.
AGORA é um lugar em seu coração.

AGORA é a felicidade.

A meditação da flor

Buda disse: "Se você puder ver claramente o milagre de uma única flor, toda sua vida vai mudar".[2] Isso é verdade? Ou Buda estava apenas vivendo um daqueles momentos espirituais? Testamos a ideia de Buda em um exercício chamado "A meditação da flor". Todo mundo recebe uma rosa vermelha com uma longa haste. Depois, explico que a tarefa é observar a rosa durante uma hora. Só olhar, sem fazer nada. Nos próximos sessenta minutos, as pessoas concentram a atenção na rosa.

A maioria das pessoas fica feliz ao receber uma rosa vermelha, mas pouco animada com a perspectiva de ter de olhar para a flor durante uma hora. Mais ou menos nos primeiros trinta minutos, as pessoas resistem a apenas olhar. Elas ficam inquietas, contorcem-se, sentem-se entediadas, distraem-se facilmente, olham toda hora para o relógio, não entendem para que fazer o exercício, ficam impacientes, e a dispersão dificulta o exercício. "Ninguém vê uma flor, ela é muito pequena. Não temos tempo. E ver uma flor leva tempo, assim como precisamos de tempo para fazer uma amizade", disse a artista Georgia O'Keeffe.[3]

O objetivo de "A meditação da flor" é enxergar a rosa como é de fato. É difícil porque o que você vê é que sua percepção está cheia de projeções, pensamentos, associações, histórias, significados e ideias recolhidas do passado. Você não enxerga nada como é agora, vê o passado. Portanto, para realmente ver a rosa e ter uma experiência direta dela, precisa estar disposto a limpar a mente e ficar inteiramente presente. Deve colocar-se no momento e olhar. Você recebeu uma rosa e agora está se doando para ela.

Depois de uma hora, todos concordam que a rosa que estão olhando é a mais bela rosa que já viram. Uma de minhas alunas, Laura, uma enfermeira de saúde mental e mãe solteira de dois filhos, me deu algumas flores (rosas, é claro) logo depois que fizemos a meditação. E as flores vieram com um cartão que dizia:

> Caro Robert, estas flores são de agradecimento pelo exercício "A meditação da flor" e pelo curso de felicidade. Os primeiros 45 minutos da meditação foram muito difíceis. Parecia que eu estava sentada há horas. Eu me senti entediada, zangada, irritada e cheia daquilo. Então, por alguma razão, decidi me entregar. Fiz aquilo que você disse e me tornei completamente presente. E quase no mesmo instante, aconteceu um milagre, e eu estava olhando para aquilo que se tornou a mais linda rosa que vi. *E não vi apenas a aparência da rosa; vi sua essência.*
>
> Talvez eu nunca pudesse perceber a beleza de uma rosa enquanto não a olhasse de verdade. E talvez nunca pudesse saber como é linda a minha vida, se eu não tivesse participado do curso de felicidade. Agora, vejo as coisas de maneira diferente. Diante do espelho, olho com amor para a pessoa que vejo. Quando estou com meus filhos, tento enxergá-los como realmente são. No trabalho, vejo meus pacientes de uma forma totalmente nova. Obrigada por abrir meus olhos. Obrigada por me ajudar a "encontrar o presente". Com muito carinho, Laura.

A oração da felicidade

Querido Deus,
Até agora, tenho feito tudo direito.
Não tenho fofocado. Não tenho perdido a calma.
Não tenho sido ganancioso, mal-humorado, antipático,
egoísta nem narcisista.
Estou muito feliz com tudo isso.
Mas daqui a poucos minutos, Deus, vou sair da cama,
E a partir de então vou precisar de muita ajuda.
Obrigada.
Amém.[4]

"A oração da felicidade" é um convite para escrever algumas palavras que o ajudem a viver melhor, a estar presente e a desfrutar cada dia de sua vida. As palavras podem assumir qualquer forma que quiser. Podem ser uma oração pessoal, uma afirmação, um sutra, um poema, um mantra, uma canção ou simplesmente algumas palavras que sejam inspiradoras e que o ajudem a ser feliz. Para fazer este exercício, não é preciso ser poeta nem ter boas notas em literatura. Basta criar algo com que se identifique e que pareça verdadeiro.

Muitas pessoas consideram o processo de criar a oração de felicidade difícil e valioso. Em geral, dou um prazo de duas semanas. É tempo suficiente, mas a maioria das pessoas só faz o exercício na noite anterior ao prazo final. Para algumas, a tarefa é mais difícil porque sabem que serão convidadas a partilhar sua oração da felicidade. No entanto, o propósito de fazer uma oração não é dizê-la para benefício do grupo do curso ou para benefício de Deus, mas sim para seu próprio benefício. É uma oração que vai ajudá-lo e apoiá-lo na atitude de viver a vida em plenitude.

O benefício de toda oração ou afirmação pessoal é que ela possa agir como uma pedra em cada dia de sua vida. Essas pedras o ajudam a elevar suas intenções a um novo nível. Podem ajudá-lo a definir sua força de imaginação, a abençoar sua psicologia, a receber ajuda e a viver da melhor forma possível. Elas fornecem apoio e inspiração. Elas o ajudam a encher o espaço e a crescer, levam você para além do que sua autoimagem o considera capaz, ao potencial não condicionado de seu verdadeiro eu. Quanto mais usar suas pedras, mais poderosas se tornarão.

A maioria de meus alunos cria três tipos de oração da felicidade. O primeiro é uma *oração de gratidão:* "Se a única oração que disserem durante a vida for "obrigado", será suficiente", escreveu Mestre Eckhart, filósofo medieval alemão.[5] O segundo é uma *oração de serviço.* Em essência, é uma oração do tipo "use-me". Um bom exemplo é a oração de São Francisco, que começa assim: "Mestre, fazei-me instrumento de vossa paz".[6] O terceiro é uma *oração de súplica,* em que se pode dizer "ajude-me", "mostre-me" e "guie-me". As palavras seguintes, de Mary Jean Iron, são um lindo exemplo de oração de súplica:

> Dia normal, deixe-me consciente do tesouro que é. Permita-me aprender com você, amá-lo, abençoá-lo antes que parta. Não me permita que eu passe por você em busca de algum amanhã raro e perfeito. Deixe-me segurá-lo enquanto eu puder, porque nem sempre pode ser assim.[7]

Tenho escrito muitas orações da felicidade para mim mesmo durante anos. Minha experiência mostra que a vida *com uma oração* é muito melhor do que *sem orações.* Aqui está a primeira que escrevi:

> Querido Deus,
> Que Sua ALEGRIA seja meu anjo hoje.
> Que Sua ALEGRIA seja minha musa hoje.
> Que Sua ALEGRIA seja minha mestra hoje.

Que Sua ALEGRIA seja minha cura hoje.
Que Sua ALEGRIA seja meu propósito hoje.
Amém.

Mais diversão por dia

Você ainda está se divertindo? Você está desfrutando sua vida agora tanto quanto planejou para o dia?

"Na maior parte do tempo não me divirto muito. E no resto do tempo não me divirto nem um pouco", escreveu Woody Allen.[8] Você se identifica com essa declaração? Um dos efeitos de *não* se fazer uma intenção diária de ser feliz é se esquecer de se divertir. Sua agenda é tão cheia que a diversão se perde no meio de tantas tarefas. Você vive com tanta pressa que se esquece de sorrir. Tem trabalho a fazer e promete que vai se divertir mais tarde. Considera a diversão como uma recompensa por ter passado mais um dia em vez de ter a intenção de colocar diversão em seu dia.

No exercício "Mais diversão por dia", convido meus alunos a refletir sobre a seguinte pergunta: *Se eu desfrutasse minha vida 10% a mais do que agora, o que faria diferente?* Minha experiência mostra que todo mundo pode encontrar pelo menos uma coisa que faria mais ou menos diferente. Na maioria das vezes, a resposta parece um interruptor mental. Divertir-se é uma atitude e não apenas uma atividade. É uma intenção e não só uma coisa que apenas acontece. A decisão de ter mais diversão por dia melhora imediatamente suas chances de passar um dia de forma mais agradável.

As pesquisas sobre felicidade mostram uma alta correlação entre felicidade e diversão. Basicamente, quando estamos felizes, desejamos diversão e costumamos fazer isso; mas quando estamos infelizes, não desejamos nos divertir e geralmente nos divertimos. Os psicólogos constataram que quando pedem aos pacientes para criar um "calendário de eventos agradáveis", em que aumentam seu envolvimento em atividades lúdicas, os pacientes costumam ter benefícios como: diminuição da depressão, estresse e ansiedade, e aumento da criatividade, confiança e felicidade.[9] A decisão de ter mais diversão por dia o coloca de novo em contato consigo mesmo, e literalmente você vai brincar.

Quando meus alunos se empenham no exercício "Mais diversão por dia", eles brincam. O que eu gosto neste exercício é que todo mundo tem seu próprio estilo de diversão e lazer. Pode ser uma brincadeira introvertida ou extrovertida. Algo ruidoso ou calmo, um divertimento artístico ou esportivo. Pode ser estar em contato com a natureza ou ler um livro. Pode ser dançar ou cantar. Ou ainda ser voluntário ou recarregar as energias. Mesmo que seja apenas 10% a mais de diversão, isso pode levá-lo de volta à vida.

Como parte deste exercício, incentivo meus alunos a considerar esta questão: *O que ou quem está me impedindo de ter mais diversão agora?* Cada classe surge com uma gama diferente de respostas, mas a mais comum sempre aparece. Você pode adivinhar qual é? A resposta é: "Eu mesmo". O fato é que nem sempre fazemos as coisas que nos deixam felizes. Podemos dizer: "Eu esqueço", mas esta não é a resposta verdadeira. Em geral, a verdade é uma forma de negligência pessoal.

Para que possa desfrutar melhor de sua vida, você geralmente precisa de um tipo especial de permissão. Uma permissão que vem de si mesmo. Precisa ouvir-se dizer: "OK, posso me divertir". Isso também ajuda a lembrar que quando você tem a intenção de se divertir mais por dia, não será a única pessoa a se beneficiar disso.

Quando se diverte mais, fica mais presente, aberto, atraente, radiante e doa mais de si mesmo. Além disso, por meio de seu exemplo, você faz outras pessoas se lembrarem de também ter mais diversão por dia.

Viajar levemente

Durante o curso, passamos um bom tempo observando os bloqueios da felicidade. Os alunos são encorajados a explorar dores, mágoas, defesas, medos e desmerecimentos que o impedem de aproveitar melhor a vida. A ideia é que eles entrem nas sombras para saírem sob a luz. E para fazer essa jornada, serão necessárias algumas provisões fundamentais, como coragem, vontade, honestidade, perdão e senso de humor.

Quando pergunto aos alunos: "Você acha que já sofreu dores suficientes para uma vida inteira?", a resposta em geral é "Sim". Alguns soldados desejam mais, mas a maioria já está pronta para ser feliz. Para esse objetivo, incentivo os alunos a se divertirem o máximo possível. O crescimento pessoal exige grande esforço, mas também pode ser divertido. A cura pessoal costuma ser dolorosa, mas também é libertadora. A iluminação pessoal pode ser deprimente para o ego às vezes, mas o ajuda a brilhar, a entender a grande brincadeira e a viajar mais leve.

Abençoados os que podem rir de si mesmos pois nunca deixarão de ser divertidos. Se você não consegue rir de seu ego, nunca deixará que ele vá embora. A capacidade de rir de si mesmo ajuda a atravessar os tempos difíceis. Na verdade, muitas pessoas acreditam que não estariam hoje aqui se não fosse o senso de humor. Acredito que quando choramos e rimos juntos, podemos nos ver em realidade, nos conectamos de modo mais profundo, nos tornamos mais honestos e mais compassivos. Para chorar bem, é preciso ser capaz de rir bem, e vice-versa. Em última instância, tudo se resume a ser mais leve e mais profundo.

Em cada curso, os alunos criam uma comunidade chamada Smile Board, em que dividem artigos, charges, piadas, vídeos no YouTube e vários outros itens que espalham risos e aplausos. O humor é o grande amortecedor da vida. Ele nos dá resistência e força, perspectiva e esperança. Ajuda-nos a viajar levemente. Reproduzo uma de minhas histórias favoritas, contada por uma mulher que, sem querer, encontrou uma maneira de colocar um pouco de vivacidade em sua vida:

> Bem cedo pela manhã, recebi uma ligação do consultório médico dizendo que minha consulta com o ginecologista tinha sido antecipada para as 9h30min daquele dia. Eu tinha acabado de ajeitar tudo para que todos fossem para o trabalho e escola, e já eram 8h45min. Para chegar ao consultório, eu precisava de mais ou menos trinta minutos, então não tinha muito tempo.
> Como a maioria das mulheres, gosto de caprichar na higiene quando vou a esse tipo de consulta. Mas desta vez não havia tempo para um banho, então subi correndo a escada, joguei longe a camisola, umedeci a toalhinha ao lado da pia e fiz uma rápida limpeza "lá embaixo", para garantir que estivesse ao menos apresentável. Joguei a toalhinha no cesto de roupa suja, vesti a roupa, entrei no carro e voei para o consultório.
> Estava na sala de espera por apenas alguns minutos quando me chamaram. Como conhecia o procedimento, pulei na maca, olhei para o teto e fingi que estava a um milhão de quilômetros de distância daquela sala. Fiquei um pouco surpresa quando o médico disse: "Minha nossa, você caprichou hoje, hein?". Mas não respondi.
> A consulta terminou, soltei um suspiro de alívio, voltei para casa e continuei meu dia como de costume, com compras de supermercado, faxina, refeições etc.
> Depois da aula, minha filha de 6 anos, que estava brincando calmamente sozinha, foi ao banheiro. Ela gritou: "Mãe, cadê minha toalhinha?". Eu disse a ela para que pegasse outra no armário. Mas ela respondeu: "Não, eu quero aquela que estava perto da pia, tinha os *glitters* e brilhos".[10]

Um dia a mais

Imagine que você recebeu uma carta pelo correio informando que foi premiado em um sorteio. Esse prêmio é a oportunidade de desfrutar um dia adicional em sua vida. Mas para receber o prêmio, tem de concordar em inserir o dia nas próximas oito semanas. Minha pergunta é: "Como você aproveitaria este dia a mais em sua vida?". Dedique alguns momentos para refletir sobre o que faria com ele, para onde iria, com quem passaria o dia e de que forma faria o máximo para desfrutar este prêmio precioso.

O exercício "Um dia a mais" é uma oportunidade para verificar se você está ou não vivendo suas prioridades. É uma chance de observar sua vida não vivida e ver onde está adiando sua alegria. Um dos maiores bloqueios contra a felicidade é que planejamos ser mais felizes algum dia. Esse atraso pode até começar como uma intenção honesta, mas normalmente termina como uma promessa não cumprida. Pode-se adiar a alegria por um tempo. Enquanto você está ocupado fazendo outros planos, vida *e morte* ocorrem. Veja como planeja curtir a vida algum dia, então comece a se divertir mais agora.

Em 2002, fizemos este exercício. Foi especialmente pungente porque tínhamos na classe o casal Barbara e Bill. Ele estava com câncer e recebeu um diagnóstico de seis meses de vida, que já estavam terminando. Barbara e Bill decidiram se matricular no curso para desfrutar juntos cada minuto da vida. Foram uma inspiração. Participaram entusiasticamente do curso e assistiram a todas as aulas. E lembraram a todos nós que cada novo dia é de fato um dia a mais. Bill faleceu quase um ano depois do final do curso. Barbara me escreveu uma longa carta, da qual transcrevo um pequeno trecho:

Antes de Bill receber o diagnóstico de câncer, se alguém tivesse me perguntado: "O que você faria se soubesse que tinha mais apenas um ano de vida?", imagino que teria respondido mais ou menos assim: "Faria grandes viagens, coisas extraordinárias, visitaria as pirâmides e veria todas as maravilhas do mundo". Quando disseram a Bill que ele tinha só mais seis meses, não fizemos nada disso. Ao contrário, apenas nos amamos mais.

Em vez de fazermos longas viagens, decidimos apreciar todas as maravilhas que já existiam em nossa vida *aqui*. Ficamos mais presentes e andamos mais devagar, o que nos ajudou a abrir os olhos para a *alegria de todas as coisas*. Uma visita ao supermercado era tão divertida quanto férias no exterior. Tomar o café da manhã na cama em casa foi melhor do que se hospedar no Hotel Ritz. Fazer o jantar juntos, o que nunca havíamos feito, foi divertido, romântico e maravilhoso.

Bill não viveu tanto tempo quanto eu gostaria, mas posso dizer com sinceridade que vivemos a vida que nos foi concedida. Nós aproveitamos "a maravilha do comum" e continuo aproveitando isso todos os dias.

Capítulo 23

A última resistência

Viver em Nova York com 21 anos foi uma aventura incrível. Meu estilo de vida era como meu café da manhã na cafeteria local: um expresso duplo fumegante, dois cafés com muita espuma, e voar para o trabalho. Meus amigos eram lindos, talentosos e loucos. O núcleo de nosso alegre grupo era formado por três colegas bancários, Mike Moore, Stevie Rush, Rob Jones e eu. Trabalhávamos e brincávamos muito. A maior parte dos dias era composta por doze horas de trabalho, oito horas de festa e quatro horas de sono. O sucesso para nós era ter boa diversão. Tínhamos até um lema para nossas farras: "Seja feliz, porque amanhã morreremos".

Mas manhãs de sábado, meus amigos e eu saíamos para ver as maravilhas do mundo. Fizemos uma visita ao Metropolitan Museum of Art, no Upper East Side de Manhattan. O museu tem tudo. Abriga mais de 2 milhões de obras de arte e os maiores tesouros do mundo. Visitamos as galerias da Renascença, fizemos o *tour* pela arte grega e romana, passamos pela dinastia Ming, vimos os faraós, arte aborígine e uma exposição de pinturas budistas *thanga*. *E fizemos tudo isso em menos de uma hora.*

Quando saímos a caminho do próximo destino, eu me lembro de ter pensado que algo não estava certo em minha vida.

Meus amigos e eu nos divertíamos muito, mas na verdade não estávamos especialmente felizes. A vida era uma festa, mas era por distração. Mike Moore, 28 anos, era hipersensível e tomava betabloqueadores para um problema cardíaco. Stevie, 31 anos, possuía um histórico de depressão e tomava antidepressivos desde os 18. E Rob, 25 anos, bebia não por diversão, mas para se acabar. Além disso, eu era o único da turma que não usava drogas ilícitas. Nenhum dos rapazes estava feliz com aquela história. Quando olho para trás, vejo agora que aquela foi a primeira vez em que pensei conscientemente sobre a diferença fundamental entre ter prazer e ser feliz.

Depois de dois meses em Nova York, decidi tirar uma noite de folga das festas. A verdade é que eu estava gastando meu dinheiro muito rápido, e me sentia completamente esgotado. Eu me lembro de ter pensado: "Não consigo mais fazer isso". Quatro horas de sono por noite era um período muito pequeno para mim. Eu me sentia mal em não sair com meus amigos, mas sabia que deveria ficar quieto e não fazer nada por uma noite. E naquela noite dormi oito horas. Na manhã seguinte, quando estava pronto para saltar da cama, tive uma experiência muito estranha. Eu não conseguia me mover. Tive a sensação de levantar da cama, mas meu corpo não reagia ao pensamento. Eu me sentia bem, mas era como se todo o meu sistema estivesse desligado. Não conseguia fazer nada nem podia ir a lugar nenhum, então apenas fiquei deitado.

Deitado na cama, imaginei que talvez tivesse sofrido um derrame. Ou talvez estivesse sonhando. Talvez estivesse representando um personagem de alguma história estranha de Kafka. Mas eu sabia que estava bem. Nada de mau estava acontecendo, o problema era que nada estava acontecendo. Eu não podia fazer nada. Foi um momento de puro nada. Era como se eu estivesse preso à cama por um enorme e gentil dedo divino que desejava que eu parasse. Normalmente, àquela altura, eu já teria pulado da cama e começado a correr atrás de um pedacinho da luz do dia. Mas lá estava eu, deitado. E me senti com muita paz e, por causa disso, muito feliz. Eu não estava fazendo absolutamente nada, mas me sentia feliz. Absolutamente nada estava acontecendo comigo, e eu já estava feliz.

Continuei imóvel por cerca de uma hora. Naquele momento, vi com surpreendente clareza que nada tem de acontecer para que eu seja feliz. Percebi que não precisava fazer nada nem ir a lugar nenhum, ter alguma coisa ou me encontrar com alguém para que a felicidade aconteça. Também reconheci que embora Nova York fosse uma cidade com tudo, era eu que tinha minha felicidade. Deitado lá, tive o pensamento de que *poderia ser feliz*. Abandonei-me àquele pensamento, e foi maravilhosamente libertador. *Por que não ser feliz?* Afinal, é mais barato e menos desgastante. Você não precisa usar drogas e pode recuperar as horas de sono atrasadas.

Talvez eu realmente possa ser feliz.

Alguns momentos depois, meu sistema voltou a se conectar, meu corpo começou a se mexer e pulei da cama.

A experiência "seja feliz"

Na última semana do curso de felicidade, reunimos todos os grandes temas. No último seminário, fazemos uma revisão da jornada que passamos juntos nas últimas oito semanas. Agora que chegamos ao fim, estamos também no começo. Este é o dia da avaliação final. Um dos exercícios que passo a meus alunos chama-se "A experiência seja feliz". É muito simples, sem nada especial, mas demonstra com toda a clareza em que ponto você se situa agora em seu relacionamento com a felicidade.

Para fazê-lo, deite-se, não faça nada, deixe-se ser feliz. É isso. Muito simples, certo? Quando passo essa instrução aos meus alunos, eles me pedem para repeti-la, não apenas uma vez, mas várias. A dificuldade desse exercício está em sua simplicidade. Os alunos acreditam que eu devo ter deixado de fora alguma instrução fundamental, mas não deixei nada. A instrução é: deite-se, não faça nada e deixe-se ser feliz. Só isso.

Como o exercício é muito simples, às vezes enfeito um pouco, para dar um sentido de ocasião. Depois que os alunos estão acomodados, realizo uma contagem regressiva para cada expiração, que vai de 10 a 1. Por exemplo: "Exale 10, exale 9, exale 8... exale 3, exale 2, exale 1". Depois que eu chego ao número 1, digo: "Agora, deixe-se ser feliz". Pronto. Não faço mais nada, porque se eu fizesse mais alguma coisa, a experiência não seria tão simples. Ela dura uma hora.

"A experiência seja feliz" é um exercício de *ser*. Não é uma meditação ou uma técnica na qual você *faz*. Você poderia descrevê-lo como fazer uma escolha para ser feliz, mas mesmo a palavra "escolha" soa um pouco ativa demais. Esse é um momento de *deixar acontecer*, não um momento de *fazer acontecer*. É uma permissão suave. Você está literalmente se permitindo ser feliz. Em suma, é um profundo relaxamento e entrega. Está sendo convidado a apreciar um profundo momento de *ser*. Não deve haver esforço, pretensão, fingimento ou luta. Em resumo, ou se deixa fazer isso ou não.

Algumas pessoas acham o exercício muito fácil. Elas se conectam com ele na hora, mergulham profundamente e se deixam desfrutar a experiência de *fazer nada e ser feliz*. Outros acham difícil. Muitos relatam ter um desconforto inicial porque pensam que deveriam estar fazendo alguma coisa a mais ou que algo deveria acontecer. Digo a meus alunos: "Se acha que não está fazendo direito, é porque não é para fazer nada". A meta é relaxar e ser feliz. Se parece infactível, então relaxe um pouco mais.

"A experiência seja feliz" é tão simples que revela qualquer resistência à felicidade. Você descobre, por exemplo, que, em vez de se permitir ser feliz, prefere trabalhar pela felicidade, buscar a felicidade ou ficar feliz mais tarde. Encontra resistência em pensamentos como: *Isso é muito fácil*, *Isso é muito simples* e *Eu não posso apenas ser feliz*. Nesse exercício, aconselho a não sucumbir à resistência. Pelo contrário, incentivo a saudar a resistência de modo aberto e a encontrá-la por inteiro. A chave é não se sentir culpado por isso, não ter medo, nem lutar contra isso. Quanto mais aceitar essa resistência, mais ela perderá seu peso e mais cedo desaparecerá.

Em algum momento da vida, você vai finalmente permitir-se ser feliz. Pode ser agora ou pode ser mais tarde. Seja como for, um dia vai se permitir ser feliz. *Isso é verdade, certo?* Ou consegue encontrar o lugar em sua mente onde decidiu que nunca se deixaria ser feliz? Algumas vezes, as pessoas encontram esse lugar ao fazer o exercício. Pode ser assustador, mas nem mesmo esse pensamento deve sofrer resistência. Como diz o velho ditado: "Aquilo a que se resiste, persiste". Sempre que se defrontar com qualquer resistência à felicidade, valendo-se de amor e compaixão, será mais fácil permitir-se ser feliz.

Ser feliz é desistir de toda resistência à felicidade.

Entrega divina

"A experiência seja feliz" expõe o *mas* da felicidade, por assim dizer. Ela traz à luz suas objeções contra se entregar à felicidade agora. Se realmente deseja ser feliz, vai permitir-se ser feliz. Se, no entanto, deseja ser feliz, mas não está sentindo isso, talvez seja porque tenha um *mas* oculto. Em outras palavras, quando diz "Quero ser feliz", o que realmente quer dizer é "Quero ser feliz, mas...". Agora está diante de um dilema, que é: *você não pode ser feliz e manter ao mesmo tempo o seu mas.*

Para ser feliz, é preciso se dispor a abordar o *mas* da felicidade. Talvez você queira ser feliz, mas nota que fica tenso com o pensamento de permitir-se ser feliz. E essa tensão é reação a quê? Procure em sua mente e veja se consegue encontrar uma velha crença, regra, um medo ou julgamento, papel que tenha desempenhado ou qualquer outra coisa que torne difícil ou impossível ser feliz. Talvez queira ser feliz, mas prefira focar o que está faltando, continuar criticando, se manter nervoso, mártir, brigar com Deus e manter o sofrimento.

O quanto você é bom em simplesmente ser feliz? Minha experiência mostra que muitas pessoas que conheço são tensas, orientadas e duras demais consigo mesmas para relaxarem e serem felizes. Esforçam-se demais pela felicidade e não se permitem ser felizes. Depois que Hannah, uma jovem advogada de 20 e poucos anos, fez a "A experiência seja feliz", ela disse: "No começo, minha mente era um cavalo de rodeio que vivia tentando derrubar da cela o pensamento de que eu poderia ser feliz. Todas as vezes que tentava me segurar a esse pensamento, minha mente dava um pinote. Com o tempo, parei de tentar segurá-lo e relaxei. Quanto mais eu relaxava, mais calma ficava minha mente e diminuía a resistência que sentia para me permitir ser feliz".

Estar feliz é *desistir de toda a resistência ao momento presente.* Quando relaxa e se abandona ao ser feliz, naturalmente se torna mais presente a cada um desses momentos. O ego tem medo de que nenhum momento seja perfeito o suficiente para você se abandonar e ser feliz, portanto, quanto mais relaxa em cada momento, mais perfeito esse momento parece. E enquanto relaxa em si mesmo, descobre algo ainda mais espantoso, pois enquanto o ego (também conhecido como personalidade) está se esforçando para deixá-lo feliz, seu ser (também conhecido como Eu Não Condicionado) já está perfeitamente feliz. A essência de seu ser é a *perfeita alegria.*

Felicidade é desistir de toda resistência a si mesmo.

Não fazer nada

Algumas pessoas acham o exercício "A experiência seja feliz" difícil porque seguem a regra: *Não vou me permitir ser feliz enquanto não fizer o restante primeiro.* Caso se identifique com essa regra, é provável que considere a felicidade o último item de uma longa lista de tarefas — uma lista tão longa que talvez não a complete antes do fim da vida. Talvez a lista de tarefas se pareça um pouco com esta: ter boas notas, ter um ótimo emprego, encontrar um(a) companheiro(a), casar-se, ter filhos, ter melhor condição financeira, ser bem-sucedido, fazer um testamento, aposentar-se, morrer e ser feliz.

A felicidade é o que restou quando você para de fazer o resto. Não se permite ser feliz porque tem sempre alguma coisa a fazer primeiro. E quando não está trabalhando em outra coisa, está trabalhando em si mesmo. Não consegue apenas relaxar e ser feliz porque está determinado em ser, antes, o melhor. Você definiu que a felicidade é o prêmio a receber por se tornar seu melhor Eu. O problema é: *Qual é o melhor Eu?* E, de todo modo, você não acredita sempre que *poderia fazer melhor?* Essa motivação em melhorar antes de se permitir ser feliz traz uma sensação de desmerecimento que bloqueia a felicidade, agora e mais tarde.

É uma alegria abençoada saber que não é preciso fazer nada a fim de ser feliz. De fato, uma das grandes alegrias em ser feliz é que paramos de tentar provar que somos alguém e de ganharmos alguma aceitação especial do mundo. Quando nos permitimos ser felizes, não precisamos ser antes perfeitos, ser amados, ser bem-sucedidos ou "iluminados". É possível ficar fora de si. É possível curtir o êxtase de não ser ninguém. A felicidade não é um impulso do ego, porque não é o ego. Quando você para toda a atividade, nem que seja por apenas um momento, percebe que foi seu esforço em ser feliz que o impediu de ver que sua essência original já é feliz, já é radiante e parece uma estrela. *A felicidade é uma leveza que sentimos quando paramos de fazer tudo.*

Quando se permitir ser feliz, ficará menos dirigido pelo ego e sua vida será melhor. A felicidade é dinâmica porque se conecta com o talento natural e sem esforço de seu ser. Agora você vive uma experiência de maior inspiração e sucesso porque tudo o que fizer se relaciona primeiro com seu *ser* e não com o *ego*. O ego não é doador, a criação trabalha por seu intermédio, Deus o faz seu instrumento e seu *estado de ser* realiza maravilhas. Estar feliz é a chave de fazer bem. *Ser é a chave do fazer.*

A felicidade é desistir de toda resistência do ser.

Deixar ir

"A experiência seja feliz" traz à tona a resistência à felicidade por causa da última identificação remanescente com a dor. O sofrimento é uma decisão para deixar ir o passado ainda. A felicidade é uma decisão para dar um passo no presente. Estar presente é aquilo que ajuda a *deixar ir o que não está acontecendo agora.* Sua infância pode ter sido infeliz, mas ela não está acontecendo agora. Pode ter passado por uma desilusão amorosa, mas ela não está acontecendo agora. Você pode ter sofrido uma amarga frustração em sua carreira, mas não está acontecendo agora.

O ato de permitir-se ser feliz não é de negação do sofrimento que já ocorreu e com certeza não é uma tentativa de desonrar dores antigas. Permitir-se ser feliz é, entretanto, um sinal da intenção de se livrar de mais sofrimento. Ao escolher a felicidade, você chama a cura. Ao dizer "sim" à felicidade, chama a graça. Ao se colocar aberto à felicidade, descobre que tem uma compaixão profunda por si mesmo que nem havia percebido. Permitir-se ser feliz pode ser traduzido por: *Eu sofri e quero ser livre; eu sinto dor e escolho a alegria; sinto medo e peço ajuda; sinto raiva e estou aberto ao perdão; sinto-me triste e peço compaixão; sinto-me perdido e dou boas-vindas à graça.*

Enquanto não se permitir ser feliz, idolatra o sofrimento, o que impede de ver a real profundidade e beleza de sua natureza original. Um dos mantras de meu trabalho com o The Happiness Project é: *A dor fica no fundo, mas a alegria fica mais fundo ainda.* À medida que se permite ser feliz, percebe que a dor e o sofrimento pertencem ao ego, mas entende que a verdadeira cura e alegria pertencem à sua natureza original. Em outras palavras, vê que, embora tenha sofrido a dor, você não é a dor e sabe que embora continue a sentir o sofrimento, não é ele.

A felicidade é desistir de toda resistência de deixar ir.

Sem apego

"A experiência seja feliz" é um convite para desprender-se da teoria da felicidade e permitir-se uma experiência direta. Esta é uma tarefa tão simples que algumas pessoas não conseguem compreendê-la. Elas não se permitem ser felizes porque *sofrem de muita psicologia*. Desejam primeiro entender o que é a felicidade e *depois* serem felizes. Querem ter a compreensão total da felicidade, mas ela não pode ser resumida nem racionalizada porque *ela* não é um objeto. A mente não é grande o suficiente para envolver a felicidade. A verdadeira felicidade não é um pensamento, é uma experiência. Nem mesmo um gênio ou um mestre iluminado consegue *pensar a felicidade*. Ela pode ser desfrutada pela mente, mas não pode ser contida.

Você já percebeu que, quando se deixa ser feliz, não pensa tanto? Um dos obstáculos à felicidade é que está tão identificado com seus pensamentos que de fato pensa em excesso sobre a vida. No entanto, se conseguir aquietar a mente, nem que seja por apenas alguns segundos, vai descobrir que nesse espaço de pensamentos existe uma singular experiência de paz, alegria e liberdade. Nesse momento, talvez muito breve, você se identifique com o *ser* e não com a mente. Quanto mais conectado estiver com o ser, mais percebe que a felicidade não vai e vem; o que vai e vem é a consciência de felicidade. Sua verdadeira natureza é sempre feliz, não importa o que sua mente pense.

E quanto mais feliz você estiver, menos pensará e melhores serão seus pensamentos. Em outras palavras, quando está feliz em si mesmo, esse estado se reflete em sua mente e passa a ter menos pensamentos de ansiedade, culpa e medo e mais pensamentos de coragem, fé e amor. Ao se abandonar à felicidade, você se torna menos ligado à mente e fica menos apegado ao mundo. Agindo a partir da base natural de seu ser, você descobre que pode estar "no mundo, mas não ser dele". Passa a ser capaz de vestir o mundo como uma peça de roupa folgada. A felicidade abençoa sua mente e o mundo se torna um lugar seguro para estar.

A felicidade é o estado natural de consciência que já existe em você, mas se vê obscurecido por todos os tipos de distrações mentais. Uma delas é a busca da razão para ser feliz. Essa necessidade pode causar instabilidade mental, paranoia, sofrimento e dor e tristeza inevitáveis quando não existe razão. Entretanto, quando simplesmente se deixa ser feliz, tem uma alegre descoberta: *Como seu Eu natural já é feliz, não é necessário um motivo para ser feliz.* A verdadeira felicidade não precisa de razão. Você pode ser feliz sem nenhum motivo.

**Felicidade é desistir de toda resistência
contra a alegria sem razão.**

Estar aqui

Se você acredita que precisa chegar a um ponto na vida antes de ser feliz, há boas chances de que nunca se permita ser verdadeiramente feliz. Algumas pessoas passam a vida inteira no estado futuro de felicidade. Por exemplo, elas *serão felizes* depois que encontrarem seu real propósito; *serão felizes* depois de acharem a alma gêmea; *serão felizes* depois do próximo sucesso. Essa felicidade *depois de* pode acabar causando um atraso crescente que significa que você nunca vai se render à felicidade.

Enquanto não aceitar a ideia de que a felicidade já existe em você, não vai encontrá-la em nenhum outro lugar. Por quê? Em termos psicológicos, você sempre vê aquilo com que se identifica. O mundo que vê é feito à sua imagem. É por isso que o filósofo Immanuel Kant disse: "Nós vemos as coisas não como são, mas como somos". Se, mesmo que por apenas um momento, se permitir desfrutar a felicidade de sua verdadeira natureza, começará a ter uma experiência mais completa do mundo à sua volta. Quando se permitir ser feliz, vai parar de ir a outros lugares e ficará mais presente aqui.

Quando você se permite ser feliz, começa a enxergar aquilo que sempre esteve aqui. O escritor Franz Kafka explorou a teoria da perfeita felicidade. Para desfrutar da perfeita felicidade, segundo ele, é preciso acreditar no "indestrutível elemento interior", que é sua verdadeira natureza. Para ele, é preciso estar disposto a desistir de lutar por uma miragem externa da felicidade. Kafka escreveu: "Não é necessário sair de casa. Permaneça à mesa e ouça. Nem mesmo ouça, apenas espere. Nem mesmo espere, fique quieto e sozinho. O mundo se apresentará para o desmascaramento, não há como ser diferente, em êxtase se dobrará a seus pés".[1]

Quanto mais se permitir ser feliz, mais receptivo estará às coisas que acontecem na vida. Você fica mais presente e descobre que tem mais coisas aqui do que percebera. Nota que quanto mais presente estiver, mais rica e interessante fica sua vida. Como se torna mais disponível de modo espontâneo, sente uma profunda gratidão por aquilo que é. "O paraíso terreno está onde eu estou", disse Voltaire.[2] E, finalmente, quando desistir de sua resistência a se permitir ser feliz, terá mais uma alegre descoberta, *a felicidade não apenas vem até você; ela também vem de você. Você é a felicidade!*

>Dou boas-vindas à felicidade
>e não preciso fazer nada.
>Dou boas-vindas à cura
>e não preciso fazer nada.
>
>Dou boas-vindas aos céus
>e não preciso fazer nada.
>Dou boas-vindas aos anjos
>e não preciso fazer nada.
>
>Dou boas-vindas à inspiração
>e não preciso fazer nada.
>Dou boas-vindas aos milagres
>e não preciso fazer nada.
>
>Dou boas-vindas a Deus
>e não preciso fazer nada.
>Dou boas-vindas ao amor
>e não preciso fazer nada.

Sem bloqueios

"A experiência seja feliz" é um convite para que você se permita ser feliz agora. E como tal, oferece uma ocasião para que testemunhe, com total abertura e honestidade, o que exatamente o está impedindo de ser feliz. Na sessão de revisão que se segue ao exercício costumo fazer a seguinte pergunta aos alunos: "O que o impediu de ser feliz?". Recebo muitas respostas, mas duas se destacam.

A primeira é "nada". É uma revelação para muitas pessoas por ser a primeira vez na vida que de fato admitem a si mesmas que nada pode impedi-las de ser felizes. Se você deseja ser feliz, o mundo não pode impedi-lo. Ninguém o detém ou impede de viver. Além disso, muitas pessoas descobrem que quando se deixam ser felizes, encontram uma surpreendente força de espírito em seu interior. Ao se permitir ser feliz, você vive uma grande liberdade de ser, o que lhe permite ser a pessoa que mais deseja ser.

A segunda resposta é "eu mesmo". O exercício ajuda a enxergar que nada *fora* impede você de *estar aqui*. Na verdade, não existe nada real no mundo que não queira que você seja quem é. *O mundo é para você se for para si mesmo*. Por isso, é você mesmo quem impede sua felicidade, que o segura, freia e prende. É muito decepcionante, mas também muito libertador. Se desistir de sua resistência a si mesmo, estará livre. Vai parar de se segurar. O mundo vai ajudá-lo e poderá ser a pessoa feliz e amorosa que veio aqui para ser.

De vez em quando, e só por um momento, brinque com a ideia de que *na verdade não existem bloqueios*. Pare por cinco minutos e imagine como seria sua vida *se não existissem bloqueios*. Visualize por alguns momentos como se mostraria para o mundo se soubesse que *não existem bloqueios*. Agora mesmo, apenas se permita ser feliz e esteja disposto a abandonar a ideia de que precisam existir bloqueios para a felicidade.

"O homem é infeliz porque não sabe que é feliz. É só isso. É só isso, só isso. Se alguém achar que será feliz de uma vez, nesse momento (...) é muito bom. Eu descobri isso de repente."

Fiodor Dostoievski[3]

Capítulo 24

A dádiva da felicidade

Certa vez, testemunhei uma deliciosa conversa entre mãe e a filha. Embora não tenha levado nem um minuto, jamais a esqueci. Tudo aconteceu enquanto eu estava em um movimentado terminal no aeroporto de Nova Délhi, na Índia, esperando meu voo. A filha, Angela, e a mãe estavam sentadas do lado oposto ao meu. Angela, que devia ter uns 3 anos, estava falando e desenhando, falando e comendo, falando e lendo. Enquanto isso, a mãe estava ocupada verificando os passaportes e as passagens.

Embora eu pudesse ouvir Angela falar, não prestava atenção ao que dizia até que subitamente declarou: "Eu sou a felicidade, mamãe". Aquelas palavras se prenderam aos meus ouvidos. E me vi sorrindo. *Que ótimo pensamento*, pensei comigo mesmo. Em seguida, Angela se inclinou e puxou a camisa da mãe para chamar a atenção dela.

— Sou a felicidade, mamãe — disse Angela.
— O quê, querida? — perguntou a mãe.
— Sou a felicidade, mamãe — repetiu Angela.
— Não, querida. O que você quer dizer é "Eu estou feliz" — explicou a mãe.

— Não, mamãe. Eu sou a felicidade.

A essa altura, reparei que diversos outros passageiros estavam ouvindo a conversa. A mãe de Angela também notou e ficou um pouco constrangida, mas todos perceberam que era um momento doce e engraçado.

— Eu-sou-feliz — disse a mãe de Angela de um jeito deliberadamente lento.

— Eu-sou-a-felicidade — replicou Angela de um jeito deliberadamente lento.

A mãe sorriu:

— OK, Angela, você é a felicidade.

— É, mamãe, eu sou a felicidade — confirmou Angela, balançando a cabeça.

E foi isso. Uma curta e doce conversa terminou de modo tão rápido quanto havia começado, mas me fez pensar.

Como você viveria se soubesse que já era feliz? Imagine como seria. Imagine como se sentiria bem se soubesse que sua natureza original já é feliz. Reflita sobre como daria boas-vindas a cada novo dia, sabendo que *você é aquilo que procura*. Imagine quanto amor e cura viveria se mudasse o objetivo de seus relacionamentos de *encontrar a felicidade* para *compartilhar a felicidade*.

Tente pensar como você seria fantástico e bem-sucedido se seguisse sua alegria e deixasse a felicidade brilhar por seu intermédio. Imagine como seria.

Imagine, apenas por um momento, se você se entregasse completamente à alegria original de sua verdadeira natureza. Que batismo teria sido! Imagine como seria libertador se não precisasse que o mundo o *fizesse feliz*. Que bênção para todo mundo! Imagine o quanto se sentiria rico sabendo que sua felicidade não está isolada de você e escondida em algo externo. Tente pensar como seria sua atitude em relação ao dinheiro. Imagine quanto se permitiria relaxar e *curtir cada momento* se soubesse que a alegria está sempre com você e não em outro lugar. Visualize como sua atitude diante do tempo mudaria. Tente imaginar como você seria.

Imagine se todo dia você deixasse que a alegria original de seu *ser* abençoasse e revigorasse. Imagine se você tivesse o propósito na vida de *espalhar* felicidade e não buscá-la. Imagine o quanto gostaria de si mesmo. Imagine como seria generoso. Imagine como seria gentil e que grande amigo seria. Se vivesse com o conhecimento de que seu *ser* já é feliz, seria livre para a pessoa que "veio aqui para ser". Sendo feliz, não teria medo de se apaixonar. Na verdade, é provável que se tornasse a pessoa mais amorosa que possa imaginar.

Imagine como seria.

Meu trabalho com o The Happiness Project baseia-se na ideia radical de que *você já é feliz*.[1] Gostaria que essa ideia não fosse tão radical assim. É radical não porque a considero assim, mas porque poucas pessoas acreditam. A ideia de que *você já é feliz* é o ponto de partida de meu trabalho tanto no consultório quanto no curso de felicidade. Em essência, meu trabalho é ajudar as pessoas a recuperar a alegria de quem realmente são. Do modo como vejo as coisas, sua essência é inspirada pela alegria, seu *ser* tem inspiração e seu Eu Não Condicionado não precisa de psicólogo nem de *coach*.

Quando vejo a verdade de quem você é, tudo o que vejo é amor e felicidade. Vejo que não há nada de errado, que não há nada faltando. Vejo que foi criado com perfeição. Porém, essa talvez não seja sua história. Compreendo que sua personalidade (também conhecida como ego) lhe oferece dificuldades, que muitas vezes atravessam seu caminho. Eu respeito o fato de que sua psicologia (também conhecida como sua mente) confunda você. Os pensamentos e sentimentos podem realmente atrapalhá-lo caso se identifique com eles, acredite neles e continue lhes dando poder. Quando parar com isso, eles deixarão de machucá-lo.

Ao longo das oito semanas do curso, observamos as pessoas operarem muitas mudanças positivas. Algumas delas são óbvias e audaciosas, outras são sutis e corajosas. Sempre que uma pessoa muda no interior, as mudanças refletem em sua vida. É uma alegria observar. Apesar de todas essas mudanças, descrevo o curso não como um programa de mudanças, mas de crescimento. A felicidade não muda você, o que muda é que se torna mais consciente de quem e o que é. A dádiva da felicidade é que ela abre a mente e a personalidade, e a luz cósmica de seu *ser* brilha através das fissuras. É dessa forma que sua felicidade ilumina o mundo.

Durante o curso de felicidade, exploramos dois dos principais paradigmas do *funcionamento humano*, o *paradigma de se tornar* e o *paradigma do ser*. Ambos são essenciais para o crescimento e evolução pessoais. São necessários para sua jornada pela vida e vão atendê-lo em momentos diferentes. Cada um tem vantagens e benefícios que vão ajudá-lo em seu caminho. No entanto, apenas um deles pode ajudá-lo a ter uma relação direta com a alegria, que é sua verdadeira natureza. No final, você tem de estar disposto a desistir de um paradigma em favor do outro se desejar viver a experiência da verdadeira felicidade agora.

O *paradigma de tornar-se* é um chamado para despertar. É um ímpeto dentro de você que deseja empurrá-lo para frente. É uma coceira que o faz seguir adiante. É um sussurro que diz "cresça, cresça". Esse paradigma fala da aspiração, da perseguição do futuro, da transformação para a pessoa que quer ser *quando crescer*. O desejo de *tornar-se* o motiva a continuar em frente a cada dia, é o que lhe dá resistência nos tempos difíceis e um objetivo a seguir. Tornar-se tudo o que puder ser, tornar-se seu melhor Eu e tornar-se alguém verdadeiramente feliz, por exemplo, é a jornada do herói. E isso dá tanto significado quanto direção a sua vida.

O *paradigma de tornar-se* é aquele em que você reforça sua intenção de ser feliz ao mesmo tempo em que trabalha seus medos da felicidade, seus autoconceitos equivocados, o desmerecimento aprendido, seus autoataques, seu apego às velhas mágoas e qualquer outra resistência do ego. Ao fazê-lo, sem dúvida começa a se sentir melhor sobre si mesmo. Em sua vida, pode primeiro experimentar um período correspondente de anulação, quando, por exemplo, as relações pouco saudáveis desaparecem ou os empregos inadequados são repentinamente encerrados. Essas situações podem deixá-lo com a sensação temporária de ter sido despojado de antigos padrões abusivos, como se tivesse perdido a si mesmo, mas não durará muito. Após esse período de anulação, você se reencontra e começa a desfrutar um tempo de florescimento e prosperidade.

O *paradigma de tornar-se* pode ajudá-lo a ter grandes ganhos na vida, e assim ter mais prazer (felicidade sensorial) e mais satisfação (felicidade circunstancial). O senso de *tornar-se* também o aproxima da alegria, mas não o suficiente. E aqui está o momento da escolha. A grande esperança de *tornar-se* é que vai naturalmente conduzi-lo ao *ser*, mas não é assim que funciona. Em última análise, para ser feliz você deve estar disposto a abandonar o *tornar-se*. *No final, o "tornar-se" deve dar lugar ao "ser"*. Tem de parar de se esforçar para ser feliz e permitir-se ser feliz. Tolstoi disse de forma sucinta: "Se quer ser feliz, seja".[2]

O *paradigma de tornar-se* pertence ao ego (também conhecido como autoimagem). É onde o ego melhora a si mesmo e suas condições. Já *o paradigma de ser* é aquele em que o ego (autoimagem) se rende ao Eu Não Condicionado (também conhecido como verdadeira natureza). O *paradigma do tornar-se* é, em última instância, uma preparação para a rendição, embora você não saiba disso no início. *O paradigma do ser é a entrega*. Ela ocorre quando se desiste da ilusão em favor da verdade, da dor em favor da alegria, da personalidade em favor da *essência*, do passado em favor do presente, do ego em favor de Deus, e do medo em favor do amor. É grandioso, mas a felicidade não é menos.

Quando você dá um passo em direção ao *paradigma do ser*, escolhe a felicidade e deixa que ela o escolha. *O estado de ser é a consciência de que a pessoa que "você é" já existe em potencial.* É um Eu que não é feito, mas percebido. É um Eu que já está completo, bem e feliz. Esse Eu original (também conhecido como Eu Não Condicionado) é imutável na essência, indestrutível na realidade e verdadeiro no infinito. No *paradigma do ser*, você experiencia a consciência que está fora do tempo e espaço e descobre o eterno aspecto do ser humano em pleno funcionamento. É isso que significa ser completamente individualizado e real em si mesmo.

Em algum ponto da jornada, perceberá a diferença entre *tornar-se* e *ser*. Um dos paradigmas pode melhorar sua vida, mas ainda o deixa insatisfeito. Ele o aproxima da felicidade, mas não o leva até o fim do caminho. O outro paradigma o traz para o aqui e agora. É uma entrega para *aquilo que é*. Ele o põe de novo em contato com seu Eu Não Condicionado que já está feliz. Mais uma vez você dança em deleite com os lindos raios de seu *ser* e percebe algo muito esperançoso, profundo e indelevelmente verdadeiro:

**Você não pode se tornar feliz,
mas pode sempre ser feliz.**

Os sintomas da felicidade

Há uma frase na missão do The Happiness Project:

**"Sua felicidade é uma dádiva porque
o mundo está cheio de sofrimento."**[3]

Eu criei o curso porque acredito que *sua felicidade é uma dádiva*, tanto para você quanto para os outros. Quanto mais feliz estiver, mais todos ganham. Os benefícios são seus e dos outros. A verdadeira felicidade é sempre partilhada. Se as pessoas tentam manter a felicidade para si mesmas é sinal de que não estão muito felizes e entenderam mal a verdadeira natureza da felicidade. Você não pode conter os efeitos da verdadeira felicidade. Se aceitar a felicidade para si mesmo, todo mundo vai prosperar — mesmo que seja só porque não está mais se sentindo um infeliz.

Sua felicidade é uma dádiva porque lhe dá acesso mais fácil às qualidades naturais de seu *ser* (também conhecido como Eu Não Condicionado). Quanto mais feliz estiver, mais essas qualidades naturais vão brilhar através de você. Por exemplo, elas incluem presença, bondade e amor. A relação entre felicidade e essas *qualidades do ser* é altamente recíproca. Por exemplo, o fato de ser feliz permite que esteja presente, e estar presente traz maior felicidade. *Sua felicidade é uma dádiva* porque revela o melhor em você. E quanto mais feliz estiver, mais se torna um presente para os outros.

No curso, exploramos em detalhes as qualidades naturais do Eu Não Condicionado. Elas não são como os músculos do corpo que exigem esforço e repetição para se fortalecerem; já estão totalmente desenvolvidas dentro de seu Eu Não Condicionado e fluem sem esforço quando você está relaxado e feliz. Uma boa maneira de pensar sobre essas qualidades naturais é considerá-las *sintomas de felicidade*. Quando uma pessoa recebe o diagnóstico de genuína felicidade, em geral tem alguns destes sintomas:

Presença. Quando você sabe que sua verdadeira natureza já é feliz e que *a felicidade não deixa sua fonte*, percebe que não existe *nada a perder*. Agora o mundo já não é um lugar tão assustador. Agora, você se mostra de uma forma menos defensiva, menos autopromotora, menos apologética e menos medrosa. Participa mais plenamente da vida e desfruta dela em tempo real. Compreende que o maior presente que pode dar é sua presença e que não custa nada. Sua presença é como um doce sorriso que abençoa as pessoas que encontra. Sua presença é um presente. Você é uma dádiva.

Aceitação. A felicidade o desafia a fazer as pazes consigo mesmo. Porque enquanto persistir em ser autocrítico e não se aceitar, vai continuar a bloquear a perfeita alegria que é sua verdadeira natureza. Mas se estiver disposto, mesmo que um pouco, a aceitar a si mesmo e seus próprios sentimentos, vai descobrir que a vida se torna menos frustrante, que existem menos explosões de violência e que participa cada vez menos das guerras pessoais. Assim que se aceita mais, relaxa, torna-se mais presente e as pessoas se sentem mais aceitas e mais amadas por você. Sua autoaceitação é um presente para si e os outros. As pessoas o procuram quando precisam de ajuda para a própria autoaceitação e para se lembrarem da perfeita alegria da verdadeira natureza delas.

Abnegação. A felicidade existe antes *do pensamento do Eu*. Quanto mais feliz estiver, menos preocupado estará por pensamentos do tipo "eu sou", "eu preciso", "eu quero" e "eu devo". A verdadeira felicidade também existe antes *da minha história*. Quanto menos ficar preso às histórias pessoais, menos orgulho e necessidades sentirá. Quanto mais abnegado for, menos ficará em seu próprio caminho e mais permitirá que as pessoas se doem a você. E mais estará presente para os outros e mais poderá doar sem nenhum *pensamento do eu*. Sendo verdadeiramente abnegado, sua alegria será doar e receber porque sabe que são a mesma coisa.

Autenticidade. Quanto mais feliz estiver, mais percebe que tudo o que realmente deseja é a verdade. Você está interessado no verdadeiro amor, sucesso, na verdadeira felicidade e liberdade. Quanto mais feliz estiver, mais desejará viver em integridade, que significa integrar a ética e os valores aos relacionamentos e ao trabalho. A felicidade nunca estará distante se você permanecer próximo a seus valores e sua ética. Quanto mais feliz estiver, mais seguirá sua alegria e mais perceberá seu verdadeiro valor. A felicidade libera os talentos naturais e cria grandes sucessos. E seu sucesso é seu presente para o mundo.

Equanimidade. Ser feliz o ajuda a ficar fora de si, a ser mais objetivo e menos identificado com o prazer ou a dor. Quanto mais feliz estiver, menos se deixará ser levado pelas emoções como falta, desmerecimento, dor, inveja e ressentimento. Sua felicidade o ajuda a encontrar seus sentimentos com compaixão e equanimidade. Sua felicidade o poupa de muitos dramas e sofrimentos desnecessários. Ela o traz mais para o presente, e você se torna mais capaz de deixar as velhas mágoas irem embora. Sua felicidade e cura poupam o mundo de projeções, queixas, ressentimentos e desejos de vingança que as feridas não cicatrizadas expelem. Sua felicidade e cura são presentes para o mundo.

Sabedoria. Uma honesta investigação sobre a natureza da verdadeira felicidade o ajuda a aquietar a mente e a acessar novos níveis de clareza e inspiração. A felicidade o ajuda a pensar com mais objetividade, a ouvir a sabedoria interior e a usar a mente com criatividade. Em um nível básico, sua felicidade o ajuda a ter grandes ideias, a ser engraçado e inteligente e a impulsionar a consciência. Ao mesmo tempo, você não se permite perder-se em pensamentos e não vive apenas em sua mente. Em um nível mais elevado, sua felicidade o ajuda a libertar-se de pensamentos de morte e tristeza, e poderá conviver com a perfeita alegria do *ser*. Agora, você não está mais confinado pelas percepções do ego. A felicidade é pensar os pensamentos de Deus.

Altruísmo. Um dos mais agradáveis efeitos colaterais da felicidade é o *altruísmo*.[4] Quando as pessoas se sentem bem, naturalmente desejam fazer o bem. Muitos pesquisadores da felicidade observaram esse fenômeno de "sentir-se bem, fazer o bem".[5] Descobriram que *a felicidade faz desejar ser altruísta, e ser altruísta aumenta a felicidade*. Quando você se entrega à alegria do *ser*, percebe o quanto está ligado à vida. Você sabe no fundo do coração que o universo é amigável. Essa confiança básica o coloca em terra firme e o ajuda a proteger o próprio ego instável. *Ser um verdadeiro amigo para si mesmo o qualifica a ser um verdadeiro amigo para os outros*. Sua felicidade o faz querer ser amigo do mundo.

Entusiasmo. "Aquele que faz cócegas em si mesmo ri na hora que quer", diz o provérbio alemão. A felicidade lhe dá uma atitude, uma atitude de diversão. Quanto mais feliz estiver, mais vai saber como se divertir com cada detalhe da criação. Você sente um entusiasmo natural em cada momento presente e se entrega totalmente a todos que estiverem diante de si. Seu entusiasmo ajuda a florescer o jardim. Estamos assim desfrutando sua presença, amando sua energia. Sua luz nos ajuda a crescer. Seu entusiasmo se propaga através de nós. E enquanto se torna ainda mais feliz, verá cada vez mais o Divino em cada momento. E se sente muito grato porque, como disse o poeta Hafiz, percebe que:

> **"Este lugar onde está agora,
> Deus marcou num mapa para você."**[6]

Bondade. Quando você sabe que já é feliz, ocorre em sua mente a compreensão de que a maior diversão na vida é ser bom. A alegria é a realização de que os verdadeiros presentes da vida não vêm do mundo, mas sim do coração. E quanto mais feliz estiver, mais se lembrará de viver a partir do coração. Em seu dia agitado, consegue tempo para escrever um bilhete de agradecimento, para dizer palavras de incentivo e ajudar um estranho. Você se torna generoso de mil maneiras, e a maioria de seus atos diários de bondade passa despercebida pela multidão. Essa é a maneira que você gosta. A bondade é sua própria recompensa. Se a felicidade tem coração, certamente deve ser a bondade.

Amor. Quanto mais feliz você estiver, mais amoroso será, e quanto mais amoroso estiver, mais feliz será. Estar feliz se assemelha a amar. E quando você sente amor, parece felicidade. Você percebe que está usando duas palavras diferentes para descrever a mesma experiência. "A felicidade é o amor e nada mais", escreveu Emmet Fox.[7] A maior felicidade de todas é libertar o mundo de seus julgamentos e ser *a presença do amor*. A felicidade o torna um amante da vida, e você ama tanto o mundo que se coloca pronto, a cada dia, para realizar atos de amor. É sua alegria deixar que o amor viva através de você, falar com amor, ouvir com amor e agir com amor.

Ser feliz é amar.
Amar é ser feliz.

Felicidade total

No dia de abertura do curso, apresento "O jogo do anjo". A ideia é que, ao longo das oito semanas seguintes, você seja um anjo para um dos alunos e um deles será o seu. O processo de atribuir o papel de anjo pode parecer acidental, mas gosto de pensar que um plano superior está em funcionamento. Primeiro, eu entrego uma folha de papel em que você escreve o nome e todos os detalhes de contato que pretende partilhar com o grupo. Depois, todos, incluindo a equipe e eu, colocamos esses detalhes numa caixa. Misturo bem e, finalmente, a caixa passa ao redor da sala e cada um escolhe um pedaço de papel. O nome que estiver anotado é a pessoa de quem você será o anjo.

Agora, você é oficialmente o anjo de alguém e tem duas tarefas principais. A primeira tarefa é ajudar a pessoa *a aproveitar o curso de felicidade*. Como fazer isso, depende de você. A única regra é manter o anonimato até o último dia do curso. Durante oito semanas, você terá "mãos invisíveis" ajudando sua pessoa na investigação sobre a felicidade dela. Ser invisível o ajuda a se doar livremente, com um leve toque e de forma silenciosa. Qualquer coisa que enviar por meio do correio ou da internet é assinado simplesmente como "de seu anjo". E para ajudá-lo a permanecer invisível, a equipe do The Happiness Project tem uma conta do anjo no hotmail, e em cada seminário existe uma mesa do anjo na qual se podem deixar presentes e mensagens.

Agora que você é um anjo oficial, é incentivado a refletir sobre aquilo que o apoiou e inspirou durante a vida, seja para curar ou ser feliz, *e depois compartilhar tudo isso*. Durante as oito semanas seguintes pode enviar à sua pessoa algumas palavras de encorajamento, citações inspiradoras, um bilhete de agradecimento, um livro muito desejado, filme favorito, um pensamento do dia ou qualquer outra coisa que faça sentido a você. O único critério é *fazer aquilo que o faça se sentir bem*. Alguns alunos já sabem como ser bons anjos; para outros, esta pode ser sua primeira missão. De qualquer forma, aqueles que se doam de forma mais integral durante o jogo são os que ganham mais.

Uma das dádivas de "O jogo do anjo" é que encoraja a refletir sobre a *felicidade de se doar*. Em termos específicos, ajuda a identificar aquilo que se sente mais chamado a doar em sua vida e para quem pretende doar. Esse chamado não é apenas a doar coisas, mas também a seguir seu propósito, compartilhar seus talentos e entregar-se. Os pesquisadores da felicidade descobriram que as pessoas que servem às outras, que doam dinheiro, trabalham como voluntárias ou se engajam em atividades destinadas ao bem-comum vivem a experiência da *felicidade do entregar-se*.[8] As pessoas mais felizes doam-se mais, e quanto mais se doam, mais ficam felizes.

Sua segunda tarefa como anjo é *desejar à pessoa que protege que tenha tanta felicidade quanto deseja a si mesmo*. Em termos específicos, essa tarefa determina que doe um minuto por dia, durante oito semanas, para fazer uma oração ou pedir um desejo para que sua pessoa receba toda a ajuda de que precisa hoje para ser feliz. Na essência, o desejo ou a oração é "Que VOCÊ seja feliz hoje". Muitos alunos relatam profundos efeitos com esse exercício. Eles descrevem como "profundamente satisfatório", "ajuda a abrir o coração" e "autocurativo". Alguns deles afirmam nunca ter feito um exercício parecido com esse; os que fizeram afirmam que foi na infância. Outros ainda dizem que nunca haviam desejado a felicidade para si mesmos, com certeza não desse jeito, todos os dias. E respondo que fizeram isso agora porque

quando desejamos felicidade para o outro, desejamos felicidade para todos, e desejamos para nós mesmos.

Minha pesquisa sobre a felicidade me ensinou que *quando as pessoas se recusam a desejar felicidade para todo mundo, bloqueiam e limitam sutilmente (ou não tão sutilmente assim) a própria felicidade.* Eu digo *para todo mundo*, e não *para todo mundo com exceções*. Isso tem de ser total. E o motivo é que a mente humana, em seu nível mais profundo, não compreende a diferença entre pronomes pessoais como "eu" e "você", "eu" e "ela(e)" ou "nós" e "eles" ou "ele" (o mundo). Isso é importante porque aquilo que se deseja para si mesmo é interpretado pela mente como um desejo para todos, e o que se deseja para os outros é interpretado como um desejo para si mesmo. Se puder entender isso, terá descoberto o segredo da felicidade total.

Para tentar explicar melhor, quando você diz: "Espero que *ela* nunca seja feliz", sua mente entende que está se referindo a si próprio. Como assim? Quanto estiver com raiva "dela", será "você" a sentir os efeitos dessa raiva. Sua mente não consegue manter seus nervos em ordem e seu coração saudável enquanto envia "pensamentos de raiva" a outra pessoa. *Aquilo que enviar a outra pessoa é aquilo que vai sentir*. Isso não é teoria, é biológico. Agora mesmo, tente pensar alguma coisa sobre alguém e não sentir os efeitos, e verá que é impossível. Em um nível mais profundo, sua mente não consegue dividir o mundo entre "eu" e "você". Aquilo que eu sentir sobre você afetará aquilo que sinto sobre mim, e vice-versa.

A compreensão do funcionamento da mente, sem divisões nem separações, revela uma imperfeição fatal no raciocínio dos pesquisadores sobre aquilo que chamam de *felicidade relativa*. A expressão *felicidade relativa* descreve a satisfação que aumenta ou diminui à medida que as pessoas abastadas comparam suas fortunas com as dos outros. O raciocínio é mais ou menos assim: "'Eu' sou mais feliz porque tenho uma fortuna maior do que a 'deles'". Não é à toa que a *felicidade relativa* tem vida curta e é um comportamento maníaco. Não pode ser verdade que a felicidade dependa da sorte ou do infortúnio dos outros. Isso não é felicidade real, é medo.

Nos livros de autoajuda, os leitores são sempre avisados para evitar "pessoas negativas" e para desligar a TV no horário das "notícias negativas". De novo, isso não é felicidade verdadeira, isso é medo. Se você é feliz, não precisa fugir dessas situações. Tampouco precisa procurá-las. A felicidade não é feita de medo, é amor. Portanto, quando se está feliz, tem muito mais significado enviar uma oração ou bons votos para alguém que esteja passando por um infortúnio, ou que esteja infeliz, do que evitar ou condenar essa pessoa. Quando você deseja, ou ora, "Que VOCÊ seja feliz", está enviando uma bênção para o mundo que pode aumentar a felicidade de todos, inclusive a sua.

"Tu não podes orar só para ti mesmo assim como não podes achar alegria somente para ti."
A Course in Miracles[9]

As pesquisas sobre a felicidade provam que as pessoas que se sentem constantemente "muito felizes" são menos afetadas pela comparação social e pelo *status* relativo. Essas pessoas concordam com declarações do tipo "A felicidade dos outros se soma à minha sensação de bem-estar". Assim como os budistas que praticam a "alegria harmoniosa", essas pessoas gostam quando "eu" desejo boa sorte a "você", porque aumenta nossa chance de boa sorte. A felicidade é indivisível. Ela não pode ser separada em um pedaço maior para mim e um pedacinho para você. A felicidade é total e completa, e está disponível por igual para todos. Ao desejar incondicionalmente a felicidade para todo mundo, sua mente se livra de qualquer tipo de bloqueio, e sua felicidade brilha para o mundo.

Outra dádiva de "O jogo do anjo" é que todos os dias, durante oito semanas, um participante do curso vai lhe desejar felicidade. Como seu anjo é anônimo, pode ser qualquer um.

A ideia de que qualquer pessoa possa ser seu anjo é um poderoso pensamento a ser agregado a seu dia. É um pensamento feliz que pode realizar coisas agradáveis em seu coração.

Durante todos os dias do curso, você estará sendo um anjo para alguém e alguém estará sendo um anjo para você. Essa troca gera um sentimento de encantamento e admiração que pode se propagar em todas as suas interações e relacionamentos. Além disso, pode incentivá-lo a ser mais presente, mais aberto e mais receptivo com todas as pessoas que encontrar.

Gosto de lembrar aos alunos que neste preciso momento, as pessoas em todo o mundo estão rezando por sua felicidade. Mesmo enquanto você lê este livro, as crianças em toda parte estão fazendo as suas orações na hora de dormir e estão desejando felicidade para todos (incluindo os pássaros e as árvores). Agora mesmo, em pelo menos dez mil diferentes igrejas e mosteiros, as pessoas estão orando por sua felicidade. Agora mesmo, em templos, sinagogas e mesquitas, as pessoas estão recitando preces de paz universal e alegria. Neste mesmo instante, os habitantes de tribos indígenas estão desejando felicidade a todas *as relações em todos os lugares*. Em cerimônias budistas que estão ocorrendo agora, uma oração está sendo feita para seu benefício. Esta oração é de amor e bondade:

> Que todos os seres vivos sejam felizes e
> tenham motivos para a felicidade.
> Que todos os seres vivos possam estar livres
> do sofrimento e das causas do sofrimento.
> Que todos os seres vivos nunca sejam separados
> da grande alegria que está além do sofrimento.
> Que possam permanecer sempre em sua grande
> equanimidade para além das amarras e da aversão.[10]

A oferta de felicidade

No último dia, as duas últimas sessões são feitas aos alunos para que apresentem uma "oferta de felicidade" para a classe.

Os alunos tiveram oito semanas para preparar sua oferta. Do que ouvi, muitos deles ficaram até tarde na noite anterior, ocupados na versão final. A instrução para "A oferta de felicidade" é "partilhar algo íntimo" e "falar a partir do coração", além de "dizer a verdade sobre a felicidade". Esta é a oportunidade de compartilhar sua jornada, de dar aos colegas um presente e de nos ensinar o que sabem.

Neste exercício, a classe forma um círculo, exatamente como no teatro tradicional. Um a um, os alunos se colocam no centro da sala e dividem suas oferendas. Muitas delas são inspiradas pelas experiências pessoais vividas durante os exercícios e tarefas realizados durante o curso. Um aluno pode compartilhar uma carta sobre a felicidade escrita a um filho ou uma filha, ou à pessoa amada ou a um amigo. Essa carta revela lições aprendidas, erros cometidos, desejos sinceros e verdades pessoais profundas. Alguns alunos nos contam suas conversas sobre felicidade com os membros da família. Talvez seja a primeira vez que tenham falado sobre felicidade com a mãe ou o pai.

Muitas vezes os alunos dividem suas definições de felicidade e o que ela significa para eles. Em um curso recente, Janice mostrou uma colagem de pinturas, desenhos, poesias e fotografias que havia criado com o marido e os filhos. O tema *seguir sua alegria* também é muito popular. Muitos alunos usam este momento para cantar uma canção pela primeira vez em público, e recebem aplausos como se estivessem numa grande casa de espetáculos. Alguns alunos mostram obras de arte nunca vistas antes. Outros declamam poemas que estavam calados por muito tempo em velhos cadernos de anotações.

Alguns mostram partes de listas de "100 formas de gratidão". Eles nos falam sobre as pessoas e as experiências pelas quais valeu a pena viver. "A meditação do receber" também recebe muitas menções nesse período. Eles nos contam como se sentem presentes e mais vivos, mais ricos e mais prósperos como se cada dia parecesse mais e mais uma dádiva. Outros alunos abrem seus diários da felicidade e leem como foi *realmente* estar no curso. Partilham momentos de verdade, de humor, partes mais difíceis, momentos decisivos e epifanias.

"A oferta de felicidade" é um momento destinado a ajudar o aluno a integrar sua experiência de ter estado no curso. Ao nos ensinar o que aprendeu, ele aprende as lições novamente, mas desta vez em um novo nível. Ao partilhar conosco as dádivas recebidas, recebe de novo. Ao nos contar como o curso o tocou e como o ajudou, ele sente os efeitos, espero, duas vezes mais fortes. Sua oferta de felicidade é como oferecer um presente a si, por ter participado do curso de felicidade. Idealmente, vai continuar a sentir esses benefícios por um longo tempo, e todos em sua vida, agora e no futuro, também vão se beneficiar deles.

Para alguns dos alunos, "A oferta de felicidade" é o maior avanço, no curso. É um convite para ele nos dizer a verdade sobre quem é, sobre o que é a felicidade, e para o que vive. Esse exercício pode exigir um nível de honestidade e coragem que em geral as pessoas não se permitem viver. E, acima de tudo, "A oferta de felicidade" exige sua presença e participação. É um momento em que se diz "Estou aqui". Não apenas, fazendo o curso de felicidade, mas "aqui" em sua vida. É o momento em que percebe: "É isso!". Este momento agora é sua vida. *Sua vida está acontecendo agora.*

Assim como todos os anteriores e os futuros "agora", o presente momento "agora" é um convite para conhecer a verdade de quem você é e *ser feliz*.

> Nunca é tarde demais para realmente estar aqui.
> Nunca é tarde demais para desfrutar o momento.
> Nunca é tarde demais para amar e ser amado.
> Nunca é tarde demais para saber a verdade.

Nunca é tarde demais para curar uma velha mágoa.
Nunca é tarde demais para sentir a unicidade.
Nunca é tarde demais para permitir-se ser ajudado.
Nunca é tarde demais para ser inteiramente grato.
Nunca é tarde demais para ser inocente de novo.
Nunca é tarde demais para ser quem você realmente é.

Índice

A

"A Pensão", 110, 163, 200, 200-204

A Criação de Adão (Michelangelo), 265-267

A meditação da flor, 310-311

A meditação do receber, 225-237, 352

Aceitando as dádivas, 197, 209, 230, 233-234, 243, 248, 259, 263, 284, 335-353

Afetômetro, 14-15

Alegria, 57-60

    do perdão, 277-288

    felicidade sem motivo, 57-60

    permanência, 58

    criatividade, 58, 78, 88, 118, 151, 167, 226, 261, 315, 344

    serenidade, 59

    persiga a, 121

Allen, Woody, 314

Altruísmo, 164-165, 344

Amor

    incondicional, 52, 170, 248-249, 257-258, 276

    felicidade e, 33, 37, 239-288, 337

Anderson, Matthew, 122

Antecipação obstrutiva, 202

Argyle, Michael, 14

Ataque diário, 214-218

Atratividade, 27-28, 29

Autenticidade, 32-33, 66, 81, 221, 343

Autoaceitação, 90-91, 94-97, 221, 248, 342

Autoconsciência, 221

Autoimagem, 89, 92-96, 100, 102, 138-139, 161-162, 233, 283, 313, 339

B

Barks, Coleman, 110

Bentall, Richard, 80

Bondade, 73, 122-124, 156-157, 341, 345

Brickman, Philip, 137

Brilliant, Ashleigh, 207

Busca da felicidade, 11, 44, 83-84, 199-200, 203-204, 207-208, 305-307

C

Caindo na real, 218-223

Casamento, 31, 69, 73, 105, 182, 254-256, 262, 275, 293

Carson, Avril, 78, 110, 167

Cartões do sorriso interno, 196

100 formas de gratidão, 171-183, 352

    atitude, 174

    filosofia, 174-175

    gratidão real, 175

    um grande "obrigado", 176-177

    a alegria da gratidão, 177-183

    sentimento de vazio desfeito, 178

    bem-estar crescente, 178-179

    valores reais, 179-180

    perspectiva de cura, 180, 260

    conexão consciente, 85, 181-182, 269-270

    felicidade já, 182-183

Certificado de alegria, 119

Circunstâncias da vida, 71, 134, 136, 144,

Conexão espiritual, 181, 275-176

Confiança básica, 299-304

    em Deus, 301-302

    em si mesmo, 84, 100, 147, 299-300,

    na vida, 282, 301

    nos outros, 300-301

Contrato da felicidade, 144, 145-157, 162, 247

    martírio, 150-151

    merecimento, 43, 93, 97, 126, 144, 145-146, 148-149, 151-155, 157, 162, 223, 228, 233, 258, 268, 284, 316, 327, 339, 343

    sofrimento, 13, 66, 81-85, 108, 112, 135, 148, 152, 163-164, 167, 168, 249, 278, 280, 283, 326, 328-330, 341, 343, 350

    maestria, 152-153

    aprovação, 99, 153-154, 165

    controle, 100, 153, 154-155, 167, 193, 263

    independência, 155-156

bondade, 122-124, 156-157, 341, 345, 350

Curso de felicidade, 12, 14-18, 23-25, 38, 40, 61, 69, 77, 82-83, 85, 89, 94, 104-105, 121, 128, 133, 140, 159, 187, 216, 218, 225, 228, 230-231, 246, 255, 268, 277, 291, 302, 308, 311, 323, 337-338, 346, 352, 387

    tornando-se infeliz, 94

    oposição, 95-96

    comparação, 57, 96-97, 221, 273, 349

    rejeição, 97, 230

    autodepreciação, 99

    autonegligência, 85, 99

    autoengano, 99

    egocentrismo, 83, 99

    falta de confiança, 100, 101, 301

D

Dádivas, 197, 209, 226, 230, 233-234, 243, 248, 259, 263, 284, 335-353

Cura da família, 250-252

Davidson, Richard, 14-16

Definição de felicidade, 23, 36, 49-51, 244-245, 257

Diener, Ed, 29, 72

Documentário da BBC, 13-18, 103, 105, 272,

Dostoievski, Fiodor, 112, 333,

E

Easton, Mark, 69, 73

Edwards, Brian, 13

Ego
  paradigma de se tornar, 338-339
  trindade profana do, 131-183
  gentileza e bondade, 157
  o retorno do, 160-162, 169
  ataques nervosos do, 298-299

Ellison, Christopher, 275
Emoção, 31-32, 57, 60, 79, 102-103, 107-115, 127-128, 167, 343,
Entrevista da felicidade, 23-24, 33, 214
Erhard, Werner, 220
Escolhas conscientes, 141-142, 203, 268
Eu Não Condicionado, 81-84, 89-102, 118, 128, 139, 143-144, 148-149, 154-157, 162, 195, 206, 209, 221, 233, 241, 260, 269, 275, 283, 285, 300, 326, 337, 339-341
  eu construído, 81, 89, 93
  a procura, 83-84
  história de dois eus, 89-100
  olhando-se no espelho, 91-94, 96-99
  limitando a felicidade, 98, 100
  identificação, 65, 107-108, 233-234
  autoconexão, 268-270
Exercício do espelho, 92
Exercício dos três envelopes, 217
Experiência do coração, 121-122
Experiência Seja Feliz, 323-333

entrega divina, 325-326
  não fazer nada, 327-328
  deixar ir, 328-329
  sem apego, 329-330
  estar aqui, 330,332
  sem bloqueios, 332-333

F

Fama, 27, 30, 112

Família
  história da, 241-252
  papéis familiares, 243
  lições de, 244-248
  presentes, 248-250
  a cura, 250-252

Filosofia de vida, 174-175, 242

Fredrickson, Barbara, 31-32

Fromm, Erich, 43, 276

G

Gallup, 219, 275

Gangaji, 208

Gardner, Herb, 195

Genes, 138-141

Gratidão, 56, 144, 171-183, 197, 236, 242-243, 251, 260, 277, 341
  oração de, 313

felicidade e, 173, 183

três tipos de, 173-177

Greenfield, Susan

Gurdjieff, G. I.

H

Happiness NOW!, 182-183

Hay, Louise, 9-10, 65, 213

Heggessey, Lorraine, 13, 17

Hoffer, Eric, 221

I

I Forgot That Love Existed, 121-122

Imposto sobre a felicidade, 168

Inconsciente diário, 187-197, 225

Individualismo, 165, 272, 300

Iron, Mary Jean, 313

J

Jefferson, Thomas, 199-200

Johnson, Samuel, 41

Jones, Rob, 321

K

Kafka, Franz, 322, 331

Kammann, Richard, 71

Kant, Immanuel, 331
Kaufman, Barry Neil, 173
Keller, Helen, 57
King Jr., Martin Luther, 279

L

Ladinsky, Daniel, 123
Lao-tzu, 274
Layard, Richard, 219
Lei da atração, 91, 182
Lewis, C. S., 58
Locke, John, 199
Lyubomirsky, Sonja, 31, 134-135

M

Madre Teresa, 58
Mantra da alegria, 43-45
Meditação da flor, 310-312
Meditação do receber, 225-237
    histórias do receber, 227-231
    receber incondicional, 231-234
Medo da felicidade, 144, 159-170
Medo da identidade, 161-163
Medo da perda, 163
Mestre Eckhart, 313
Moore, Mike, 321-322

Morissette, Alanis, 180

Myers, David, 72

N

Névoa diária, 190-193

Nettle, Daniel, 206, 209

Norton, Robert, 55, 117-118, 169, 226

"New Science of Happiness", 71

O

Exercício das "dez bênçãos", 187-190

Gênio da felicidade, 23-33, 81, 257

O'Keeffe, Georgia, 311

Oishi, Shigehiro, 29

Oprah Winfrey Show, 194

Prece Navajo, 196

P

Paradigmas, 338-340

    da felicidade, 41-45

Pascal, Blaise, 202

Perfeccionismo, 149, 168

Poder da felicidade, 30-32

Ponto familiar, 136-139, 162, 201, 203, 262

Portal sem Portas, 305-306

Prática espiritual diária, 120-121, 128, 193-197

        saudação ao dia, 194-195

        definindo uma intenção, 195

        a única finalidade, 196

        praticando a prontidão, 196-197

Prazer, 54-60, 86, 93, 111, 152, 160, 167, 174, 192, 202, 214, 254, 259, 261, 281, 283, 322, 339, 343

        além do, 259

Psicologia, 11, 62, 95, 118, 133-144, 140, 147, 157, 164, 173, 179, 208, 221, 236, 273, 285, 296, 300-302, 313, 329, 337

        sofrendo de, 133-135

        da felicidade, 11, 134, 140, 147, 164

Putnam, Robert, 272

Q
QVC, 211-212

R
Relacionamentos

        questionário dos, 253-263

        felicidade e, 253-255

        pontos fortes dos, 260-261

        sucesso dos, 262-263

        lições dos, 261-262

Renshaw, Ben, 36, 38, 254

Religião, 73, 275-276

Rilke, Rainer Maria, 115, 309

Riqueza ou felicidade, 26

Roper-Starch Organization, 205

Rudin, Mike, 69

Rumi, Jalaluddin, 79, 110, 114

Rush, Stevie, 321

S

Sabedoria, 53, 61-62, 64-66, 88, 113, 120-121, 195, 226, 233, 236, 267, 270, 343-344

Santo Agostinho, 207

Satisfação, 49, 55-57, 59-60, 70, 72, 86, 111, 167, 233, 256, 275, 339, 348

    felicidade circunstancial, 55-57, 339

Saúde, 11-12, 28-32, 37-39, 68-69, 106, 124-125, 161, 230, 235-236, 254, 270, 275, 295, 311

Seligman, Martin, 70

Sexo, 28

Siga sua alegria, 117-129

Sintomas, 13, 64, 80, 95, 126, 272,

    da felicidade, 340-345

"Song of the Open Road", 293, 300

Sofrimento, 66, 81-85, 108, 112, 148, 152, 163-164, 167-168, 249, 278, 280, 283, 326, 328-329, 341, 343, 35o

    a causa do, 81-85

    lei pessoal n° 4, 152

    perda de, 163-164

Sri Anandamayi Ma, 276

Status, 27, 349

    felicidade ou, 27

Sucesso, 18, 26-27, 30-32, 44, 65-67, 95, 115, 124, 133, 141, 147, 153, 160, 162, 164, 166, 162, 196, 209, 219, 226, 228, 230-231, 242, 262-263, 268, 293, 302-303, 321, 328, 331, 343

Superego, 44, 147-157

T

Tagore, Rabindranath, 194

The Happiness Project, 11, 18, 36-38, 62, 79, 91, 102, 160, 181, 188, 219, 226, 231, 253-254, 258, 268, 329, 337, 340, 346

Trindade profana do ego, 131-183

U

A Course in Miracles, 209, 216, 233, 278, 349

V

Viagem "para a felicidade", 306

Voltaire, 331

Voto de bondade, 122-124

W

Wallis, Claudia, 71

Whitman, Walt, 79, 293-294, 300

Wilson, Warner, 254

Wittgenstein, Ludwig, 135

Wordsworth, William, 45, 79, 191

Wright, Steven, 217

Agradecimentos

Este livro foi escrito por pelo menos 10 mil pessoas. Sou profundamente grato por toda a ajuda que recebi e continuo a receber.

Muito obrigado à equipe do The Happiness Project. Um agradecimento especial a Ben Renshaw, codiretor do projeto desde o início. Que maravilhosa viagem temos feito! Obrigado, Ian Lynch, por sua visão e seu entusiasmo. Obrigado também a Candy Talbot, Lucy Sydenham, Belinda Beasley, Judy Merrick, Nigel Greswell, Sharon Pryde, Leah Mohammed e Bron Wilton pelo apoio.

Obrigado a você, Avril Carson, por sua amizade e constante inspiração. E obrigado a todos que nos ajudam nas equipes de apoio de nossos cursos. Obrigado a Morag White, Sue Boyd, Robert Norton, Helen Allen, Edwina Neale, Ann Day, Alison Atwell, Charlie Shand, David Bennett, Melanie Watts, Colin e Suzanne McKenna, Ben Bartle, Sue Tait, Linda Benn, Tess Smith, Madeleine Neslaney e tantos outros. Meus agradecimentos também a Steve Jakab e Rod Steele por terem criado nossos *sites*.

Obrigado a todos os nossos professores. Sou realmente abençoado por ter tantos professores incríveis em nossos cursos de felicidade. Em especial, quero agradecer a Tom e Linda Carpenter, Avanti Kumar, Chuck e Lency Spezzano, Don Riso e Russ Hudson. Também preciso reconhecer o quanto fui inspirado pelo trabalho de Ramana Maharshi, Erich Fromm, Marianne

Williamson, Deepak Chopra, Gangaji e Byron Katie. Pelas pesquisas em felicidade, sou extremamente grato a David Myers, Ed Diener, Barbara Fredrickson e Sonja Lyubomirsky.

Obrigado à minha família. Sou grato a Hollie Holden por todo o amor, a sabedoria e pelo trabalho de edição. Adorei escrever este livro com você. Obrigado a Bo Holden pelas danças e pelos *frappuccinos*. Obrigado a Lizzie Prior, minha cunhada, por ter desenhado a linda capa da edição original, por sua criatividade e por ter se colocado ao lado da felicidade. Sou grato a David Holden por sua ajuda em tornar o The Happiness Project real. Obrigado a Miranda Macpherson, por seu amor e sua inspiração. Obrigado a toda a minha família, incluindo o sr. Great, por me ensinarem o que significa amar e ser feliz.

Obrigado à equipe da Hay House. É um verdadeiro prazer trabalhar com uma editora tão comprometida a servir à causa da alegria. Obrigado a Louise Hay por sua inspiração e por ter escrito um prefácio tão maravilhoso. Obrigado a Reid Tracy por me proporcionar uma tela tão bela para pintar. Sou grato ainda a Patty Gift por sua visão editorial e dedicação. Obrigado a Anne Barthel, Laura Koch, Richelle Zizian, Christy Salinas, Summer McStravick, Donna Abate e Nancy Levin.

Obrigado a William Morris Agency, e especialmente à minha agente, Jennifer Rudolph Walsh. Você foi enviada pelos céus.

Obrigado a Oprah Winfrey. Seu interesse em meu trabalho e no The Happiness Project foi catalisador de uma nova oportunidade de prestar serviços em nível mundial.

Finalmente, quero agradecer a todos que participaram dos cursos de felicidade. Sou profundamente grato por vocês terem me ajudado a aprender o que é ser feliz.

Amém.

Notas

PRÓLOGO

1. *How to be Happy*, Brian Edwards e Wendy Sturgess, p. 6, BBC Education, 1996. Para saber mais sobre esse trabalho, ver <http://www.truevisiontv.com>.

2. Ambos aparecem no livro *How to be Happy* (acima). Para saber mais sobre o trabalho de Michael Argyle, recomendo *The Psychology of Happiness*. Routledge, 2ª ed., 2001.

3. *How to be Happy*, Brian Edwards e Wendy Sturgess, p. 23, BBC Education, 1996.

4. Idem, p. 24.

5. Ibidem, p. 26.

6. *Aprendendo a ser feliz*. Um artigo que traz uma boa visão geral sobre o assunto é "Achieving Sustainable New Happiness: Prospects, Practices, and Prescriptions", K.M. Sheldon & S. Lyubomirsky, In: *Positive psychology in practice*, A. Linley & S. Joseph (orgs.), p. 127-145. John Wiley & Sons, 2004. E "A Program to Increase Happiness: Further Studies", M.W. Fordyce, In: *Journal of Counseling Psychology*, vol. 30, p. 483-98, 1993.

7. Cópias do documentário *How to be Happy* estão disponíveis no The Happiness Project em <http://www.behappy.net>.

PARTE I: OLÁ, FELICIDADE

Capítulo 1: O gênio da felicidade

1. *Felicidade, atratividade*. "Physical Attractiveness and Subjective Well-being", E. Diener, B. Wolsie & F. Fujita, In:

Journal of Personality and Social Psychology, vol. 69, p. 120-129, 1995. Há também um bom resumo da pesquisa em "The Benefits of Frequent Positive Effect", S. Lyubomirsky, L. King & E. Diener, In: *Psychological Bulletin*, vol. 131, p. 827, 2005.

2. *Felicidade e saúde:* Henri Frederic Amiel: "Na saúde há liberdade. A saúde é primeira de todas as liberdades". Mahatma Gandhi: "A saúde é a verdadeira riqueza, não peças de ouro e prata". Publilius Syrus: "Boa saúde e bom senso são duas das maiores dádivas da vida".

3. *Felicidade e o paraíso.* "Are Scandinavians Happier than Asians? Issues in Comparing Nations on Subjective Well-being", E. Diener. e S. Oishi, In: *Asian Economic and Political Issues*, vol. 10, p. 1-25, Nova Science, 2004. Para mais detalhes sobre o trabalho de E. Diener, ver <http://www.psych.uiuc.edu/~ediener>.

4. *Benefícios da felicidade.* Trecho da página de Sonja Lyubomirsky, Ph.D., em <http://www.faculty.ucr.edu/~sonja/index.html>. Para mais informações, ver "The Benefits of Frequent Positive Effect", S. Lyubomirsky, L. King & E. Diener, In: *Psychological Bulletin*, vol. 131, p. 827, 2005. Também recomendo o livro *The How of Happiness: A Scientific Approach to Getting the Life You Want*, S. Lyubomirsky. Penguin Press, 2008.

5. *A felicidade atrai sucesso.* Para outras informações sobre o trabalho de Barbara Fredrickson, ver <http://www.fredrickson.socialpsychology.org>.

6. "The Value of Positive Emotions", Barbara Fredrickson, In: *American Scientist*, vol. 91, p. 335, 2003.

Capítulo 2: Falando sobre felicidade

1. *O The Happiness Project.* Para um breve relato da história deste projeto, ver "Our Story" em <http://www.behappy.net>.

2. *O trabalho de Ben Renshaw.* Ben é codiretor do The Happiness Project e Success Intelligence. É autor de vários livros como *Successful but Something Missing*, Rider, 2000; *Together*

but Something Missing, Rider, 2001; além de *Balancing Work & Life*, com Robert Holden, Dorling Kindersley, 2002, e *Super Coaching*, com Graham Alexander, Random House, 2005.

3. *Clínica Stress Busters*. Robert Holden dirigiu a clínica em Birmingham, Inglaterra, de 1989 a 1994. Oferecia aulas semanais gratuitas a moradores da região, tanto indicados por recomendação médica como voluntários. A clínica era financiada pelo Serviço Nacional de Saúde na área da West Birmingham Health Authority. Para outras informações sobre o trabalho nessa época, leia *Stress Busters*, Robert Holden, HarperCollins, 1992.

4. *The Prelude: Or Growth of a Poet's Mind* (Texto de 1805), William Wordsworth, Prelude II: 428-431, Oxford Paperback, 1970.

Capítulo 3: Definindo a verdadeira felicidade

1. *Embracing the Moment*, Robert Norton, a música pode ser adquirida em: <http://www.robertnortonmusic.com>. Ver também nota 1 do Capítulo 8: *Follow Your Joy*.

2. *Sinestesia*. *The Hidden Sense: Synaesthesia in Art and Science*, Cretien van Campen, MIT Press, 2007.

3. *Teorias sobre o desejo*. Recomendo este artigo *on-line*, chamado *Well-Being* em: <http://www.plato.stanford.edu/entries/well-being/#4.2>. Ver também *Well-being*, J. Griffin, Clarendon Press, 1986.

4. *Bem-estar subjetivo*. *Culture and Subjective Well-being*, E. Diener & E. Suh. (orgs.), MIT Press, 2003.

5. *Fugacidade*. "Satisfação é muito passageiro e fugaz", afirma Richard Ryan, citado no artigo "In Pursuit of Affluence, at a High Price", In: *New York Times*, 2 fev. 1999.

6. *Descrevendo a alegria*. *Ecstasy: Understanding the Psychology of Joy*, Robert A. Johnson. HarperSanFrancisco, 1987.

7. *Mundaka Upanishad: The Upanishads*, Eknath Easwaran. Nilgiri Press, 1987.

Capítulo 4: Uma nova curva de aprendizagem
1. *Bem-estar subjetivo. The Science of Subjective Well-Being*, M. Eid & R. J. Larsen (orgs.), The Guilford Press, 2008.
2. *Psicologia Positiva: Handbook of Positive Psychology*, C.R. Snyder & Shane J. Lopez (orgs.), Oxford University Press, Estados Unidos, 2005; e *Flourishing: Positive Psychology and the Life Well-Lived*, C.L.M. Keyes & J. Haidt (orgs.), American Psychological Association, 2002.
3. *Eneagrama. The Wisdom of the Enneagram*, Don Richard Riso & Russ Hudson. Bantam, 1999. O Enneagram Institute, dirigido por Riso e Hudson, oferece *workshops*, treinamentos e outros cursos. Ver <http://www.enneagraminstitute.com>.
4. *The Happiness Formula.* Um bom resumo sobre as descobertas desta série da BBC está disponível em: <http://news.bbc.co.uk/1/hi/programmes/happiness_formula/>.
5. *Declínio em níveis de felicidade.* Ver o *site* da série da BBC *The Happiness Formula*: <http://news.bbc.co.uk/1/hi/programmes/happiness_formula/4771908.stm>.
6. *Felicidade e dinheiro. Authentic Happiness: Using the New Positive Psychology to Realise Your Potential for Lasting Fulfilment*, Martin E.P. Seligman, p. 53, Free Press, 2004. Ver também <http://www.authentichappiness.com>.
7. Idem.
8. *Felicidade e circunstâncias.* "Objective Circumstances, Life Satisfactions, and Sense of Well-being: Consistencies Across Time and Place", Richard Kammann, In: *New Zealand Journal of Psychology*, vol. 12, p. 14-22, 1983.
9. *Felicidade e educação.* "The New Science of Happiness", Claudia Wallis, ver <http://www.time.com/time/magazine/article/0, 9171,1015902,00.html>.
10. *A felicidade e o futuro. Happiness NOW!*, Robert Holden, p.48, Hay House, 2007
11. *Felicidade e você.* "Who is happy?", D.G. Myers & E. Diener, In: *Psychological Science*, vol. 6, p. 10-19, 1995.

12. *Felicidade e o progresso humano.* Resumo de Mark Easton no Episódio 6: "Future Happiness", do documentário da BBC *The Happiness Formula* (ver nota 4).

PARTE II: SEU DNA ESPIRITUAL
Capítulo 5: Um caminho espiritual

1. *Treinamento de Felicidade.* Este programa está aberto a todos que quiserem aprender as práticas e os princípios que são o cerne do The Happiness Project. Muitas pessoas que participam deste treinamento usam essa prática para organizar os próprios cursos de felicidade. Para mais informações, ver <http://www.behappy.net>.

2. *Avril Carson.* O perfil completo de Avril Carson e seu maravilhoso trabalho podem ser encontrados em <http://www.behappy.net> e <http://www.successintelligence.com>.

3. "A Proposal to Classify Happiness as a Psychiatric Disorder", Richard Bentall, In: *The Journal of Medical Ethics*, vol. XVIII, p. 94-98, 1992.

4. *A Course in Miracles.* Esse curso extraordinário combina a sabedoria perene com psicologia espiritual. Ensina você a substituir o estado mental da culpa, do medo e da ausência por um estado de amor incondicional. Para mais informações: Foundation for A Course in Miracles, P.O. Box 1104, Glen Ellem, CA 95442, Estados Unidos.

5. *A Course in Miracles*, Livro de Exercícios, Lição 139, p. 267, Obra completa, Foundation for Inner Peace, 2007.

6. Ibdem, Textos, Capítulo 21, verso 1º: "A Canção Esquecida," p. 45-47.

Capítulo 6: Uma história de dois Eus

1. *Princípio nº 1 de Felicidade. Happiness NOW!*, Robert Holden, p. 67-74, Hay House, 2007.

2. Idem.

3. *Fórmula da Autoaceitação*. Para mais informações sobre a ciência da autoestima e da felicidade, leia "What are the Differences Between Happiness and Self-esteem?", S. Lyubomirsky, C. Tkach & M. R. DiMatteo, In: *Social Indicators Research*, vol. 78, p. 363-404, 2006.

4. *DSM*. The Diagnostic and Statistical Manual of Mental Disorders (DSM) é a classificação padrão dos transtornos mentais usada pelos profissionais de saúde mental nos Estados Unidos. Referência usada: *The Diagnostic and Statistical Manual of Mental Disorders, Fourth Edition (DSM-IV)*, American Psychiatric Press Inc.; 4ª edição, 1994.

5. *Artigo de Keira Knightley*. "The Secret of How Flat-Chested Keira Became a Buxom Pirate Girl", James Tapper, In: *The Daily Mail*, fev. 2008. Disponível em <http://www.dailymail.co.uk>.

6. *Artigo de Emma Watson*. "Harry Potter and the mystery of Hermione's curves", James Tapper, In: *The Daily Mail*, maio 2007. Disponível em <http://www.dailymail.co.uk>.

7. Ver nota 3.

Capítulo 7: Medo da infelicidade

1. "*Pessoas Felizes*". "Nós (Diener & Seligman, 2002) achamos que mesmo as pessoas mais felizes, aqueles 10% em felicidade, têm oscilações de humor, e não estão aprisionados na euforia. É bastante funcional possuir um sistema que reage às circunstâncias, mesmo as negativas. Em algumas delas, as emoções desagradáveis como tristeza ou ansiedade podem facilitar o funcionamento efetivo desse sistema, e as pessoas mais felizes acabam sentindo essas emoções ocasionalmente — só que não sofrem disso com muita frequência". Citado em "Are Scandinavians happier than Asians? Issues in Comparing Nations on Subjective Well-being", E. Diener e S. Oishi, In: *Asian Economic and Political Issues:* vol. 10, p. 14, Hauppauge, 2004.

2. *Pesquisa da pílula da felicidade*. "Scientists' Short-cut to Happiness", Mark Easton, no site da BBC para *The Happiness Formula*.

3. Cópias do documentário da BBC *How to be Happy* estão disponíveis no The Happiness Project. Ver <http://www.behappy.net>.

4. *Campanha antibullying*. Para mais informações sobre o trabalho de Dawn Willis, ver <http://www.quinonostante.com>.

5. Ver nota 1, Capítulo 5.

6. *A pensão. Essential Rumi*, Jalal al-Din Rumi e Coleman Barks, HarperOne, 1997.

7. *Letters to a Young Poet*, Rainer Maria Rilke, Dover Publications, 2002.

8. "If You Are Alive, You Need Help", Robert Holden, In: *Shift Happens!*, cap. 47, p. 216-219, Jeffers Press, 2006.

Capítulo 8: Siga sua alegria

1. *Trabalho de Robert Norton*. Para mais informações sobre o trabalho de Robert Norton, ver <http://www.robertnortonmusic.com>. Para informações sobre seus seminários, com Helen Allen, ver <http://www.creative-journeys.co.uk>.

2. *"Follow Your Joy"*. Você pode adquirir a música em <http://www.robertnortonmusic.com>.

3. *Van Morrison*. A música "I Forgot That Love Existed" está no álbum *Poetic Champions Compose*, Van Morrison, Polygram, 1994.

4. *Dr. Matthew Anderson:* para mais informações sobre o trabalho, ver <http://www.mattcoyote.com>.

5. *Deixando cair a faca. The Subject Tonight is Love: 60 Wild and Sweet Poems of Hafiz,* traduzido por Daniel Ladinsky. Pumpkin House Press, 1996, p. vii.

6. Ver nota 4, Capítulo 5.

7. *Love All the People: The Essential Bill Hicks*, Bill Hicks, Soft Skull Press, 2008.

PARTE III: A TRINDADE PROFANA

Capítulo 9: Escolhendo a felicidade
1. *Felicidade e circunstâncias da vida*. "Why Are Some People Happier Than Others?: The Role of Cognitive and Motivational Processes in Well-Being", S. Lyubomirsky, In: *American Psychologist*, vol. 56, p. 240, 2001.
2. Idem, p. 244.
3. *Ponto de equilíbrio da felicidade*. "Hedonic Relativism and Planning the Good Society", P. Brickman & D. T. Campbell, In: *Adaptation Level Theory: A Symposium*, M.H. Appley (org.) p. 287-305, Academic Press,1971. "Hedonic Adaptation", Shane Frederick e George Loewenstein, In: *Well-Being: The Foundations of Hedonic Psychology*, D. Kaheman, Ed Diener & N. Schwarz (orgs.), p. 302-329 Russell Sage Foundation, 1999.
4. *Pesquisa sobre ganhadores de loteria*. "Lottery Winners and Accident Victims: Is Happiness Relative?", P. Brickman, D. Coates & R. Janoff-Bulman, In: *Journal of Personality and Social Psychology*, vol. 36, p. 917-927, 1978. "Re-examining Adaptation and the Set Point Model of Happiness. Reactions To Changes In Marital Status", R.E. Lucas, A.E. Clark, Y. Georgellis e E. Diener, In: *Journal of Personality and Social Psychology*, vol. 84, p. 527-539, 2003.
5. *Genes e felicidade*. "Pursuing Happiness: The Architecture of Sustainable Change", S. Lyubomirsky, K.M. Sheldon & D. Schkade, *Review of General Psychology*, vol. 9, p. 111-131, 2005. "Achieving Sustainable New Happiness: Prospects, Practices, and Prescriptions", K.M. Sheldon & S. Lyubomirsky, In: *Positive Psychology in Practice*, A. Linley & S. Joseph (orgs.), p. 127-145, John Wiley & Sons, 2004.
6. *Mudando seus genes*. *The Biology of Belief: Unleashing the Power of Consciousness, Matter & Miracles*, Bruce Lipton, Hay House, 2008. Ver <http://www.brucelipton.com>.
7. *Escolha pré-consciente*. *The Private Life of the Brain: Emotions, Consciousness, and the Secret of the Self*, Susan A. Greenfield. Wiley, 2001. Assista também ao clipe: <http://www.youtube.com/watch?v=fI1624SwYnI>.

Capítulo 10: O contrato da felicidade
1. *Workshops de felicidade.* Ainda faço ocasionalmente o seminário *How to be So Happy You Almost Feel Guilty, but not Quite* (Como ser tão feliz que quase se sente culpado, mas não muito). Para mais detalhes, ver <http://www.behappy.net>.
2. *O contrato de felicidade. Sucess Intelligence*, Robert Holden, p. 71-80, Hay House, 2008.

Capítulo 11: Medo da felicidade
1. *Medo das coisas boas. Escape from Freedom*, Erich Fromm. Holt Paperbacks, 1994.
2. *Medo do sucesso.* Leia o indicador de sucesso em *Success Intelligence*, Robert Holden, cap. "The Big Fear", p.319-333, Hay House, 2008.
3. *Felicidade e altruísmo.* "The Altruism Paradox", Bernard Rimland, In: *Psychological Reports,* vol. 51, p. 521-522, 1982.
4. *Doutorado em felicidade.* Um resumo de minha tese de doutorado está disponível sob consulta no The Happiness Project.
5. *Felicidade e sociabilidade.* "The Happy Personality: A Meta-Analysis of 137 Personality Traits and Subjective Well-Being", K. DeNeve e H. Cooper, In: *Psychological Bulletin,* vol. 124, p. 197-229, 1998. "An Alternative Description of Personality: The big-five factor structure", L.R. Goldberg, In: *Journal of Personality and Social Psychology,* vol. 59, p. 1216-29, 1990.

Capítulo 12: 100 formas de gratidão
1. *Trabalho de Barry Neil Kaufman. Happiness Is a Choice,* Barry Neil Kaufman. Ballantine Books, 1994. Ver <http://www.option.org>.
2. *Trabalho de Robert Emmon. Thanks!: How the New Science of Gratitude Can Make You Happier,* Robert Emmons, Houghton Mifflin, 2007. Ver <http://psychology.ucdavis.edu/faculty/Emmons>.
3. *Felicidade e gratidão:* "Counting Blessings versus Burdens: Experimental Studies of Gratitude and Subjective Well-being

in Daily Life", R.A. Emmons & M.E. McCullough, In: *Journal of Personality and Social Psychology*, vol. 84, p. 377-89, 2003.
  4. *Gratidão e personalidade.* "The Grateful Disposition: A Conceptual and Empirical Topography", M.E. McCullough, R.A. Emmons & J. Tsang, In: *Journal of Personality and Social Psychology,* vol. 82, p. 112-27, 2002.
  5. *"THANK U".* Álbum *Supposed Former Infatuation Junkie,* Alanis Morissette, Maverick, 1998.
  6. *Gratidão e espiritualidade.* "Is gratitude a moral affect?", M.E. McCullough, S. Kirkpatrick, R.A. Emmons & D. Larson, *Psychological Bulletin,* vol. 127, p. 249-266 (2001).

PARTE IV: A ABUNDÂNCIA DIÁRIA

Capítulo 13: O inconsciente diário
  1. *Obra de William Wordsworth.* "Ode: Imitations of Immortality", Thomas Hutchinson (org.), In: *Complete Poetical Works.* University Press, 1996.
  2. *Obra de Rabindranath Tagore. Stray Birds,* Rabindranath Tagore. Forgotten Books, 2008.
  3. *Herb Gardner: The Collected Plays.* Applause Books, 2001.
  4. *A Course in Miracles,* Livro de Exercícios, Lição 71, p.122, Obra completa, Foundation for Inner Peace, 2007.
  5. *Cartões de Sorriso Interior.* Estes cartões podem ser adquiridos no The Happiness Project, <http://www.behappy.net>.
  6. *Oração Navajo. The Native American Oral Tradition: Voices of the Spirit and Soul,* Lois J. Einhorn. Praeger Publishers, 2000.
  7. *A Course in Miracles,* Livro de Exercícios, Lição 106, p.190, Obra completa, Foundation for Inner Peace, 2007.
  8. Idem, Livro de Exercícios, Lição 315.

Capítulo 14: Preparar, apontar, já!
  1. *Declaração de Independência.* Ver <http://www.wikipedia.org>

e leia artigo mais completo sobre a Declaração de Independência dos Estados Unidos.

2. *Obra de Blasie Pascal. Pensées and Other Writings*, Blaise Pascal, Anthony Levi (org.). Oxford University Press, 2008.

3. *Futuros otimistas.* "Anxiety, Depression, and the Anticipation of Future Positive and Negative Experiences", A.K. Macleod & A. Byrne, In: *Journal of Abnormal Psychology*, vol. 105, p. 286-289, 1996.

4. *Estudo longitudinal de 16 anos.* "Explaining Happiness", Richard A. Easterlin, In: *Proceedings of the National Academy of Sciences*, vol. 100, p. 11.176-83 (2003). Ver *Roper Reports 79-1*, Roper-Starch Organization. University of Connecticut, 1979. E *Roper Reports 95-1*, Roper-Starch Organization. University of Connecticut, 1995. Para mais informações sobre o trabalho do prof. Richard Easterlin, ver <http://www.rcf.usc.edu/~easterl>.

5. *Happiness: The Science Behind Your Smile*, Daniel Nettle, p. 76-77. Oxford University Press, 2006.

6. *St. Augustine Confessions*, Henry Chadwick (org.). Oxford University Press, 1998.

7. *I Try to Take One Day at a Time, but Sometimes Several Days Attack Me at Once*, Ashleigh Brilliant, Woodbridge Press, 1987.

8. *Obra de Gangaji. The Diamond in Your Pocket: Discovering Your True Radiance*, Gangaji, p. 20. Sounds True, 2007. Ver <http://www.gangaji.org>.

9. *A Course in Miracles*, Livro de Exercícios, Lição 188, p.357, Obra completa, Foundation for Inner Peace, 2007.

10. Ver nota 5, p. 107.

Capítulo 15: O verdadeiro *plus*

1. *Grupo de revistas.* As revistas foram publicadas entre novembro de 2007 e janeiro de 2008.

2. *A Course in Miracles*, p.85, Obra completa, Foundation for Inner Peace, 2007.

3. *Obra de Steven Wright.* Ouça *I Have a Pony*, Steven Wright, Rhino, 2005. Ver <http://www.stevenwright.com>.

4. *Pesquisa Gallup.* "Americans Widely Disagree On What Constitutes Rich", de G.G. Gallup & F. Newport, In: *Gallup Poll Monthly*, jul. 28-36 (1990).

5. *Obra de Lorde Richard Layard.* Ver <http://cep.lse.ac.uk/layard>.

6. *Happiness: Lessons from a New Science*, Richard Layard, p. 42, Penguin, 2006, Ver também General Social Survey Data, citada em *The Loss of Happiness in Market Democracies*, Robert E. Lane. p. 25 Yale University Press, 2001.

7. *Felicidade e dinheiro.* "As pessoas que valorizam mais o dinheiro, em detrimento de outros objetivos, estão menos satisfeitas com o que ganham e com a vida como um todo", escreve Martin Seligman, autor de *Authentic Happiness*, p. 55. Ver também "A Consumer Values Orientation for Materialism and its Measurements: Scale Development and Validation", M.L. Richins e S. Dawson, In: *Journal of Consumer Research*, vol. 19, p. 303-16, 1992. "Materialism and Quality of Life", M.J. Sirgy, In: *Social Indicators Research*, vol. 43, p. 227-60, 1998.

8. *Trabalho de Werner Erhard.* Ver <http://www.wernerhard.com>.

9. *Citação de Eric Hoffer.* Ver <http://www.quotes.net/quote/6341>.

10. Ver nota 2, p.368

11. "There Are no Shortages, Only a Lock of Willingness to Recieve", Robert Holden, In: *Shift Happens!*, cap. XVIII, p.87-90, Jeffers Press, 2006.

Capítulo 16: A meditação do receber

1. Ver nota 9, capítulo 14.

2. *Benefícios do diário.* "The Health Benefits of Writing About Intensely Positive Experiences", C.M. Burton e L.A. King, In: *Journal of Research in Personality*, vol. 38, p. 150-163, 2004.

3. *The Artist's Way: A Spiritual Path to Higher Creativity* (10th Anniversary Edition), Julia Cameron. Tarcher/Putnum, 2002.

4. "Health-related Effects of Creative and Expressive Writing", Geoff Lowe, In: *Health Education Journal*, vol. 106, p. 60-70, 2006.

5. *Obra de Nancy Spiegelberg.* Leia a coleção de artigos de Nancy em <http://www.godthoughts.com>.

PARTE V: AMOR E FELICIDADE

Capítulo 17: A história da família

1. *Felicidade e cultura:* Para mais informações sobre família, felicidade e cultura, ver <http://worlddatabaseofhappiness.eur.nl>. Leia o artigo "Culture and Subjective Well-being", E. Diener & W. Tov, In: *Handbook of Cultural Psychology*. Guilford, 2007.

Capítulo 18: O questionário dos relacionamentos

1. "Correlates of Avowed Happiness", Warner Wilson, In: *Psychological Bulletin*, vol. 67, p. 304, 1967.

2. *Relacionamentos ricos e satisfatórios.* "Very Happy People", E. Diener & M. Seligman, In: *Psychological Science*, vol. 13, p. 80-83, 2002.

3. "The Effect of Marriage on the Well-being of Adults: A Theoretical Analysis", W. Cove, C. Style & M. Hughes, In: *Journal of Family Issues*, vol. 11, p. 4-35, 1990.

4. *Casamento tardio.* Na média, o homem atual não se casa até completar 26,7 anos (acima dos 22,8 em 1960) e a mulher não se casa até os 25 anos (acima dos 20,3 de 1960). Referência: "Marital Status and Living Arrangements", US Bureau Census, 1998. <http://www.census.gov>.

5. *Divórcio.* Para saber os índices nos Estados Unidos, ver National Center for Health Statistics, em <http:// www.cdc.

gov/nchs/Default.htm>. Para os índices no Reino Unido, ver *Social Trends*, organizado por A. Self e L. Zealey, Office of National Statistics, 2007, em <http://www.statistics.gov.uk>.

6. *Felicidade e relacionamentos.* "Close Relationships and Quality of Life", D.G. Myers, In: *Well-Being: The Foundations of Hedonic Psychology*, D. Kahneman, E. Diener & N. Schwarz (orgs.), Russell Sage Foundation, 1999.

7. *Estudo alemão de casamento e satisfação de vida.* "Re-examining Adaptation and the Set Point Model of Happiness: Reactions to Changes in Marital Status", R.E. Lucas, A.E. Clark, Y. Georgellis & E. Diener, In: *Journal of Personality and Social Psychology*, vol. 84, p. 527-539, 2003.

8. *The Best Kept Secret: Men and Women's Stories of Lasting Love*, Janet Reibstein. Bloomsbury, 2006.

Capítulo 19: Fazendo a conexão

1. *O princípio do eu. Success Intelligence*, Robert Holden, p. 59-69, Hay House, 2008.

2. *Era da comunicação. Winners and Losers in Globalization*, Guillermo de la Dehesa. Wiley-Blackwell, 2006.

3. *Doenças do isolamento. Love and Survival*, Dean Ornish, HarperPerennial, 1998.

4. *Relatório WHO.* "The World Health Report 2001 – Mental Health: New Understanding, New Hope", disponível em <http://www.who.int>.

5. *Felicidade e relacionamentos.* "Happiness and the Invisible Threads of Social Connection: The Chicago Health, Aging, and Social Relations Study", J.T. Cacioppo *et al*, In: *The Science of Subjective Well-Being*, M. Eid e R. Larsen (orgs.), p. 195-219, The Guilford Press, 2008.

6. *Relacionamentos e dinheiro. How to Be Happy*, Liz Hoggard, p. 50. BBC Books, 2005.

7. *Residências e TV.* "As residências médias norte-americanas têm hoje mais aparelhos de TV do que pessoas morando nelas. Nos dois últimos anos esses números atingiram esse patamar, de acordo com a Nielsen Media Research. Uma residência típica tem 2,73 TVs e 2,55 pessoas", citado no artigo "Average Home Has More TVs than People", In: *USA Today*, 21 set. 2006. Disponível em <http://www.usatoday.com>.

8. *Obra de Robert Putnam. Bowling Alone: The Collapse and Revival of American Community*, R.D. Putnam. Simon & Schuster, 2001. *Better Together: Restoring the American Community*, R.D. Putnam et al. Simon & Schuster, 2004.

9. Ver Capítulo 4, nota 4.

10. *Felicidade e amizade.* "The Secret to Happiness? Having at Least 10 Good Friends", Fiona Macrae, disponível em <http://www.dailymail.co.uk>.

11. *Tao Te Ching*, Lao Tzu, trad. de Stephen Mitchell, Harper Perennial, 2006.

12. *Transtorno de deficiência de natureza. Last Child in the Woods: Saving Our Children From Nature-Deficit Disorder*, Richard Louv. Algonquin Books, Edição Expandida, 2008.

13. *Felicidade e fé*: "The Funds, Friends, and Faith of Happy People", D.G. Myers, In: *American Psychologist*, vol. 55, p. 56-67, 2000.

14. *Declínio de frequência na igreja.* "Religious demographics: The Greying of Churchgoers", Peter Brierley, jun. 2008, em <http://www.religiousintelligence.co.uk>.

15. *Pesquisa Gallup.* "Commentary on the State of Religion in the U.S. Today", In: *Religion in America: The Gallup Report*, p. 1-20, mar. 1984.

16. *Felicidade, oração e meditação.* "Religious Involvement and Subjective Well-being", C. Ellison, In: *Journal of Health and Social Behaviour*, vol. 32, p. 80-99, 1991. "Religious Involvement, Stress

& Mental Health", C. Ellison *et al.*, In: *Social Forces*, vol. 80, p. 215-249, 2001.

17. *Felicidade e espiritualidade*. "Remarkable Surge of Interest in Spiritual Growth Noted as Next Century Approaches", G.H. Gallup Jr., In: *Emerging Trends*, p. 1, dez. 1998.

18. *Obra de Sri Anandamayi*. Ver <http://www.anandamayi.org>.

19. *Obra de Erich Fromm*. *To Have or To Be*, Erich Fromm, p. 50, Abacus Books, 1979. *The Art of Loving*, Erich Fromm. HarperPerennial, 2006. Ou *On Being Human*, Erich Fromm. Continuum, 1997.

Capítulo 20: A alegria do perdão

1. *A rede do perdão*. Tom e Linda Carpenter são os fundadores de uma iniciativa global chamada The Forgiveness Network, que apoia pessoas que desejam vivenciar a experiência do poder do perdão. Ver <http://www.tomandlindacarpenter/forgiveness.html>.

2. "Forgiveness Gives You Wings", Robert Holden, In: *Shift Happens!*, capítulo 28, p.129-32, Jeffers Press, 2006.

3. *A Course in Miracles*, Livro de Exercícios, Lição 198, p.380, Obra completa, Foundation for Inner Peace, 2007.

4. *Strength to Love*, Martin Luther King Jr., Augsburg Fortress Publishers, 1981.

5. *Obra de George Gurdjieff*. *In Search of the Miraculous: Fragments of an Unknown Teaching*, P.D. Ouspensky. Harvest Book, 2001. Ver <http://www.gurdjieff.org>.

6. *Obra de Eckhart Tolle*. Ver <http://www.eckharttolle.com>.

PARTE VI: DESCOBRINDO O PRESENTE

Capítulo 21: A estrada aberta

1. *Felicidade em forma de "U"*. "Is Well-Being U-shaped Over the Life Cycle?", D.G. Blanchflower & A.J. Oswald, In: *Social Science & Medicine*, vol. 66, p. 1733-49, abril 2008.

2. *Leaves of Grass: The Original 1855 Edition*, Walt Whitman. Dover Publications, 2007.

3. *Acima da média.* "The Better-Than-Average Effect", M.D. Alicke & O. Govorun, In: *The Self in Social Judgment*, M.D. Alicke, D.A. Dunning & J.I. Krueger (orgs.). Psychology Press, 2005. "The Inflated Self", D.G. Myers, *Christian Century*, p. 1226-30, 1982.

4. *A Course in Miracles*, Livro de Exercícios, Lição 47, p.76, Obra completa, Foundation for Inner Peace, 2007.

Capítulo 22: A maravilha do comum

1. *Letters to a Young Poet*, Rainer Maria Rilke, trad. de Stephen Mitchell. Random House, 2001, p. 7-8.

2. *The Dhammapada*, traduzido por Juan Mascaro. Penguin, 1973.

3. *Obra de Georgia O' Keefe.* Ver <http://www.okeeffemuseum.org>.

4. *Oração da Felicidade.* Não consegui encontrar a fonte da oração que começa assim "Querido Deus, só por hoje...". Caso saiba o nome do autor, ficaria imensamente grato se compartilhasse comigo.

5. *Obra de Mestre Eckhart.* Ver <http://www.ellopos.net/theology/eckhart.htm>.

6. *Oração de São Francisco.* Veja traduções e comentários sobre esta oração popular em <http://www.wikipedia.org>.

7. *Mary Jean Iron:* sem fonte.

8. *Obra de Woody Allen:* Ver <http://www.woodyallen.com>.

9. "Cultivating Positive Emotions To Optimize Health And Well-Being", B.L. Fredrickson, In: *Prevention and Treatment*, vol. 3, 2000.

10. *História de Sparkle.* Não tenho a fonte desta história. Caso saiba quem é o autor, ficaria muito grato se compartilhasse comigo.

Capítulo 23: A última resistência

1. *Obra de Franz Kafka:* Ver <http://www.kafka.org>.

2. "Le paradis terrestre est où je suis", Voltaire, In: *Le Mondain*, 1736. Ver <http://www.en.wikiquote.org/wiki/Voltaire>.
3. *The Possessed*, Fiodor Dostoievski, trad. de Constance Garnett. Barnes & Noble, 2004.

Capítulo 24: A dádiva da felicidade
1. "Happiness is an Inner Light With No Off Switch", Robert Holden, In: *Shift Happens!*, Capítulo 1, p. 15-8. Jeffers Press, 2006.
2. *Citação de Tolstoi:* Ver <http://www.thinkexist.com>.
3. Declaração da missão de *The Happiness Project*. *Happiness NOW!*, Robert Holden, p.18. Hay House, 2007.
4. *Felicidade e altruísmo*. "Altruism, Happiness, and Health: It's Good to Be Good", S.G. Post, In: *International Journal of Behavioral Medicine*, vol. 12, n. 2, p. 66-77, 2005.
5. *Faz bem fazer o bem*. "Em diversas experiências, observa-se que as pessoas felizes têm maior disposição em ajudar os necessitados. É o fenômeno faz bem fazer o bem", David Myers, In: *Pursuit of Happiness*, p. 20, Avon Books, 1993.
6. "This Place Where You Are Right NOW", In: *The Subject Tonight is Love: 60 Wild and Sweet Poems of Hafiz*, trad. de Daniel Ladinsky, p. 12, Pumpkin House Press, 1996.
7. *The Yoga of Love*, Emmet Fox. Harper & Row, 1961.
8. *Felicidade de doar.* "Spending Money on Others Promotes Happiness", E. Dunn e L. Aknin, In: *Science*, vol. 319, p. 1687-1688, 2008.
9. *A Course in Miracles*, p.167, Obra completa, Foundation for Inner Peace, 2007.
10. *Oração de bondade amorosa. Loving Kindness: The Revolutionary Art of Happiness*, Sharon Salzberg. Shambhala Press, 2008.

Apêndice A

A entrevista da felicidade

Bem-vindo ao curso de felicidade. Durante as próximas oito semanas, você vai explorar um dos objetivos mais acalentados porém mais difíceis de compreender: *felicidade*. Para ajudá-lo a se preparar para o curso, convido-o a reservar uma hora nesta semana para refletir sobre as perguntas seguintes

1. *Qual é sua definição de felicidade? E como a vive hoje?*
2. *Quem é a pessoa mais feliz que conhece? O que ela lhe ensinou especificamente sobre felicidade?*
3. *Quais são as três lições mais sábias que aprendeu sobre felicidade em sua vida, até agora?*
4. *Faça uma lista de bens, realizações, pessoas e circunstâncias que acreditou que lhe trariam felicidade, mas não aconteceu. Você aprendeu alguma coisa com isso?*
5. *Qual é o maior bloqueio hoje contra a felicidade em sua vida? E qual acredita ser a solução?*
6. *Como você está limitando hoje sua felicidade? Quais são as crenças, ideias, os hábitos, defesas, velhas mágoas ou medos que estão lhe segurando?*
7. *Quais são seus medos em relação à felicidade? Por exemplo, o que você teme que possa lhe acontecer se for muito feliz?*
8. *Qual diria que é o verdadeiro segredo da felicidade?*
9. *Se você fosse seguir sua alegria mais do que antes, o que faria de diferente?*
10. *Qual é a maior dádiva que espera receber ao fazer o curso de felicidade?*

Apêndice B

O gênio da felicidade

Imagine que encontrou uma velha lâmpada mágica em seu jardim, que nunca vira antes. Você ficou curioso. Esfrega um pouco da sujeira para ver se tem alguma coisa escrita. De repente, um Gênio aparece. Exatamente como nas velhas histórias, você e o Gênio se apresentam e começam a conversar. Neste momento, o Gênio lhe pergunta se quer fazer algum pedido, o que você já esperava. "Muito bem. Tenho dez opções para você, está pronto?" "Sim", você responde.

"Se tivesse de escolher entre riqueza e felicidade, com qual ficaria?"_____

"Se tivesse de escolher entre sucesso e felicidade, com qual ficaria?"_____

"Se tivesse de escolher entre fama e felicidade, com qual ficaria?"
_____

"Se tivesse de escolher entre posição social e felicidade, com qual ficaria?"_____

"Se tivesse de escolher entre atratividade e felicidade, com qual ficaria?"_____

"Se tivesse de escolher entre sexo e felicidade, com qual ficaria?"
_____

"Se tivesse de escolher entre saúde e felicidade, com qual ficaria?"
_____

"Se tivesse de escolher entre iluminação e felicidade, com qual ficaria?" _____

"Se tivesse de escolher entre autenticidade e felicidade, com qual ficaria?" _____

"Se tivesse de escolher entre amor e felicidade, com qual ficaria?"
_____

Apêndice C

Linha do Tempo da Felicidade

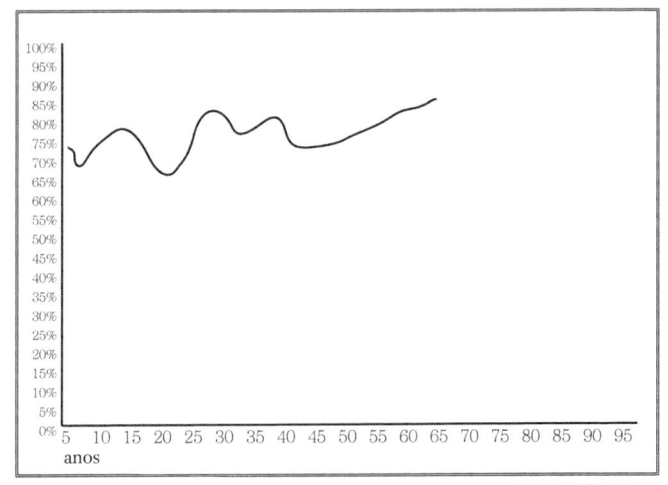

Monica, 43 anos

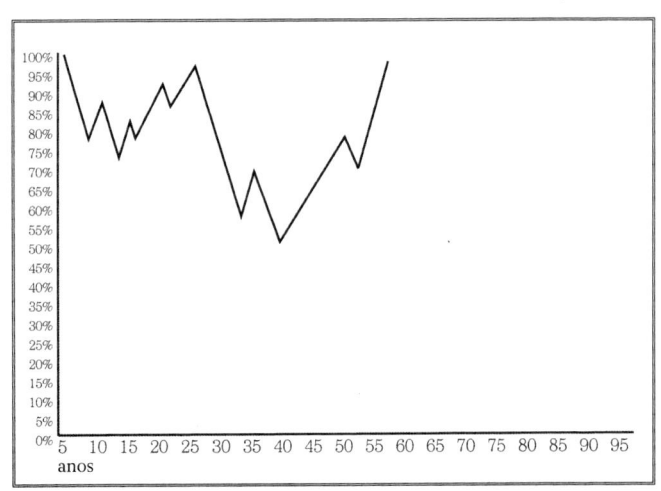

Karen, 55 anos

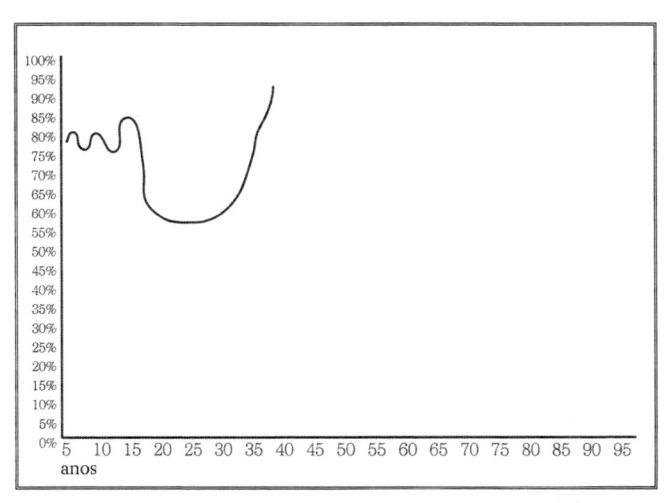

Jeff, 38 anos

Este livro foi impresso pela Prol Editora Gráfica
para a Editora Prumo Ltda.